2010~2011
튀니지 자스민 혁명

2011
뉴욕 오큐파이 운동

2013
터키

2005
레바논 백향목 혁명

2010~2011
이집트

2011~2013
수단

2013
브라질 식초 혁명

2004~2005
우크라이나 오렌지 혁명

2011
러시아

2006
벨라루스 청바지 혁명

2000
세르비아 오트포르 운동

2009~2010
이란 그린 혁명

2003
조지아 장미 혁명

2007~2008
미얀마 사프란 혁명

2014
홍콩 우산 혁명

2008
몰디브

2011~현재
시리아

2011
이스라엘

독재자를
무너뜨리는 법

이 도서의 국립중앙도서관 출판예정도서목록(CIP)은 서지정보유통지원시스템 홈페이지(http://seoji.nl.go.kr)와 국가자료공동목록시스템(http://www.nl.go.kr/kolisnet)에서 이용하실 수 있습니다. (CIP제어번호: CIP2016002102)

BLUEPRINT FOR REVOLUTION

스르자 포포비치 지음 **박찬원** 옮김

독재자를
무너뜨리는 법

문학동네

전 세계의 말썽꾼들과 함께 싸워나가고자 하는
나의 활동을 믿고 지지해준 소중한 친구들에게

그리고 자식을 아끼는 이기적인 마음으로
우리가 더 나은 세상을 물려줄 수 있다는 희망을 품게 해준
나의 어린 아들 모마에게

이 책을 바칩니다.

차 례

일러두기

1. 인명과 지명 등 외래어는 가급적 국립국어원 외래어표기법을 따랐으나 일반적으로 통
   용되는 표기가 있을 경우에는 이에 따라 표기하였다.

2. 본문 중 고딕체는 원서에서 이탤릭체로 강조한 부분이다.

3. 단행본, 잡지는 『 』, 영화, 음악, 텔레비전 프로그램은 〈 〉로 표시하였다.

미국의 에이전시로부터 한국의 한 저명한 출판사가 이 책을 출간하고 싶어한다는 내용의 편지를 받았을 때, 맨 처음엔 한국의 북쪽에 있는 이웃─2,500만 명의 인구가 세계 최악의 독재 아래 고통받고 있는 곳─때문이겠구나, 하고 생각했었습니다. 그러다 최근 서울을 방문해 한국의 많은 이들과 이야기를 나누게 되었습니다. 그리고 나는 과거 한국의 민주화 운동을 비롯해 오늘날 한국인의 삶을 향상시킨 생기 넘치면서도 흥미로운 '작은' 운동들에 대해 알게 되었고, 한국의 역사에도 관심을 갖게 되었습니다.

부당한 일을 겪거나 알게 되었을 때 이에 대해 분노를 느끼는 것이 우리 인간의 본성이라고는 해도, 우리는 이런 일이 '다른 누군가의 문제'라고 스스로에게 말하곤 합니다. 한국인들─민주주의 사회에서 사는 축복을 누리는 이들—의 삶에서 중요한 것은, 어쩌면 직장과 시장에서 벌이는 경쟁, 좀더 많이 벌기, 가족이나 연인과 함께하는 시간 확보하기 같은 것일지도 모릅니다. TV뉴스를 통해 경찰의 만행, 잔학 행위, 온갖 종류의 인권 침해에 대해 알게 되더라도—우리 개개인의 고단한 일상과 골칫거리 위에 더이상은 짐을 얹고 싶지 않기에—채널을 돌려 마음이 덜 불편해지는 것들을 시청하며 우리가 통제하기 용이한 것들에 초점을 맞추곤 합니다.

그러나 진심으로 세상을 더 나은 곳으로 만들고자 한다면, 자신이 누구든, 어디에 있든, 인권이나 환경 문제 같은 '커다란' 이슈에서부터 지역사회의 불공정 규제나 불합리함 같은 '작은' 이슈에 이르기까지, 사회를 바꿔나갈 여러 가지 방법이 있음을 알아야 합니다. 당신이 이 글을 읽고 있다면, 그것은 당신이 비폭력적 사회변혁이라는 마법의 세계로 들어갈 준비가 되어 있다는 뜻이자 다른 이들을 돕는 데서 즐거움을 느끼며 설렘과 흥분을 찾고 싶어한다는 뜻이라고 생각합니다.

우리가 살아가는 이 세상은 언뜻 보기에 매우 폭력적인 곳으로 보일 때가 있습니다. 미디어를 뒤덮고 있는 중동 지역 뉴스를 보면 더더욱 그렇습니다. 무기를 든 사람만이 원하는 바를 이룰 수 있는 듯 보이지만, 실은 지구 곳곳에서 비폭력주의 활동가들이 독재정부와 극단주의자, 평범하고 무심한 탐욕들에 맞서 사회를 변화시키고자 애쓰고 있습니다. 단순히 지난 몇 년간만 살펴보더라도 그렇습니다. 우리는 아시아 여러 곳에서 일어난—홍콩을 뒤흔든 대규모 민주화 운동에서 역사에 길이 남을 미얀마 아웅 산 수치의 압도적인 2015년 선거 승리에 이르기까지—비폭력 저항 운동들을 목격했습니다. 그리고 북한에 살고 있는 여러분의 이웃과 가족들—세계 최악의 독재 치하에서 살아가는 이들—이 김정은 세습정권에 도전하고자 지지자를 모으고 그들과 소통하려고 노력하는 모습도 보고 있습니다.

이 작은 책은, 비폭력 투쟁이 사회정의부터 환경 문제에 이르기까지, 부패와의 전쟁에서 더 나은 교육을 위한 투쟁에 이르기까지 사회의 모든 분야에 걸쳐 더 살기 좋은 곳을 만들기 위한 싸움임을 보여줄 것입니다. 한국에서 우리는 '촛불집회'를 통해 작지만 상징적인 저항 운동을 보았고, 공평하고 올바른 교육 과정(역사 교과서 국정화 반대)을 위해 싸우는 젊은 세대들도 보았습니다. 나는 이 책에서 이러한 운동들의 성패가 비폭력 투쟁의 기본 원칙—단결, 계획, 비폭력주의 규율—에 달려 있다는 것을 이야기하고자 합니다.

여러분이 큰 꿈을 꾸든 작은 꿈을 꾸든, 사악한 독재 치하에서 살든 자유와 공명선거를 누리며 살든, 그리고 시민운동가이든 혹은 사회 변화를 꿈꾸며 활동하는 용감한 일반인들의 감동적인 스토리를 읽고 싶은 것이든, 이 책을 통해 비폭력 투쟁의 저력과 유머가 어떤 것인지 느낄 수 있다면 좋겠습니다.

변화하는 한국에 행운이 있기를!

이것은 혁명에 관한 책이다.

　폭력적인 혁명, 대개는 무고한 이들의 피로 물들고 마는 종류의 혁명을 말하는 것이 아니다. 몇몇 열성분자 무리가 이끄는 그런 종류의 것도 아니다. 그런 혁명이 어떻게 진행되는지 궁금하다면 블라디미르 레닌에 관한 훌륭한 전기를 들고 앉아서 읽어보는 쪽을 권한다. 이 책은 카이로 타흐리르 광장에서 일어난 민주화 시위부터 뉴욕의 오큐파이 운동에 이르기까지, 오늘날 세계 곳곳을 휩쓸고 있는 운동에 관한 것이다. 함께 모여 창의적으로 맞선다면 독재자를 쓰러뜨리고 불의를 바로잡을 수 있다고 믿는 평범한 사람들이 시작하는, 그런 혁명을 이야기하는 책이다.

　나는 운이 좋아 그런 평범한 혁명가 중 한 사람이 될 수 있었고, 너무나 쿨해서 세상사에 관심 없던 베오그라드의 베이스기타 연주자에서 오트포르^{otpor}! 운동을 주도하는 사람으로 변화하는 흔치 않은 여정을 경험했다. 오트포르!는 세르비아의 독재자 슬로보단 밀로셰비치를 쓰러뜨린 비폭력주의 운동이다.

세르비아 의회 일원으로 잠시 활동한 후, 나는 억압에 맞서 자유와 민주주의, 행복을 지키고자 하는 행동이라면, 이를 위해 비폭력 직접 행동이라는 원칙을 적용하고자 한다면 무엇이든, 크든 작든, 세계 어디든 상관없이 친구로서 그리고 조언자로서 함께하고 있다. 하지만 걱정하지 마시길. 이 책은 나에 대한 것이 아니다. 그보다는 내가 시리아를 비롯해 (우크라이나의) 키예프 등지에서 활동가들과 일하면서 배운 모든 것, '시민의 힘^{people power}'이라 부르고픈 강력한 동력을 만들어내는 큰 계획과 작은 전술에 대한 이야기다. 나는 대단한 지식인은 못 되기에 이러한 정보 대부분을 딱딱한 사실이나 난해한 이론보다는, 주목할 만한 활동가들과 시위, 그들이 맞닥뜨린 도전과 거기서 깨달은 교훈 같은 소박한 이야기로 전달하려 한다.

이 책은 크게 두 부분으로 나눌 수 있다. 첫번째 부분에서는 비폭력 행동주의가 오늘날 세계에서 어떤 모습으로 드러나고 있는지, 사회변혁을 이끌어낸 성공적 운동들의 핵심적인 특징이 무엇인지에 관한 풍부한 사례를 보게 될 것이다. 두번째 부분에서는 비폭력주의를 어떻게 현실에 적용할 수 있는지 실질적인 방법들을 살펴볼 것이다. 나는 독자들이 이 이야기와 사례들에 공감할 수 있기를, 그래서 필요한 변화를 불러일으킬 수 있는 영감을 얻기 바란다. 이야기의 성격상, 필요한 경우에는 이름과 기타 개인의 신상정

독재자를 무너뜨리는 법

보를 바꾸었다. 일화에 등장하는 어떤 활동가의 경우, 그들의 정확한 역할이 알려지면 많은 것을 감당해야 하기 때문이다. 복잡한 이야기는 단순화해 필수적인 요소들만 기록하기도 했다. 이에 대해서는 학자와 전문가들의 양해를 구한다.

이 책에 담긴 아이디어와 이야기를 머리로만 이해할 게 아니라 가슴으로 느끼길 바란다. 위대한 록 음악을 들었을 때처럼 벌떡 일어나 몸을 움직이길 바란다. 이 이야기들의 목표는 확신을 심어주는 것이다. 힘있는 자, 약자를 괴롭히는 자, 악랄한 자, 대개는 냉혹한 권력집단인 그들이 도저히 꺾을 수 없는 상대로 보일지라도, 알고 보면 유쾌하기 그지없는 활동만으로도 충분히 그들을 무너뜨릴 수 있다는 확신을.

1장

우리나라에서는
절대 일어날 수

없는 일이다

내게 베오그라드는 아름다운 도시이지만, 소위 말하는 죽기 전에 가봐야 할 열 곳의 리스트에는 오르지 못할 것이다. 베오그라드에는 좀 거친 지역도 있고, 사실대로 말하자면 우리 세르비아 사람들이 전 세계에 말썽꾼으로 이름나 있기도 하다. 그래서인지 우리의 주요 거리에는 1차대전 발발의 도화선으로 지목된 가브릴로 프린치프의 이름이, 또다른 거리에는 그의 혁명가 집단의 이름이 붙어 있다. 또한 이곳에는 세상에 '인종 청소'라는 말을 알리고, 1990년대 이웃나라들과의 처참한 전쟁을 네 차례나 일으킨, 그래서 도시 전체가 폐허처럼 변할 정도로 나토^{NATO}가 집중 폭격을 가하도록 만든 우리의 이전 독재자 슬로보단 밀로셰비치, 그 광인의 흔적도 남아 있다. 하지만 2009년 6월 베오그라드를 방문한 이집트인 열다섯 명에게는 그 무엇도 중요하지 않았다. 그들은 느긋한 여름

휴가를 기대한 게 아니었다. 그들은 혁명을 도모하기 위해 이곳에 왔다.

목적이 그러했기에 그들에게 보여주고픈 첫번째 장소는, 다른 방문객이었다면 결코 추천하지 않았을 공화국광장이었다. 시내의 이 지저분하고 보기 흉한 지역을 상상해보려면, 뉴욕 타임스퀘어를 떠올린 뒤 그곳을 훨씬 작게 축소하고, 그곳의 활기찬 에너지를 모두 빼내고, 네온사인을 전부 없앤 다음, 교통체증과 더러움만 남겨놓으면 된다. 하지만 이집트인들은 전혀 개의치 않았다. 그들은 독재자 호스니 무바라크를 몰아내고 싶어했기에, 그들에게 공화국광장은 단순한 관광지가 아니었다. 한 무리의 평범한 젊은이들이 거대한 정치 세력으로 성장해 결국 밀로셰비치를 쓰러뜨린 비폭력 운동의 시작점이었기 때문이다. 나는 그 운동 지도부의 일원이었고, 이집트 친구들은 우리 세르비아인들에게서 무언가 배울 수 있기를 바라며 이곳에 왔다.

나는 과로로 지친 웨이터들이 있는 번잡한 카페를 피해 조용한 곳으로 그들을 데리고 가서, 공화국광장 여기저기 모여 있는 아르마니, 버버리, 막스 마라 같은 명품매장들을 가리키며 나의 짤막한 이야기를 시작했다. 옛날 옛적, 세르비아의 인플레이션이 극심해[1] 감자 두 근이 4,000디나르에서 170억 디나르로 1년 만에 치솟은 적이 있었다. 그것도 모자라 세르비아는 이웃 크로아티아와 전쟁을 치르는 중이었고, 대내적으로는 우리 경제를 무너뜨리고 우리의 안전을 위협하는 형편없는 정책들에 누군가 공개적으로 반기라도 들려 하면 체포돼 두들겨 맞거나 그보다 더한 일도 당했다.

1992년 나는 생물학을 전공하는 대학 1학년생이었고, 세르비아 젊은이들의 미래는 매우, 매우, 암담했다.

"네." 이야기를 듣던 중 한 명이 웃으며 말했다. "그게 어떤 건지 우리도 알아요."

이야기를 이어가자 이집트인들은 이해한다며 연신 고개를 끄덕였다. 밀로셰비치의 공포정치가 시작될 무렵, 당연한 일이었지만 나는 그에 대해 무관심했다. 적어도 처음에는. 어쨌든 나와 친구들은 언젠가 우리가 반독재 운동을 시작하게 되리라 상상조차 할 수 없는 부류였다. 정치가가 될 생각도 없었다. 그저 평범한 대학생이었고, 전 세계 여느 대학생과 똑같은 열정을 가지고 있었다. 밤새도록 술이나 마시고, 어떻게 데이트나 좀 해볼까 하는 열정 말이다. 그 시절 나를 집밖으로 끌어내 공화국광장으로 불러낼 만한 일이 뭐였냐고 누군가 물었다면, 시위라고 답하지는 않았을 것이다. 아마 록 콘서트라고 답했을 것이다.

광장 언저리에서 이집트 친구들에게, 내가 왜 림투티투키라는 밴드를 좋아했는지 설명하느라 애썼다. 뮤지컬 제목 같은 이 밴드의 이름을 거칠게 옮기면 대략 '내 성기를 네게 넣다'라는 뜻이라고 설명하면서, 무슬림 전통 **히잡**을 두른 이집트인 여성들이 혹시라도 모욕을 느낄까봐 조심스러웠다. 1992년 당시 가장 끝내주는 밴드였던 림투티투키는, 기타 속주와 요란한 가사로 유명한 시끄러운 사내들로 구성돼 있었다. 그들이 드물게도 무료 공연 계획을 발표하자 친구들과 나는 즉시 강의를 빼먹고 우리의 아이돌을 보러 공화국광장으로 줄지어 갔다.

우리나라에서는 절대 일어날 수 없는 일이다

곧이어 광장에서 벌어진 일은 충격 그 자체였다. 림투티투키 멤버들은, 플랫베드flatbed 트럭에 올라타 펑크 뮤지션이라기보다는 전쟁에서 승리한 장군들처럼 광장으로 들어왔다. 그러고는 트럭 뒤에 탄 채로 광장을 빙빙 돌며 그들의 가장 유명한 노래들을 불렀다. "내가 총을 쏘면 난 섹스할 시간이 없겠지" 혹은 "헬멧 밑에는 뇌가 없어" 같은 선언적인 가사를 담은 노래들이었다. 천재가 아니어도 무슨 일이 벌어지고 있는지 알아챌 수 있었다. 전쟁은 여전히 맹위를 떨치고 있고 베오그라드는 전선으로 가는 군인과 탱크로 가득한데, 여기 이 펑크 밴드는 모든 군국주의를 비웃으며 전쟁에 반대하고, 평범하고 행복한 삶을 옹호하는 노래를 소리 높여 부르는 것이다. 그것도 독재 치하에서. 그런 슬로건을 공개적으로 외치는 것만으로 고역을 치를 수 있는 상황에서 말이다.

독재자를 무너뜨리는 법

가장 좋아하는 뮤지션에 환호하며 트럭 뒤를 따라 달리면서 나는 몇 가지 깨달음을 얻었다. 우선 집회나 시위가 지루할 이유가 없다는 것이었다. 실은 지나치게 엄숙한 집회보다 멋진 펑크 밴드의 공연이 더 효과적일 수 있었다. 가장 심각해 보이는 상황에서도 사회 문제에 대한 사람들의 관심을 유도하는 일이 가능하다는 것 또한 알게 되었다. 그리고 충분히 많은 사람이 관심을 가지면, 충분히 많은 사람이 함께 모여 뭔가를 하려 한다면, 곧 변화가 일어난다는 것도 알게 되었다. 물론 이 모든 것을 제대로 이해한 것은, 적어도 그때 당시는 아니었다. 그날 오후 공화국광장에서 느꼈던 감정을 인식하는 데는, 내 직관을 이해하는 데는, 그리고 그것을 행동으로 옮기는 데는 긴 세월이 걸렸다. 하지만 일단 성공적이고 매력적인 비폭력 운동의 가능성을 목격하자 예전과 같은 무관심한 상태로 되돌아가기란 불가능했다. 친구들과 나는 밀로셰비치를 끌어내리기 위해 뭔가 해야만 한다고 느꼈다.

밀로셰비치가 일삼은 수많은 행위에 우리가 분노할 이유는 얼마든지 있었다. 1996년 밀로셰비치는, 그의 패거리 상당수를 몰아내고 야당 의원들로 국회 의석을 채울 수 있었던 총선 결과를 받아들이지 않았다. 이에 항의하기 위해 사람들이 거리로 나와 시위를 하자 그는 경찰을 동원해 그들을 짓밟았다. 1998년 밀로셰비치는 세르비아의 여섯 개 대학에 대해 학문적인 것이든 행정적인 것이든 모든 업무를 정부가 통제하겠다고 선언하면서 전면적인 독재 통치에 한 발 더 다가갔다. 담배 연기로 자욱한 베오그라드의 작은 아파트에 모인 우리는 반독재 운동을 시작하기로 결심했다.

오트포르!   '힙'한 검은 주먹

우리는 우리의 운동을 오트포르!라고 불렀다. 이는 '저항'이란 뜻으로 불끈 쥔 검은 주먹을 우리 운동의 상징으로 삼았다. 이 주먹은 2차대전 중 유고슬라비아를 점령한 나치에 대항해 싸운 게릴라부터, 1960년대 미국의 흑표범단Black Panthers에 이르기까지 많은 이들이 사용했던 사회변혁의 강력한 상징이었다. 오트포르!의 검은 주먹 로고는 절친한 친구 두다 페트로비치가 디자인했는데, 운동에 참가한 어느 여자에게 잘 보이고 싶어서 종이에 마구 휘갈겨 그린 것이었다. 강렬하고, 완벽한 로고였다.

　로고에 대한 이런 이야기가 하찮게 들릴지도 모른다고 이집트 친구들에게 말했다. 하지만 브랜딩 작업은 우리에게 매우 중요했다. 전 세계 사람들이 빨간색과 하얀색으로 된 물결 이미지를 보는 즉시 코카콜라를 떠올리는 것처럼, 우리는 세르비아 사람들이 우리의 운동을 떠올리고 우리와 함께할 수 있도록 움직이는 시각적 이미지를 갖기 원했다. 우리가 친구와 가족 모두에게 거리로 나와 우리와 함께 행진해달라고 아무리 빌더라도, 당시에는 30명 이상 모으기 힘들었을 것이다. 그 대신 우리는 하루저녁 만에 스프레이 페인트로 불끈 쥔 주먹 300개를 그렸고, 11월 초 이른 아침 잠에서 깬 베오그라드 시민들은 주먹 그라피티로 뒤덮인 공화국광장을 목격했다. 모두가 밀로셰비치를 두려워하던 그 시절, 이것을 보며 사람들은 대규모의 잘 조직된 무언가가 지표면 바로 아래에 도사리고 있다고 여기게 되었다.

　그리고 곧, 그렇게 되었다.

　사방에 도배된 주먹 그림과 '저항'이란 단어를 보며 젊은이들은 자연스럽게 이 새로운 것, '힙한' 것에 대해 더 알고 싶어했다. 함께하고 싶어했다. 우리는 잘난 체하는 사람, 믿을 수 없는 사람, 그리고 가장 최악인 경찰 끄나풀 노릇을 할 만한 사람을 솎아내고자 일종의 테스트 임무를 맡겼다. 자신이 진지하다는 것을 증명하기 위해 그들은 거리로 나가 특정 장소에 스프레이 페인트로 주먹을 그려야 했다. 오래지 않아 도시는 우리의 상징으로 뒤덮였고, 정권 교체의 가능성을 믿는 작은 결사체를 조직할 수 있었다.

독재자를 무너뜨리는 법

일단 핵심 조직이 결성되자 가장 중대한 결정을 내려야 했다. 즉, 우리가 어떤 방식으로 운동을 해나갈 것인지 정해야 했다. 첫 번째 명백한 것은 철저한 비폭력주의여야 한다는 점이었다. 우리가 평화적으로 싸워 이길 수 있다고 굳게 믿었기 때문만이 아니라, 수만 명의 경찰, 수십만 명의 군대, 얼마가 될지 짐작조차 할 수 없는 폭력배들을 주무르는 독재자와 무력으로 맞선다는 것은 매우 어리석은 일이라 여겼기 때문이다. 힘으로는 결코 밀로셰비치를 누를 수 없지만, 우리 운동을 단단하면서도 인기 있는 것으로 만들어볼 수는 있을 것이다. 그래서 밀로셰비치가 굴복할 수밖에 없도록, 공개적이고 자유로운 선거를 받아들일 수밖에 없도록, 즉각 패배할 수밖에 없도록 싸워볼 수는 있을 것이다.

또한 우리는 오트포르!가 카리스마 있는 지도자 중심의 운동이어서는 안 된다는 중대한 원칙을 정했다. 이는 어느 정도 실질적인 상황을 염두에 둔 결정이었다. 세력이 커지면 경찰이 모든 수단을 동원해 우리를 공격해올 텐데, 주동자의 신원을 쉽게 확인할 수 없다면 당국에서 일거에 운동을 소탕하지 못할 것이다. 우리 중 누구를 잡아가더라도 다른 열댓 명이 그 또는 그녀의 몫을 대신할 것이다. 평범한 듯 눈에 띄지 않으려면 요령이 필요했다. 우리는 정권에 대항하는 작지만 창의적인 싸움을 연속으로 촉발시켜야 했다. 립투티투키가 보여준 순간을, 저항이 헛된 일이 아니며 승리가 아주 가까이에 있다는 특별하고 희망적인 느낌을 획득하고자 했다.

광장 저멀리의 한구석을 가리키며, 이집트인들에게 택시 정류장 바로 너머 온통 검은 유리로 둘러싸인, 1980년대부터 버려진

우리나라에서는 절대 일어날 수 없는 일이다

건물과 황량한 쇼핑몰을 보라고 했다. 1998년 12월 15일 밀로셰비치의 경호원들이 나를 체포했던 곳이다. 몹시 추운 아침이었다. 오트포르!는 석 달째 건재했고, 우리는 공화국광장에서 도로로 이어지는 작은 시위를 벌이기에 충분할 정도의 지지자들과 역량을 모았다. 하지만 그날 아침, 나는 광장에 도착하지 못했다. 회합장소로 가던 나에게 경찰 몇이 달려들더니, 걸어서 불과 몇 분 거리의 지린내 진동하는 감방으로 끌고 가서는 곤죽이 되도록 나를 패며 재미있어했다. 영원처럼 긴 시간이었다. 다행히 여러 겹 껴입은 두꺼운 스웨터가 육중한 구둣발 사이에서 쿠션이 되어주었다. 결국 경찰들은 나를 풀어주었지만, 그중 한 명이 내 입에 총을 쑤셔넣고는 우리가 지금 서 있는 곳이 이라크면 좋겠다고, 그럼 그냥 그 자리에서 나를 죽일 수도 있었을 거라고 말했다.

이집트인들이 술렁였다. 구타와 총에 대한 이야기가 그들의 고향을, 무바라크의 잔학하기로 악명 높은 보안부대를 떠오르게 한 것이다. 적어도 우리 세르비아인들은 그들과 비슷한 경험을 한 것이다. 호리호리하고 철테 안경을 쓴, 지식인으로 보이는 이집트인이 있었다. 무바라크의 비밀경찰은 특히 학생에 반감을 갖고 있었고, 남자의 반응으로 미루어보아 그가 나와 유사한 일을 당했음을 알 수 있었다. 그 순간 나는 그를 똑바로 쳐다보며 오트포르! 이야기를 이어갔고, 예기치 않았던 일들이 어떻게 일어났는지, 그래서 우리가 어떻게 더욱 대중의 지지를 얻게 되었는지 들려주었다. 경찰이 우리를 겁주어 공화국광장에서 쫓아내려 하면 할수록, 우리는 더욱더 그곳으로 돌아갔다는 이야기를.

오트포르!라는 이름이 그 어느 때보다 강력해지면서 우리의 작은 시위는 도시의 가장 핫한 파티가 되었다. 그 파티에 가지 않으면 사교생활은 끝난 것이나 마찬가지였다. 그리고 자연스럽게, 체포당했던 사람들이 누구보다 매력적인 사람이 되었다. 감옥으로 끌려갔다는 것은 대담하고 두려움이 없는 사람이라는 뜻이자, 당연히 이는 곧 섹시한 것으로 받아들여졌다. 몇 주 만에 이 도시에서 가장 모범생 같은 친구들, 말하자면 호주머니에 필기구를 꽂고 공학용 계산기를 가지고 다니는 것을 자랑스러워하던 부류의 젊은이들조차, 어느 날 저녁 경찰차에 실려가고 나면 그후 강의실에서 가장 매력적인 여학생과 데이트할 수 있었다.

이야기가 여기에 이르자, 이집트 친구들은 침묵했고 나는 그 속에서 그들이 회의에 젖어 있다는 걸 느낄 수 있었다. 나는 이야기를 멈추고 안경 쓴 지적인 친구에게, 우리와 같은 방식이 이집트에 적용가능한지 물었다. 그는 망설임 없이 아니라고 대답했다. 카이로에서는 누구도 무바라크의 비밀경찰과 대치되는 쪽에 서려 하지 않는다고 확신에 차서 말했다. 일리 있는 말이었다. 밀로셰비치의 가장 잔인한 경찰이라도 무라바크 감옥의 간수들에 비하면 요정이나 다름없었다. 하지만 내가 공유하고자 했던 것은 공화국 광장에서 작동했던 보편적인 법칙이었다. 어느 나라 비밀경찰이 더 지독한지와는 무관했다. 이집트 친구들이 이해해주길 바랐던 것은 훨씬 더 간단한 것, 그러면서 훨씬 더 급진적인 것이었다. 나는 그들이 코미디를 이해하기 바랐다.

유머가   핵심 전략이다

비폭력 운동을 시작하는 사람들은 마하트마 간디나 마틴 루서 킹 목사를 영감의 원천으로 언급하곤 한다. 그런데 이분들은 정말 정말 훌륭하시지만, 한마디로 말해 웃긴 사람들은 아니다. 인터넷을 포함해 오락거리로 넘쳐나는 이 시대에, 단기간에 대중운동을 조직하려 한다면 유머를 핵심 전략으로 삼아야 한다. 그래서 나는 공화국광장을 천천히 거닐며 이집트 친구들에게 오트포르!가 어떻게 거리 공연을 활용했는지 설명했다. 우리는 지나치게 정치적인 것은 다루지 않았다. 왜냐하면 현실 정치는 지겨웠고, 우리는 모든 것이 재미있기를 바랐으며, 무엇보다도 웃기기를 바랐다. 오트포르! 초창기에는 웃음이 정권에 대항하는 가장 큰 무기였다. 밀로셰비치의 독재는 결국 두려움을 먹고 자라는 것이었다. 이웃에 대한 두려움, 감시에 대한 두려움, 경찰에 대한 두려움, 그리고 이 모든 것에 대한 두려움을. 그러나 공포의 시절, 우리 세르비아인들은 두려움의 가장 큰 적수가 웃음이라는 사실을 배웠다. 내 말이 믿기지 않는다면 큰 수술을 받으러 수술실로 들어가는 친구를 안심시키는 가장 좋은 방법이 무언지 생각해보라. 당신이 심각하게 굴면서 걱정하면 친구는 더 불안해할 것이다. 하지만 당신이 농담을 건네면 친구는 여유를 찾을 것이고, 미소도 지을 것이다. 같은 원리가 운동에도 적용된다.

그렇다면 폭압 아래에서 고통받는 참혹한 삶을 어떻게 하면 재미있게 만들 수 있을까. 이것이 운동을 조직할 때의 핵심이다. 우리의 영웅들 몬티 파이선(영국의 전설적인 코미디 창작집단―옮긴이)처럼 친구들과 함께 머리를 맞대고 우리가 바라는 효과를 불러일으킬 기억하기 쉽고 재미있는 시위 방식을 찾아내려고 애썼다. 예를 들어 세르비아의 도시 크라구예바츠에서 밀로셰비치 반대시위를 할 때, 우리 오트포르! 활동가들은 하얀 꽃을 준비했다. 하얀 꽃은 매일 머리에 조화造花를 꽂는, 우리가 경멸하는 독재자의 아내를 상징했다. 우리는 이를 칠면조 머리에 꽂았는데, 세르비아어로 칠면조는 여자에게 하는 가장 지독한 욕이기도 했다. 새롭게 치장한 칠면조들을 거리에 풀어놓자, 사방으로 흩어져 꽥꽥거리는 칠면조들 사이로 밀로셰비치의 사나운 경찰들이 거리를 뛰어다니다가 바보처럼 넘어지기도 했다. 이 우스꽝스러운 광경을 본 시민들은 즐거워했다. 무엇보다도 경찰들에게 선택의 여지가 없다는 점이 멋졌다. 칠면조들을 자유롭게 돌아다니도록 내버려둔다면 오트포르!의 항거를 용인한다는 신호를 주게 된다. 하지만 옛날 만화 속 인물처럼 칠면조 뒤를 쫓는 건장한 경찰의 모습을 한번 보고 나면, 그들을 다시는 겁내지 않게 된다. 이것은 창의적인 발상의 한 예로, 아침에 출근하는 사람들과 시위 현장을 찍기 위해 그곳에 도착해 히죽거리는 기자들 앞에서 보안당국에게 결정적인 한 방을 먹인 것이다. 여기에는 칠면조 농장 방문과 약간의 상상력만이 필요했다.

그러나 시간이 흐를수록, 오트포르!의 경험담을 나누면 나눌수록, 이집트인들은 의구심을 품는 듯 보였다. 신앙심 깊은 이 활동가들은 베오그라드에서 자신들이 본 것들 중 카이로에서는 성공

우리나라에서는 절대 일어날 수 없는 일이다

하기 힘든 것들을 꼽고 있었다. 이를테면, 카이로에서 카페는 뚱뚱한 남자들이 차를 마시며 물담배를 피우는 곳이지, 홀터 톱에 반바지를 입은 젊은 여자들이 공공연하게 남자친구와 맥주를 마시는 곳이 아니었다. 종교적인 이집트인들에게 공화국광장은 지나치게 이국적인 곳으로 보였다. 그들에게는 펑크 록밴드나 이리저리 뛰어다니는 칠면조, 경찰에 저항하며 즐거워하는 사람들에 대한 이야기가 불가능한 꿈처럼 들렸던 것이다.

광장에 인접한 쇼핑가를 걸어내려가며, 베오그라드를 지배했던 오스트리아-헝가리제국 시절까지 거슬러올라가는, 19세기 건물들이 줄지어 선 아름다운 거리를 지나갔다. 둥근 지붕과 기둥, 화려한 철제 발코니를 볼 때마다 이집트인들의 마음속에서 하나의 메시지가 견고해져갔다. 이곳은 유럽이며, 여기서 일어났던 일들은 나일 강변에 위치한 자신들의 나라에서는 결코 일어나지 못하리라는 생각이었다. 이런 회의에 가득찬 모습은 전혀 놀랍지 않았다. 세르비아에 왔던 다른 활동가들도 똑같은 상황을 연출하곤 했다. 오트포르!에 오랫동안 참여했던 이들을 만나 조언을 얻고자 먼길을 왔지만, 그들이 듣게 되는 것은 장난치는 일에 대한 활기 넘치는 설교뿐이었다. 이집트인들은 혹시 자신들도 그런 장난의 대상이 된 건 아닌지 의심하는 듯했다.

그래도 공화국광장에서 있었던 시위 이야기 중 몇몇 부분에서 영감을 받은 게 분명해 보였다. 어쩌면 순전히 절망감에서 비롯된 행동인지도 모르지만, 이집트인 한 명이 카페 단골손님과 관광객으로 가득한 인파 한가운데서 자발적으로 정치적 구호를 외치기 시작했다.

"이집트에 자유를!" 그가 갑자기 외쳤다. "이집트에 자유를! 무바라크를 타도하자!"

그는 얼굴이 빨개져서는 진심을 다해 외쳤고, 곧 이집트인들 전체가 소리 모아 구호를 외쳤다. 적어도 지금만큼은 용기를 얻었구나, 하고 생각했다. 카이로에서는 여전히 실현불가능한, 즉석 집회에서 자신의 의사를 표현하는 자유를 그들은 이곳 베오그라드에서 느껴보고 있었다. 우리 일행이 시끄러워 눈살을 찌푸리는 사람이 몇 있었고, 근처를 지나던 경찰들은 무슨 일인지 우리에게 정중하게 물어왔다. 그들은 그저 내 친구들이 당황스러웠을 뿐이고, 이집트인들 역시 우리의 이야기에 어리둥절했던 것뿐이었다.

하지만 이제 겨우 방문 첫날이었고, 나는 그들의 좌절감에 동요하지 않으려 애썼다. 그들에게는 적응할 시간이 필요할 뿐이라고 스스로 되뇌었다. 게다가 오트포르!식 대중선동은 일반적 혁명가의 이미지와는 거리가 멀었다. 우리는 레닌이나 마르크스처럼 험악하게 쏘아보지 않을뿐더러, 마오쩌둥과 아라파트가 역설한 유혈이 낭자한 그 모든 것과 분명한 대척점에 있었다. 이집트인들에게 우리는 새로운 미지의 영역이었고, 어쩌면 그저 익숙해질 시간이 필요한 걸지도 몰랐다. 남은 일정을 위해 우리는 팔리치코 호수 쪽에 호텔 방을 예약해두었다. 세르비아의 스위스라고 불릴 정도로 풍경이 아름다운, 파스텔톤의 생강 쿠키 같은 집들이 점점이 있는 그곳에서 우리는 몇 주간을 보낼 예정이었다.

다음날 우리는 호숫가 작은 호텔의 회의실에서 이집트인들과

우리나라에서는 절대 일어날 수 없는 일이다

워크숍을 열었다. 우리가 예약한 장소는 딱히 좋은 곳은 아니었지만, 그건 중요하지 않았다. 우리는 편의시설을 누리려고 여기 온 게 아니었다. 시작에 앞서 우리는 치즈 페이스트리와 요구르트로 든든하게 세르비아식 아침식사를 했고, 식사 후 이집트인 열다섯 명은 밖으로 나가 담배 몇 갑을 기록적으로 짧은 시간 안에 피워 댔다. 그 모습에 나는 미소지었다. 오트포르! 시절, 나 역시 하루 50개비 이상 담배를 피워대며 정권에 맞서는 압박감을 견뎌냈다. 그들이 담배를 다 피우고 안으로 돌아오자, 두꺼운 커튼을 치고 우리의 일을 시작했다. 밖에서는 사람들이 수영장에서 첨벙거리고, 호텔 테라스에서 대화를 나누고, 아이스크림을 주문하고 있었다. 그러나 안에서 우리는 혁명에 대해 이야기를 나누었다.

나는 반원을 그리며 앉아 있는 이집트인들 앞에 섰다. 그리고 질문으로 말문을 열었다. 우선 공화국광장을 방문하고 세르비아 혁명에 관한 이야기를 들으며 어떤 생각을 했는지 물었다. 우리가 밀로셰비치에 대항하기 위해 사용한, 그리고 이집트에도 적용하기를 제안한 비폭력 직접 행동이라는 전술에 대해, 그들이 어떻게 생각하는지 알고 싶었다.

말을 마치자마자 손 하나가 올라왔다. 모하메드 아델이었다. 부드러운 눈빛의 테디베어 같은 외모를 한 모하메드는, 카이로에서 최고의 조직력을 갖춘 비폭력주의 시민단체 4·6청년운동의 리더였다. 우리 중에 아랍어를 할 줄 아는 사람이 없어 통역가가 동석하고는 있었지만, 통역의 도움을 받지 않고도 모하메드가 전하고자 하는 말의 의미를 짐작할 수 있었다. 실제로 모하메드가 이야기를 시작하자 곧 몇 자리 떨어진 곳에 있던 나의 동료 샌드라가 다 알겠다는 듯 미소짓는 것이 보였다. 샌드라는 전날 이집트인들과 베오그라드에 함께 있었고, 그다음에 어떤 이야기가 나올지 짐작할 만큼 이 일을 오랫동안 해왔던 것이다.

"스르자." 모하메드가 퉁명스럽게 말했다. "우리 모두 세르비아에서 일어난 일에 큰 감명을 받았습니다. 그러나 이집트는 아주 다른 곳입니다. 거기서는 결코 일어날 수 없는 일입니다."

우리는 모하메드의 비관적 전망에 당황하지 않았다. '우리나라에서는 결코 일어날 수 없는 일입니다'는 누구나 맨 먼저 품는 생각이었고, 나는 모하메드에게 그런 마음을 이해한다고 말했다. 조지아 공화국의 수도 트빌리시에서 젊은 세르비아인들과 만났을 때 조지아의 비폭력주의 활동가들도 똑같은 말을 했으나, 곧 2003년 장미 혁명에서 오트포르!의 방법으로 독재자를 끌어내렸다. 우크라이나에서도 같은 우려를 보였지만, 2004년 오렌지 혁명으로 레오니트 쿠치마를 끌어내렸다. 1년 뒤 레바논에서 백향목 혁명 전야에, 3년 뒤 몰디브에서 민주화 운동가들이 마침내 권력자를 축출하기 전, 우리는 같은 말을 들었다. 이들 혁명은 대단히 성공적이었지만, 혁명을 조직했던 이들 모두 처음에는 세르비아에서 무슨 일이 일어났든 자기 나라에서는 결코 일어날 수 없다고 주장했다.

"외람된 말씀이지만요." 한 젊은 이집트 여성이 말을 끊었다. 그녀의 태도에서 내 말을 전혀 믿지 않는다는 걸 알 수 있었다. "당신은 공연과 거리 시위 이야기를 했습니다. 만일 우리가 그중 무엇

우리나라에서는 절대 일어날 수 없는 일이다

이라도 한다면 무바라크는 우릴 단번에 없애버릴 거예요. 우리나라에서는 세 사람 이상 무리를 지을 수 없습니다. 그렇기 때문에 당신네 방법을 이집트에 적용할 수 없는 겁니다. 완전히 다른 곳이에요."

맞습니다. 나는 그녀에게 말했다. 무바라크의 비밀경찰 무하바라트는 세계에서 가장 지독한 집단이다. 하지만 1970년대 피노체트 치하에서 살았던 칠레 사람들도 지금의 이집트 사람들과 마찬가지로 거리에서 끌려가 비밀감옥에 집어던져졌다. 그래서 그들은 거리로 몰려나가는 대신, 택시 기사들이 평상시의 절반 속도로 운행하도록 독려하는 일부터 시작했다.[2] 상상해보십시오, 나는 그 젊은 여성에게 말했다. 아침에 일어나 엠파나다(스페인식 파이)를 사러 가는데, 갑자기 산티아고의 모든 택시가 느릿느릿 굴러가는 장면을 목격하게 된다. 그뒤로 점차 이 시위가 확산되는 모습을 상상해보라. 모든 자동차가, 버스와 트럭이, 시속 15킬로미터로 운전하며 정권에 대한 불만을 직접적으로 표출하는 것이다. 그후 며칠 뒤 행인들도 평소의 절반 속도로 걸었다. 도시가 거의 멈추다시피 했던 것이다. 이 모든 일이 일어나기 전까지 칠레 사람들 역시 피노체트를 공개적으로 모욕하는 일을 두려워했고, 독재자를 증오하면서도 그것을 자기 혼자만의 생각이라고 여겼다. 하지만 느릿하게 움직이는 자동차와 행인들을 바라보면서, 칠레인들은 그들의 행동이 정권에 대한 소박한 시위라는 것을 알아채게 되었고, 나 혼자만이 아니었음을, 모두가 이 폭군을 증오하고 있음을 확신하게 되었다. 칠레인들은 이런 전술이 사람들로 하여금 '**우리는 다**

수고 그들은 소수다'라는 것을 깨닫게 해주었다고 말했다. 정말 멋진 건 이 일에는 위험이 따르지 않았다는 점이다. 설사 북한이라 할지라도 차를 천천히 모는 것이 불법은 아닐 테니까.

그녀는 웃음을 터뜨리며, 교통체증으로 자동차가 늘 제 속도를 못 내는 카이로에서는 자동차 속도를 반으로 줄이는 시위는 효과가 없을 거라고 말했다. 하지만 이집트에서 그 비슷한 일을 할 수는 있을 것 같다고 인정했다.

사람들은 왜 자신들이 처한 상황이 특수한지, 왜 자신들의 운동이 실패할 수밖에 없는지 줄줄이 이유를 댈 준비가 늘 되어 있다. 이는 인간의 본성이다. 세르비아 사람들도 나에게, 밀로셰비치에게는 군대와 경찰과 어용 방송이 있기 때문에 항거하기가 불가능하다고 말했다. 미얀마 사람들은, 순종적인 문화 때문에 사람들이 결코 군사정권에 도전하지 않을 거라고 말했다. 내가 미국에 갔을 때도 사람들은, 미국인이 관심을 갖는 것이라곤 월마트 쇼핑카트 채우기와 집 앞 잔디 깎기뿐이라고 불평했다. 하지만 생각해보길. 마틴 루서 킹 목사가 바로 그 미국인이고, 랑군 거리에서는 승려들이 시위에 앞장섰으며, 오늘날 세르비아는 민주주의국가다.

보잘것없는 생명도   미래의 흐름을 바꿀 수 있다

이 싸움에서 승리할 수 있는 첫걸음은, 무엇이든 어딘가 다른 곳에서 일어난 일이 내 나라에서는 절대 되풀이될 수 없다는 생각을 지우는 데 있다. 이러한 생각은 두 가지 가정에 근거하는데, 하나는 맞고 하나는 틀리다. 첫번째 가정, 옳은 가정은, 모든 곳의 사정이 다 다르다는 것, A국가의 비폭력 운동을 B국가에 그대로 복사해 붙여넣을 수는 없다는 것이다. 우리 운동이 가장 순조롭게 진행되던 시절이었더라도, 이집트 민주주의를 위해 4·6청년운동의 모하메드와 함께 행진하자고 내가 아무리 설득한들 세르비아인 100명도 움직이지 못했을 것이다. 마찬가지로, 아무리 내가 설득해도 사우디아라비아 여성이 우크라이나 여성인권단체 페멘FEMEN의 성공적 전술을 모방해, 수도 리야드에서 가슴을 드러내며 젠더 평등 시위를 하는 일은 없을 것이다.

신실한 이집트인들은 이 예를 듣더니 씁쓸한 미소를 지었다.

'우리나라에서는 결코 일어날 수 없는 일이다'라는 말로 함축되는 이 첫번째 가정은 유효하다. 그러나 두번째 가정, 즉 우리나라에서는 비폭력 운동이 성공할 리 없다는 생각은 단언컨대 전적으로 틀렸다. 간디 시절부터 세르비아 혁명까지, 그리고 그후로도, 비폭력 운동에 적용된 원칙들은 보편적이다. 그 원칙들은 어느 나라, 어느 도시, 어느 커뮤니티, 어느 대학에서도 효과적으로 작동할 수 있다.

뭔가 사소한 것, 적절한 것, 그러면서도 성공적일 수 있는 것, 그것 때문에 죽거나 심한 폭력을 당하지 않는 것부터 시작하는 것이 핵심이다. 오트포르!가 처음 한 일이 꽉 쥔 주먹을 상징으로 삼은 것임을 이집트인들에게 다시금 강조했다. 오트포르! 회원들은

친구를 만나러 갈 때면, 우리는 주먹 스티커를 친구가 사는 건물

엘리베이터 안에 붙이곤 했다. 이는 이집트에서도 쉽게 따라 할 수 있는 방법이라고 그들에게 말했다.

건장한 이집트 남자가 내 말을 끊었다. "어떻게 스티커 같은 것으로 무바라크를 쓰러뜨리겠다는 건지 잘 이해가 안 됩니다."

나를 쳐다보는 이집트인들의 태도에서 그들 대부분이 같은 생각임을 알 수 있었다. 그들 앞에 어지러이 놓인, 아침식사 후 피우고 반쯤 남은 말보로 담뱃갑이 보였다. 나는 그들에게 왜 하필 말보로 담배를 골랐는지 물었다. 처음엔 내가 왜 그런 질문을 하는지 아무도 이해하지 못했다

"모르겠네요." 한 지식인이 말했다. "포장이 멋져 보여서일지도요."

"제일 좋은 담배예요." 건장한 남자가 덧붙였다. "미국산이고요."

나는 말보로의 브랜드 이미지가 그에게 어떤 메시지를 심어주기 때문에 그 담배를 피우는 거라고 말했다. 그것은 말보로맨일 수도, 빨간 포장재일 수도, 좋은 품질일 수도, 그 비슷한 무엇일 수도 있다. 그게 무엇이든 담배를 사러 가게에 갔을 때, 그는 여러 담배 가운데서 말보로를 택했다. 다시 말해 그는 말보로를 신뢰했던 것이다. 독재자도 마찬가지다. 모든 독재자는 하나의 브랜드다. 대개 그 브랜드는 국기에 휘감겨 있고, 안정이라는 서사에 의존하는 일이 잦다. "나인가, 혼란인가"[3]는 피노체트가 한 유명한 말이다. 독재자는 미국에 대해, 이스라엘에 대해, 혹은 그 무언가에 대해 대항하는 자로 자신의 이미지를 구축하기도 한다. 모든 브랜드

우리나라에서는 절대 일어날 수 없는 일이다

가 그렇듯이 독재자들은 시장 지분율과 노출빈도에 민감하다. 베네수엘라의 차베스가 〈안녕, 대통령^{Alo Presidente}〉이라는 TV쇼를 진행한 것도 그 때문이다. 한 번에 몇 시간씩 방송을 하며, 차베스는 연설을 하고 대본에 따라 연기도 했다. 한 에피소드에서는 야구 심판 차림으로 나와 정적政敵에게 '아웃'을 선언했다. 차베스처럼 화려한 독재자들은 여타 브랜드처럼 방송 노출에 중독돼 있고, 늘 시장 지분을 늘리는 방법을 찾느라 고심한다. 하지만 독재자들의 홍보용 광고와 선전 포스터를 보면 그들 모두가 기본적으로 똑같은 재료로 만들어졌음을 알 수 있다. 부패, 족벌주의, 부실경영, 사회적 불평등, 폭력, 공포가 바로 그것이다. 그런데도 사람들은 왜 그런 것들과 함께 가기를 택하는가.

아무도 대답하지 못했다.

독재 치하에서는 독재자 외에 선택할 수 있는 다른 어떤 브랜드도 존재하지 않기 때문입니다, 하고 내가 말했다. 나는 이집트인들에게 무바라크가 싸구려 이집트산 담배를 상징한다면, 여러분은 말보로 한 보루가 될 필요가 있다고 이야기했다. 무바라크보다 더 나은 브랜드가 필요하다고. 그리고 브랜드는 홍보가 필요하며, 또한 홍보를 위해서는 상징이 필요하다. 그렇기 때문에 불끈 쥔 주먹이 세르비아 혁명에서 그렇게 중요했던 것이다. 또한 구소련의 찌꺼기들과 맞서 혁명을 승리로 이끈 조지아와 우크라이나의 활동가들이 장미와 오렌지색을 자신들의 상징으로 삼았던 것도 바로 그 때문이었다. 어떤 식으로든 브랜딩 없이는 이집트 사람들 개개인의 고립된 불만들―그것이 2008년 마할라에서 파업한 직물노동자들이든, 카이로에서 인터넷 검열 반대를 외친 언론인들이든, 전국 각지의 거리에서 두들겨 맞던 백수 청년들이든―을 응축하여 무바라크 독재라는 진짜 문제에 대한 분노로 이어지게 하지는 못할 것이다. 강력한 상징은 사람들로 하여금, 이 소요가 그들보다 훨씬 더 큰 무언가와 연관돼 있음을 깨닫도록 해준다. 그리고 훨씬 더 큰 무언가는 그들이 만들어내는 비전이어야 한다고 이집트인들에게 말했다.

그때 유독 수줍어하던 한 이집트 여성이 손을 들었다.

"이런 이야기들은 정말이지 놀라워요." 그녀가 말했다. "그리고 신은 우리를 성공으로 이끄실 겁니다. 하지만 우린 여기 있는 열다섯 명이 전부인데다, 우리는 무바라크와 그의 경찰, 군대, 정당, 그 모든 것에 맞서고 있습니다. 아시다시피 때로는……" 그녀가 주저하며 말했다. "우린 그냥…… 아무것도 아닌 것 같아요."

어떤 의미에서도 나는 종교적인 사람이 아니다. 하지만 나만의 경전이라고 부를 만한 책을 고른다면, 주저 없이 『반지의 제왕』을 꼽을 것이다. 나는 침실에 J.R.R.톨킨에게 바치는 작은 신전을 만들어놓고 세르비아 혁명의 가장 암울한 순간에, 밀로셰비치와 광기 어린 인종 청소가 모든 것을 뒤덮었을 때, 손때 묻은 『반지의 제왕』을 넘기며 자신감을 되찾곤 했다. 요정 갈라드리엘이 호빗 프로도에게 "제아무리 보잘것없는 생명일지라도 미래의 흐름을 바꿀 수 있다"고 이야기한 장면을 특히 좋아했다.

나는 그 대사를 이집트인들에게 들려주었다. 그리고 한 번 더 반복해 말해주었다. 이집트인들이 왜 스스로를 보잘것없다고 느끼는지는 분명했다. 아주 어릴 때부터 우리는 강하고 힘있는 자가 역사를 만든다고 배웠다. 신문과 잡지는 권력자와 부자들의 면모를 경쟁적으로 보도하고, TV쇼 진행자들은 화려한 스튜디오에서 세계를 만들어가는 엘리트들을 인터뷰하며 그들에게 매료되는 듯 보인다. 서구 문화는 창이 가슴을 뚫고, 투구가 피로 물드는『일리아드』의 장면들로부터 오늘날에 이르는 3,000년 동안, 폭력과 영웅과 정복을 끊임없이 찬미한다. 생각해보라, 지금껏 2차대전이나 베트남전에 관한 영화를 몇 편이나 보았는지. 분명 아주 많을 것이다. 그렇다면 유명한 비폭력 투쟁을 다룬 주류 영화는 몇 편이나 되는지 세어보라. 우선 벤 킹슬리 주연의 〈간디〉가 있고, 숀 펜이 나온 〈밀크〉, 넬슨 만델라에게 바치는 몇 편의 영화가 있지만, 그게 다다.

우리는 전사들을 숭배하지만, 역사를 발전시킨 이들이 진정 전사들인가? 이렇게 생각해보자. 1차대전은 2차대전을 낳았고, 2차대전은 냉전을 낳았으며, 냉전으로 인해 한국전, 베트남전, 아프가니스탄 사태며 대테러 전쟁이 잇따라 발생했다. 그렇다면 마틴 루서 킹 목사는 이 세상에 어떤 기여를 했는가? 흑인 시민권과 2008년 흑인 대통령의 당선이다. 간디의 역사적 유산은 무엇인

독재자를 무너뜨리는 법

가? 인도의 독립과 식민주의 종식이다. 1980년대 폴란드 자유노조 운동의 지도자 바웬사가 성취한 것은 무엇인가? 동유럽 공산주의 종식이다. 바웬사는 누구인가? 그단스크 선착장의 전기 기술자, 프로도 같은 호빗에 불과했다.

나는 이집트인들에게 동성애자 인권 운동을 하다 살해된 하비 밀크에 대해서도 이야기했다. 그는 동성애자임을 공개적으로 밝힌 후 캘리포니아에서 처음으로 선출직에 오른 사람이었지만, 동성애에 대한 사람들의 인식을 바꾸겠다고 결심하기 전에는 샌프란시스코의 평범한 점원이었다. 하비 역시 또다른 호빗이었다. 뉴욕에서 가장 힘센 자였던 로버트 모지스가, 맨해튼의 유서 깊은 건물들을 헐고 중앙분리대가 있는 고속도로를 내려는 말도 안 되는 도시계획으로 뉴욕 시를 망가뜨리려 했을 때, 제인 제이컵스는 그에 맞서 싸워 균열을 일으키기로 결심했다. 그녀는 곧 시끄럽기만 한 아줌마라느니 머리가 돈 골치 아픈 여자라느니 하는 조롱 섞인 말을 들었다. 그러나 대학 졸업장조차 없이 결국 도시계획 사업을 혁명적으로 바꿔낸 제이컵스 역시, 호빗이었다.

이들 중 누구도 엘리트가 아니었다. 도시 광장에 세울 동상의 모델로 선택될 만한 인물은 아니었다. 그러나 이들은 크나큰 세상을 움직여 앞으로 나아가게 한 사람들이다. 미래의 흐름을 바꾸는 호빗은 톨킨의 책 속에만 존재하는 게 아니라고 나는 이집트인들에게 장담했다. 베오그라드에서 일어난 일이라면 이집트에서도 얼마든지 일어날 수 있다고.

그러자 그들은 점점 더 침묵했다. 말이 없는 이유가 내 말에 동의해서인지, 그냥 지쳤기 때문인지 알 수 없었다. 어느 쪽이든 쉴 시간이었다. 다음 몇 세션 동안 우리는 혁명적 운동을 새롭게 만들어갈 전술적인 것들에 대해 논의했고, 나는 계획, 단합의 중요성과 함께 모든 단계에서 비폭력주의 원칙을 고수할 것을 다시금 상기시켰다. 그 모든 일정이 일단 끝나자 우리는 헤어져 각자 갈 길을 갔다. 나는 베오그라드로, 그들은 카이로로.

그때 이집트인들에게는 이야기하지 않았지만 밀로셰비치에 맞서 싸우던 시절, 나 역시 세르비아에서는 변혁이 일어날 수 없을 거라고 느낀 순간이 있었다. 바로 어제 일처럼 생생하다. 1999년 4월 23일 늦은 밤, 우리집에서 불과 몇 블록 떨어진 세르비아 국영 방송국에서 검은 연기가 피어올랐다. 그곳은 내 어머니 베스나의 직장이었고, 어머니의 사무실은 나에게 제2의 집이나 마찬가지였다. 어린 시절 나는 많은 시간을 그곳에서 뛰놀았다. 그러나 방송국 건물과 그곳의 언론인들은 밀로셰비치의 전쟁을 끝장내기 위해 나토가 폭격하기로 한 합법적인 공격 목표로 지정된 것이 명백했다. 그날 어머니는 평소보다 일찍 퇴근했고, 그후 겨우 몇 시간 만에 서방 공군에 의해 건물이 사라졌다. 어머니의 무고한 동료 열여섯 명이 그 끔찍한 밤에 숨졌다.

어머니는 나와 함께 아파트 건물 옥상에 서서 하늘로 솟는 불길을 바라보며 몸을 떨었다. 어머니가 살아남을 수 있었던 건 오로지 그날 오후 근무를 택했기 때문이다. 당시 스물여섯 살이었던 나는, 열여덟 살 이후로 조국이 다섯번째 겪는 전쟁의 한가운데 서 있었다. 나토가 끔찍한 폭격을 시작한 그날 계엄령이 선포되었고,

나는 이미 반역자이자 국가의 적으로 낙인찍혔으며, 오트포르!는 지하로 숨어들었다. 나는 안전을 위해 집에서 잠을 자지 않았다. 그날 밤은 나조차도, 이곳에서는 절대 변혁이 일어날 수 없다고 생각했다. 하지만 변화가 일어나야만 한다는 것을, 만일 우리가 이기지 못한다면 더이상 지켜야 할 그 무엇도 남지 않으리라는 것을 왠지 모르지만 알 수 있었다.

그래서 나는 이집트인들의 절망을 이해했고, 그들에게 공감할 수도 있었다. 그러나 활동가들을 훈련시킨 후에는 그들과 연락하지 않는 것이 우리의 원칙이었고, 모하메드 아델과 그의 친구들의 경우도 다르지 않았다. 일단 그들이 제 나라에서 활동을 시작하고 나면, 우리로서는 그들을 도울 길이 거의 없었다. 나라마다 사정이 달랐고, 각국의 활동가들은 자기 사회의 질병을 치유하는 가장 효과적인 방법이 무엇인지 이해하는 데 필요한 구체적인 지식을 가지고 있었다. 수입될 수 없는 게 있는 법인데, 사회의 미래에 대한 비전이 그중 하나다. 오직 그 사회의 구성원만이 그 사회의 비전을 만들어낼 수 있다. 나와 동료들의 역할은 열정적인 비폭력주의 활동가들에게 오트포르!에서 무엇이 유효했는지 알려주고, 오랜 경험을 통해 선별한 전술과 전략을 나누는 것이다. 그러고 나면 우리는 한 발 옆으로 물러선다. 물론 그렇게 해도 2009년 이란의 아마디네자드, 2011년 러시아의 푸틴, 2007년 베네수엘라의 차베스, 2013년 터키의 에르도안 등 많은 독재자들이 우리가 세르비아인 첩보원이며, 우리와 연계된 사람은 모두 반역자이자 첩자라는 주장을 멈추지 않았다. 실제로 차베스는 오렌지색 옷을 입고, 직접 오트포르! 전단을 들고 TV에 나와 사실상 우리에게 가장 큰 찬사를 보내왔다. 베네수엘라에서 돌아다니던 전단이었는데, 차베스는 그 전단을 보여주며 우리가 세르비아 용병이며, 베네수엘라 학생들을 오염시키고 있다고 비난했다.[4] 그러나 실제로 바로 그 학생들이 비폭력적 수단을 이용해 차베스에게 굴욕적인 국민투표를 받아들이게 했다.

주먹이 카이로를   흔들다

팔리치코 호수에서 함께 일주일을 보낸 열다섯 명의 이집트인들이 어떻게 지내는지 자주 궁금했다고 말할 수 있으면 좋으련만, 2009년 여름 우리는 매우 바빴고, 나는 일에 파묻혀 정신없이 지냈다. 이란에서 명백히 부정선거로 보이는 일이 일어난 후 테헤란 전역에 시위 물결이 퍼지고 있었기에, 나는 자연스럽게 이란에 관심을 기울이게 되었다. 이슬람 공화국 지역에서 접근가능한 인터넷 주소를 통해, 페르시아어로 된 우리의 비폭력주의 전술이 한 달 동안 거의 1만 7,000건 다운로드되었고, 미얀마에서는 누군가 사찰로 몰래 들여온 오트포르!에 관한 다큐멘터리를 보고 영감을 얻은 한 승려가 시작한 사프란 혁명이 두번째 해로 접어들고 있었다.

　실은 이 모든 일들을 살피며 거의 1년 반이 흐르고서야, 모하메드 아델과 그의 친구들을 떠올릴 수 있었다. 그러나 그들을 다시 생각나게 한 사건은 결코 잊지 못할 것이다. 2010년 4월 말의 아

독재자를 무너뜨리는 법

름다운 봄날, 나는 아파트에서 막 나온 참이었다. 담배를 사야 했고, 사람들과 이야기하고 싶지 않아 두 손을 주머니에 찔러넣고 고개를 숙인 채 길을 건넜다. 신문가판대에서 원하는 담배를 찾느라 진열대를 훑어보던 중 세르비아의 유력 신문의 1면이 눈에 들어왔다. 내가 보고 있는 게 무엇인지 깨닫는 순간, 그대로 얼어붙었다. 손끝 하나 까딱할 수 없었다. 거기 있었다. 불끈 쥔 주먹 하나가, 아주 크고 대담한 주먹이, 누군가가 천 조각을 들고 있는 사진 속에 있었다. 그 로고를 못 알아볼 리 없었다. 그것은 오트포르!의 불끈 쥔 주먹, 두다가 오래전 그린 바로 그 로고였다. 그동안 그 주먹을 100만 번도 더 보았을 테지만 이런 느낌을 받은 건 처음이었다. 그 천 조각을 든 여인은 히잡을 썼고, 기사제목은 이랬다. '주먹이 카이로를 흔든다!'

그곳에서도 이제 막 그 일이 일어나려던 참이었다.

우리나라에서는 절대 일어날 수 없는 일이다

2장

크게 꿈꾸고

작게 시작하라

개인적으로 나는 코티지치즈가 좀 역겨운 음식이라고 생각한다. 용서하시라. 하지만 나는 세르비아인이고 우리는 카이마크^{kajmak}라는 일종의 크림치즈를 먹는 낙으로 산다. 이름 철자에 j가 들어 있어 미국인들에겐 낯설게 보일지도 모르나, '카이-마크'라고 발음하는 아주 근사한 치즈다. 식감이 크림처럼 부드러워 흡사 요구르트 같다. 우리 크림치즈는 미국 사람들이 먹는 미리 잘라 포장한 필라델피아 크림치즈 유類와는 전혀 다르다. 카이마크는 공장에서 생산하지 않으며 여느 세르비아 음식과 마찬가지로 풍부한 역사와 콜레스테롤을 자랑한다. 부침이 심한 역사를 지닌 나라일수록 그 나라에선 최고의 요리를 맛볼 수 있다는 말이 있다. 이 말은 베오그라드의 괜찮은 카페라면 어디에나 메뉴에 오스트리아식 자허토르테(초콜릿 스펀지케이크의 일종)와 터키식 바클라바(터키 전통 파이)가 있다는 사실을 왜 우리 세르비아인들이 삐딱한 자세로 자랑하는지에 대한 설명이 될 수도 있겠다. 그만큼 무수한 전쟁에서의 패배와 외세의 침략이 있었다는 것을 의미하니까. 그러나 진짜 피비린내나는 역사를 말할 때 중동 지역보다 더한 곳은 찾기 힘들며, 그들만큼 자기네 음식에 열정적인 사람들 또한 찾기 쉽지 않다. 그리고 (하느님이 그들을 축복하사) 이스라엘 사람들은 코티지치즈를 좋아한다. 내게는 역하고 두툴두툴한 것이지만 그들에겐 필수적인 음식이다. 그들은 아침에 스크램블드에그와 함께 코티지치즈를 잔뜩 먹고, 저녁에는 샐러드에도 섞어 먹는다. 그런데 2011년이 되자 코티지치즈 가격이 치솟기 시작했다.

이스라엘 사람들이 체감한 것은 그뿐이 아니었다. 이전의 넉넉했던 국가는 20년 동안 힘겨운 민영화 과정을 거쳤고, 그 결과 사회복지 정책은 시행이 중단되었다. 이스라엘의 가난한 서민 수만 명이 갈수록 빡빡해지는 부동산 시장에서 살 집을 구하기 위해 치열하게 경쟁해야 했다. 오래된 건물을 밀고 그 자리에 반짝이는 유리 고층 빌딩을 지으려는 힘있는 몇몇 기업이 부동산 시장을 장악하고 있었다.

하지만 집주인을 상대해본 사람이라면 누구나 알겠지만, 적절한 임대료를 위한 세입자의 권리 주장은 거의 이길 수 없는 싸움이다. 온라인 벼룩시장 크레이그리스트에나 가서 다른 곳을 알아보란 말을 듣기 십상이다. 어느 도시, 어느 국가에나 젠트리피케이션과 재개발을 지지하는 이들은 많다. 그렇기에 상대적으로 가난한 사람들이 값싼 집을 구하려 애쓰는 동안, 다른 많은 시민들은 그저 어깨를 으쓱하며 사방에서 높게 솟아오르는 멋진 새 빌딩을 보고 감탄할 뿐이었다. 적당한 가격의 주택을 구하는 사람들이, 터무니없을 정도로 부유하고 정치적으로 얽혀 있으며, 전용기와 전용 클럽이 있는 삶을 누리는 새로운 계층에 분개하고 있는데도, 이스라엘 사람들 대부분은 다른 나라에 비하면 이스라엘 사람들의 삶은 여전히 상당히 괜찮다고 생각했다. 그들은 매주 이케아에서 쇼핑할 수 있고, 최신형 평면 TV를 살 수 있으며, 근사한 해외여행을 즐길 수 있는 이들이었다.

몇몇 말 많은 사람들이, 파티에서 어쩔 수 없이 함께 이야기하게 됐다면 실례되지 않도록 슬쩍 자리를 뜨고 싶게 만드는 유머 없는 사람들이, 이스라엘에서 고층 빌딩과 과시적 소비가 느는 것을 보며 혁명이 일어나야 마땅하다고, 이스라엘 사람들이 하나로 뭉쳐 시스템을, 아니면 적어도 정부를 바꿔야 한다고 외쳤다. 세르비아의 우리처럼, 이들 불만 많은 이스라엘인들은 그리 멀지 않은 과거에 대한 수많은 기억을 근거 삼아 미래에 대한 확실한 비전을 가지고 있었다. 비록 아무도 귀기울이지 않더라도, 그들은 불운해진 사람들을 지켜줄 수 있는 기본적인 사회안전망을 갖춘 나라에서 살고 싶다고 계속해서 외쳤다. 그들은 여전히 자유시장에 찬성했으며, 첨단기술 분야를 비롯해 무수히 많은 산업에서 성공을 거둔 것에 자부심도 있었다. 그들이 혐오한 것은, 2010년 즈음 갑자기 나타나 곧 유행어가 되기도 한, '돼지 같은 자본주의'[1]였다. 하지만 그들은 이를 어떻게 멈출 수 있는지 잘 몰랐다.

그때 등장한 이가 이치크 알로브였다. 이스라엘인들은 영웅이

크게 꿈꾸고 작게 시작하라

라고 하면 피부를 검게 그을린 근육질 전사나 바 라파엘리처럼 아름다운 모델을 상상할 것이다. 지역 유대교회당에서 밤마다 가수로 부업을 하면서 근근이 살아가는, 비쩍 마른 초정통파 유대교도 보험영업사원은 그런 영웅의 이미지와는 거리가 멀다. 그러나 알로브는 생각이 깊고 열정적인 사람이었다. 다른 사람들처럼 그도 '돼지 같은 자본주의'를 싫어했지만, 무언가 바꾸려면 비교적 부유한 이들까지 포함해 모든 사람과 관련이 있는 싸움을 벌여야 한다는 것을 이해하고 있었다. 그는 정말 쉽지 않은 목표, 예컨대 총리 사퇴나 대안적 경제체제 구축 같은 목표를 내세우면, 대부분은 그런 싸움에는 합세하지 않을 것임을 알고 있었다. 미래에 대한 비전을 갖고 있다 해도, 처음부터 대격변을 초래하는 싸움을 시작해서는 안 된다는 걸 본능적으로 알았다. 처음엔 모두가 평범한 사람들이다. 평범한 사람들이 이길 수 있는 전투를 찾아내야 한다. 그렇기에 배트맨도 영화의 처음 몇 장면에서 별 볼일 없는 폭력배를 뒤쫓는다. 그는 쉬운 싸움으로 시작해, 명성을 쌓고 이름을 알린다. 그러고 나서야 조커를 공격한다. 아무리 더 큰 문제들이 중요해도 반드시 시작은 실행가능한 것으로 해야 한다. 곧장 경제 전체를 타격할 수는 없는 노릇임을 이스라엘의 알로브도 알고 있었다. 그렇지만 코티지치즈에 대해서라면 뭔가 할 수 있었다.

독재자를 무너뜨리는 법

코티지치즈라면　　　　　　　　　　**할 수 있다**

다른 이스라엘 사람들처럼 알로브도 코티지치즈를 정말 좋아했
다. 그리고 다른 이스라엘 사람들처럼 그 역시 이 치즈에 얽힌 이
야기를 잘 알고 있었다. 과거 정부는 코티지치즈가 국민의 기본
식단임을 깨닫고 보조금을 지급했다. 이는 코티지치즈 가격이 일
정액 이상 올라갈 수 없음을 의미했다. 즉 가격 상한제를 실시한
것이다. 이 정책으로 인해 치즈의 가격은 안정적이었다. 그런데
2006년 정부의 생각이 바뀌었다.[2] 정부는 다른 많은 산업과 자원
에도 그랬듯이 치즈 가격을 시장경제에 맡기기로 결정하고 보조
금 지급을 폐지했다. 재무부 장관은 얼핏 보기에 산타클로스처럼
수염을 기른 퉁퉁한 사람이었는데, 한 인터뷰에서 이 정책에 대해
이야기하며 유쾌하게 웃어넘겼다. 이스라엘 국민들은 아무것도
걱정하지 않아도 된다고, 이제 코티지치즈 제조업자들이 경쟁체
제로 뛰어들었으니 품질이 좋아질 거라고 말했다.

　어떤 의미에서는 그 말도 옳았다. 4년 만에 장인이 만든 코티지
치즈에서 요구르트와 다른 치즈를 섞은 것까지, 코티지치즈를 기
본으로 한 많은 신제품이 시장에 쏟아졌다. 하지만 장관이 깜박하
고 사람들에게 말하지 않은 것은, 보조금이 사라진 대가를 소비자
가 치러야 한다는 사실이었다. 2006년에는 4세켈(약 1달러)이던 코
티지치즈 가격이 알로브가 치솟는 물가에 대해 항의할 방법을 찾던
시기에는 두 배로 뛰었다. 그리 오래지 않아 알로브는 코티지치즈
대란이 변화를 이끌어낼 완벽한 매개체가 될 수 있음을 깨달았다.

크게 꿈꾸고 작게 시작하라

알로브는 코티지치즈 한 덩이가 담긴 사진 한 장으로 소박하게 디자인한 페이스북 페이지를 개설했다. 그는 새로운 소셜네트워크 그룹에 특이한 이름을 붙였다. '가장 기본적인 식품인 코티지치즈가 이제 거의 8세켈이나 한다. 우리는 한 달 동안 코티지치즈를 사지 않을 것이다!!!' 알로브는 가격이 떨어질 때까지 치즈가 선반 위에서 썩게 내버려두자고 주장했다. 그리고 종교적인 사람에게 어울리는 묵시록적 언어로 의견을 밝혔다. "만일 우리가 코티지치즈를 사고 싶은 욕망을 극복하지 못한다면,[3] 다시는 그 치즈를 저렴한 가격으로 사지 못할 것입니다."

처음에는 단지 서른두 명이, 그것도 대부분 알로브의 친구들이 온라인 서명에 동참했다. 하지만 이스라엘은 작은 나라였기에, 코티지치즈 보이콧이라는 아이디어를 재미있게 생각한 한 블로거가 알로브를 인터뷰했다. 인터뷰가 올라간 다음날 9,000명이 서명했다. 곧 주요 미디어에서도 자신들의 레이더망에 포착된 믿기 힘든 이 노동계급 영웅의 등장을 기꺼이 조명했다. 머지않아 알로브의 페이스북 팔로워는 10만 명으로 늘어났는데,[4] 총 인구가 약 700만 명에 불과한 나라에서는 대단한 일이었다. 알로브는 쉽게 시작할 수 있는 싸움을 발견했고, 사람들은 모두 이기는 팀에 들어가길 원했기에 그의 팔로워는 계속 늘어만 갔다.

이스라엘 유제품 시장을 장악한 서너 개의 회사는 기업, 정부, 독재자 같은 크고 힘있는 조직이 늘 해왔던 방식을 답습했다. 처음에 그들은 알로브와 팔로워들을 무시했다. 코티지치즈 시위가 점점 거세지자, 가장 큰 회사인 트누바가 신제품을 발표했다. '코티지치즈 먼치스'라는 이름의 이 신제품에는 개별 포장된 코티지치즈 튜브와 과일이나 초콜릿 칩 같은 다양한 토핑이 칸칸이 담겨 있었다. 트누바 홍보담당자는 신제품에 대해 "트누바가 경쟁사들과 더욱 차별화될 수 있을 것이며, 회사가 소비자들에게 더 높은 가격을 제시하는 것은 혁신을 위해서"라고 공식적으로 말했다. 멍청한 발언이었지만, 2011년 트누바는 업계에서 자신들의 지위가 매우 확고하다고 여겼기에 별 걱정을 하지 않았다.

그게 실수였다. 알로브는 이스라엘인들에게 있어 코티지치즈가 경제를, 부당함을, 국가의 우선순위를 이야기하기 위한 한 방편임을 깨달았다. 사람들은 실제로 경제가 어떻게 돌아가는지 그 원리는 이해하지 못했지만, 어떤 필수품의 가격이 몇몇 회사의 탐욕 말고는 별다른 합당한 이유 없이 점점 오른다는 게 얼마나 화나는 일인지는 알고 있었다. 사람들이 원하는 것은 제품 혁신이 아니었다. 그들은 값싼 치즈를 원했다. 알로브의 외침에 더 많은 이스라엘인이 움직였고, 사랑하는 코티지치즈를 포기하기로 결단을 내렸다. 트누바 사장은 언론을 통해, 결코 가격 인하를 하지 않겠다는 단호한 메시지를 전했다. 그러면서 그녀는 코티지치즈 시위에서 꼭 필요한 요소를 부여해주었다. 바로 악당이었다. 트누바의 오만함에 분노한 이스라엘인들은 그 거대기업을 벌하겠노라 맹세했다. 그들은 코티지치즈 보이콧에서 그치지 않았다. 다음은 이스라엘 아이들이 열광하는 초콜릿 우유 '쇼코'였다. 예전 같으면 충성스런 고객들이 슈퍼마켓 냉장고 안의 쇼코를 열광하며 바라보았겠지만, 이제 그들은 쇼코를 조롱하며 그 앞을 그냥 지나쳤다.

스무디를 홀짝이는 사람도 없어졌다. 구멍이 숭숭 뚫린 스위스치즈에 곰팡이가 피었다. 이스라엘 전역의 사무실에서, 사람들은 정수기 앞에 모여 유제품을 끊기로 한 일에 대해 자랑했다. 이것이 세계 최초의 '정치적 젖당소화장애증' 발생 사례였다.

그리고 효과가 있었다.[5] 2주 만에 뚜렷한 수익 하락에 겁을 먹은 대형 마트들이 모든 코티지치즈 관련 상품을 세일 판매하겠다고 발표했다. 하지만 할인 폭은 크지 않았다. 소비자들이 싸움에서 이기려면 트누바와 다른 유제품 업체들이 투항해야 했다. 소비자들의 동요를 감지한 우유 상인들은 거친 싸움을 피하려 했다. 트누바 사장은 전보다 훨씬 누그러진 태도로 또다시 성명을 발표했다. 그녀는 코티지치즈 가격 인하를 하지 못한 것에 대해 유감스럽게 생각하며, 연말까지는 가격 인상을 하지 않겠다고 약속했다. 전문가들 대개가 이러한 수가 통할 거라고 기대했지만, 치즈로 마음 상한 대중의 결심을 과소평가한 것이었다. 알로브와 그에 동참한 수많은 활동가들은, 이제 그들이 승리할 수 있음을 감지했다. 그들은 피냄새를 맡은 상어처럼 계속 압박해나갔다. 닷새 후 트누바는 가격을 6세켈 아래로 인하한다고 발표했다. 시위대는 꿈쩍도 하지 않았다. 그들은 5세켈이 아니면 다 때려부순다는 각오였다. 며칠 후 시위대는 승리했다. 모든 유제품 회사가 각각 가격 인하를 발표했다. 이사회 불신임으로 조사를 받던 트누바 사장[6]은 끝내 사임했다.

쉬운 목표물로   작게 시작하기

코티지치즈 반란의 승리는 단지 수백만 이스라엘 국민의 식탁에 좋은 가격의 유제품을 성공적으로 되돌려놓은 것으로 그치지 않았다. 알로브와 그의 지지자들을 지켜보던 이스라엘의 젊고 이상주의적인 소규모 단체가 이로 인해 큰 통찰을 얻게 되었다.[7] 가족을 먹여 살리겠다는 게 주된 관심이었던 알로브와 달리, 이들은 청소년 시절부터 사회정의와 관련된 대의를 옹호해온 대학생들이었다. 그들은 자치공동체를 만들었고, 시위에 참가해 행진을 했으며, 계몽적인 글을 읽고 블로그에 예리한 글을 썼다. 그런데 실제로 사회를 바꾸지 못했다. 하지만 이제 사람들은 저항 운동이 어떤 식으로 힘을 모아야 실질적 승리를 쟁취할 수 있는지 보다 나은 아이디어를 갖게 되었다. 그들은 사소한 것에서 시작하기와, 미국 작가이자 활동가 조너선 코졸의 조언 "중요하다고 여겨질 만큼 큰, 하지만 이길 수 있을 만큼 작은 싸움에서 시작하라"[8]의 중요성을 보았다. 쉬운 목표물을 선택함으로써 알로브는 청년들이 찾지 못했던 퍼즐 조각이 무엇인지 보여준 것이다. 승리를 경험한 사람들은 더욱 대담해졌고, 더 큰 싸움을 시작할 용의가 있었다. 코티지치즈 반란에서 승리한 후 불과 몇 주 만에,[9] 학생들은 페이스북 페이지를 만들어 주거비 상승을 타깃으로 삼았다. 그들은 텔아비브에서 가장 아름답고 가로수 잎이 무성한 대로에 텐트를 치고 사람들에게 함께하자고 호소했다. 또한 주거비가 합리화될 때까지 그들은 거리에서 살겠다고 주장했다. 이전이라면 무시당했을 그들의 호소에 수천의 평범한 이스라엘 사람들이 응했다.[10] 그들은 생각했다. '코티지치즈가 성공했다면 주거비라고 안 될 것 없지 않은가?' 일련의 시위에 수십만 명이 함께했다. 트누바와 마찬가지로 정부도 처음에는 무시했고, 다음에는 저지하려고 했고, 나중에는 달래려 했지만 결국 굴복하고 말았다. 위원회가 구성되었고, 많은 권고사항들이 법률로 만들어졌다. 한 보험판매원이 코티지치즈를 놓고 싸움을 벌인 덕분에, 이스라엘 젊은이들은 불가능하게 보였던 더 나은 미래를 성취하는 데 한 걸음 더 다가서게 된 것이다.

어떤 운동의 성공 여부는 대부분 어떤 전투 방식을 선택할지에 따라 결정되며, 이는 상대를 얼마나 잘 파악하느냐에 달려 있다. 오래전 『손자병법』에서 중국의 손자는 늘 자신의 강점으로 적의 약점을 공략해야 한다고 말했다. 간디가 『손자병법』을 읽어봤는지는 모르지만, 내가 아는 모든 비폭력 전사들 중 이 고대 중국의 원리를 가장 잘 적용한 사람은 간디였다.

간디는 처음부터 군사력이 대영제국의 힘이라는 사실을 인식했다. 그것이 그들의 강점이었다. 설사 간디가 헌신적인 평화주의자가 아니었다 해도, 최신식 무기로 무장한 영국 군인들과 무력으로 충돌해서는 결코 이길 수 없음을 깨달았을 것이다. 그러한 영국도 인도에서 결정적 약점이 있었다. 다름 아닌 수적 열세였다. 그들은 인도 전역에서 겨우 10만 명의 군인으로 3억 5,000만 명의 인도인을 다스리고 있었다. 그럼에도 인도인들이 군대를 조직해 싸움을 벌였다면 전멸당했을 것이다. 하지만 인도인들이 오로지 평화적 수단에만 의존한다면, 영국의 가장 강력한 카드, 즉 공포의 군사력이 할 역할은 없을 것이다. 간디가 어떤 식으로든 비폭력이라는 단일한 깃발 아래 인도인들을 결집시킬 수 있다면 영국인들은 압도될 것이었다.

하지만 그러려면 대의가 필요했다. 간디는 이미 인도 독립과 인도인의 민족자결권을 요구중이었지만, 이는 다소 추상적이었다. 추상적이고 관념적인 이상ideal은 비슷한 생각을 지닌 소수의 혁명적 영혼들에게 울림을 줄 수 있지만, 간디에게 필요한 것은 인도 전체였다. 그는 뭔가 구체적인 것을 찾아야만 했다. 단순하고 논란의 여지없는 대의를 위해 모든 인도인이, 그들의 정치적 성향이나 신분과 상관없이, 그의 곁으로 모여들어 싸울 필요가 있었다. 1930년, 간디는 결국 답을 찾았다. 소금이었다.

당시 영국은 인도의 소금 생산에 세금을 부과하고 있었는데, 이는 곧 삶의 필수품인 소금을 원하는 인도인이라면 누구든 영국 왕실에 돈을 내야 한다는 의미였다. 이보다 더 기본적이고 더 결정적인 이슈는 찾기 힘들었다. 소금은 모든 사람에게 필요하니까. 호화로운 집에도 초라한 집에도 어디든 부엌에는 소금이 있었고, 이것은 공짜여야만 했다. 어쨌든 인도에는 약 7,000킬로미터에 달하는 해안이 있지 않은가. 예로부터 인도인들은 소금이 필요하면 바닷가로 나가 바닷물을 퍼온 뒤 끓이기만 하면 됐다. 그런데 영국 치하에서 식민지 행정관들은 그런 소금에 세금을 부과해야 한다고 주장했다. 그래서 간디는 영국군의 막강한 무력에 맞서 결국 재앙으로 끝날 무장봉기를 조직하기보다는, 일흔일곱 명의 추종

자만을 모아 자신의 계획을 발표했다. 그는 한 달간 인도의 도시와 마을을 거쳐 해안까지 걸을 것이며, 동료 활동가들과 함께 바닷물에서 소금을 추출할 거라고 했다. 영국 당국에게 자신들을 막아보라고 도전한 셈이었다.

처음에 영국 총독은 이를 하찮게 여기고 크게 신경쓰지 않았다. 얇은 인도 전통의상만 걸친 인도인 몇 명이 바닷가를 향해 걸어간다? 그래서 뭐? "현재로서는, 소금 행진의 성공가능성 때문에 밤잠을 못 이룰 일은 없다"[11]고 총독은 썼다. 그러나 그 행진이 바닷가에 이르렀을 때, 행렬에 참가한 인도인들은 하나둘 늘어나 1만 2,000명이나 되었다. 일부는 불공정한 세금과 영국인들이 인도에 일상적으로 가하는 모욕에 대한 반감 때문에 행진에 참여했다. 하지만 대부분은 소금을 원했기 때문에 그 자리에 있었다. 간디가 예측한 대로 행진은 가장 예민한 곳을 건드렸고, 영국인들은 생물학적 필요에 따른 평화시위를 진압하는 데 무력을 사용하려 했다. 그랬을 때 결국 국제사회에 이 일이 어떻게 비치겠는가? 그리고 영국인들이 더욱 두려워했던 것은, 대담해진 수만 명의 간디 추종자들에게 그것이 어떻게 비칠까 하는 것이었다. 인도 전역에서 비슷한 시위가 일어나기 시작했고, 당국이 간디의 전략을 지나치게 과소평가했음은 명백해졌다. "영국은 홍차 때문에 미국을 잃었고, 이제 소금 때문에 인도를 잃을 참이다."[12] 한 미국 신문은 이렇게 썼다.

소금은 정말로 기본적인 것이었기에, 이 문제는 참으로 단순한 것이었기에, 소금 행진은 종파와 신분을 넘어 모든 사람들이 간디의 운동을 지지하도록 만들었다. 완전히 무방비 상태였던 영국은 뒤로 물러나 인도인들에게 소금세를 면제해줄 수밖에 없었다. 식민통치자들은 굴복했고, 간디는 승리를 얻었다. 평범한 인도인들을 위해 약속했던 바를 이루어낸 간디는 이 소금 행진의 승리를 더 크고 중요한 전투를 위한, 최종적으로 이뤄야 할 영국 축출과 인도 해방을 위한 지렛대로 사용할 수 있었다. 간디는 자유 인도에서 살고자 했고, 그러기 위해선 작은 전투부터 시작해야 한다는 것을 알고 있었다. 소금 알갱이보다 더 작은 것은 없을 것이다.

이는 수많은 활동가들이 더 좋은, 더 건강한 먹거리를 위한 운동을 전개하는 이유이기도 하다. 종교가 무엇이든, 피부색이 어떻든, 정치적 신념이 어느 쪽이든, 이 세상에 먹지 않고 사는 사람은 단한 명도 없기 때문이다. 누구나 먹는 일에 관련되어 있고, 먹는 일에 영향을 받는다. 미시시피의 열여섯 살 소녀 세라 캐버나는 스포츠 음료 게토레이의 성분 가운데 내연재로 쓰이는 화학 성분을 제거해달라는 온라인 청원을 진행해 20만 명의 서명을 이끌어냈다.[13] 바니 해리와 리사 리크라는 블로거는 크래프트푸즈 사社에 마카로니와 치즈에 쓰이는 황색 색소를 제거해달라고 요구하는 비슷한 캠페인을 벌였다.[14] 이렇듯 음식은 사람들을 하나로 결집시키는 특별한 방법이다. 우리는 본능적으로 건강과 영양이라는 문제에 예민하고, 그렇기에 1980년대 더그 존슨은 네슬레의 이유식 마케팅 방식에 맞서 싸울 수 있었다. 오늘날 사람들이 모건 스펄록의 〈슈퍼 사이즈 미〉(한 달간 맥도날드 음식만 섭취했을 때 나타나는 몸의 변화를 데이터로 보여주는 다큐멘터리)나 로버트 커너의 〈푸드 주식회사〉(다국적 식품기업들의 진실을 보여주는 다큐멘터리) 같은 다큐멘터리를 찾아보는 이유이기도 하다. 음식이든 다른 생필품이든, 활동가가 가능한 한 많은 이들이 공감할 만한 일상적인 것을 발견한다면, 제한적인 구호에 매달리는 이들에 비해 늘 유리한 지점에 서게 될 것이다.

움직일 수 있는 사람들과 　　　　움직이는 사람들

이제 우리는 당연히 밀크 이야기를 하지 않을 수 없다. 아, 마시는 밀크가 아니라 하비 밀크를 말하는 것이다. 말장난을 용서하시라. 하지만 미국에서 최초로 동성애자임을 밝히고 당선된 이 선구자적 정치인에 대해서는 들어보았을 것이다. 처음 듣는다면 배우 숀 펜이 기막히게 하비 밀크 역을 소화해낸 아카데미 수상작 〈밀크〉를 한 번 보기 바란다. 밀크의 이야기는 용기, 확신, 헌신이 무엇인지 보여준다. 그리고 무엇보다 작은 것부터 시작하는 일이 얼마나 중요한지 보여준다.

　하비 밀크의 인생 전반 40년만 보면, 그가 언젠가 인권과 평등에 진지하게 관심을 갖는 이들에게 영감을 주는 인물이 되리라는 그 어떤 징후도 찾을 수 없다. 롱아일랜드의 보수적인 중산층 유대인 가정에서 태어난 밀크는 아주 어려서부터 자신이 동성애자임을 알았지만, 자신의 성정체성을 숨기기 위해 부단히 노력했다.

그는 해군에 입대해 한국전쟁에 참전했고, 그후 보험계리인으로 일하다 나중에는 월가의 대형 증권회사에서 연구원으로 있었다. 미래에 미국 진보의 상징이 될 그였지만 한때 극단적 보수주의자이자 공화당 대선후보인 배리 골드워터의 선거 운동에 참여하기도 했다. 밀크는 급진적인 사람은 아니었고, 실제로 권위에 지나치게 도전적이고 경찰과 문제를 일으킨다는 이유로 끔찍이 사랑했던 남자친구와 헤어진 적도 있었다. 짧고 단정하게 깎은 헤어 스타일에 옷장 가득 정장을 갖춘 그는 사회적으로 성공한, 존경받는 인물이었다. 그러나 다른 한편으로는 거짓된 삶을 사느라 불행한 사람이기도 했다. 종국에 그는 그런 삶에 신물이 났다. 1969년 서른아홉 살에, 그는 직장을 그만두고 넥타이를 풀고 머리를 기른 뒤 샌프란시스코로 이주한다.

밀크에게 있어 샌프란시스코는 새롭게 거듭나고자 분주한 도시였다. 1969년 무렵 샌프란시스코는 미국에서 동성애자 인구가 가장 많은 도시 지역이었다. 밀크가 정착했던 카스트로 같은 동네는 원주민인 아일랜드 출신 가톨릭교도 노동 계급 대신 관용과 자유로운 사랑, 플라워파워를 찾아 샌프란시스코로 찾아온 젊은 남녀들을 반갑게 맞이하고 있었다. 이곳에서 밀크는 해방감을 느꼈다. 평생 자신의 섹슈얼리티를 감추고 살다 이를 공개하고 인정하게 되니 그는 다른 동성애자들도 스스로를 수치스러워하지 않게끔 돕고 싶었다. 유명한 카메라 가게를 운영하던 밀크는 곧 지역 정치에 참여했다. 그의 첫 정거장은 '앨리스 B.토클래스 기념 민주 클럽'이었다. 그 지역에서 가장 강력하고도 유일한 동성애자 정치 조직에서 밀크는 활짝 웃으며 용감하게 이야기를 했다. 그 역시 재능과 열정을 갖춘 다른 젊은이들과 마찬가지로 변화를 만들어가기로 결심했다. 그와 친구들은 진실을 이야기하고, 설득력 있는 논리를 만들고, 합리적인 해결책을 제시하고, 선량한 대중이 변화를 위해 투표하도록 만드는 것이 승리로 나아가는 길이라고 믿었다.

그러나 그렇게 간단한 문제가 아니었다. 당시엔, 심지어 샌프란시스코에서도 동성애는 금기시되던 주제였다. 동성결혼 합헌이 결정되고 동성애에 대한 인식이 크게 달라진 오늘날의 미국 사회와 하비 밀크가 출마하던 당시의 문화 지형이 얼마나 다른지 우리는 쉽사리 잊는다. 1970년대 초 밀크가 처음으로 지지자를 모으던 시절, 동성애는 많은 지역에서 중죄에 해당했고, 임대한 아파트에서 퇴거시킬 수 있는 합당한 이유였다. 1973년까지도 미국정신의학회는 동성애를 정신질환으로 분류했다. 동성애는 사람들을 불편하게 했다. 그래서 밀크는 원칙에 입각해 평범한 유권자들을 혼란스럽게 하고, 관심을 끊게 만들며, 심지어 혐오감을 품게 하는 공약을 내세웠다.

그의 선거 운동은 당연히 대실패였다. 밀크는 돈도, 참모도, 효과적인 선거 운동에 대한 아이디어도 없었다. 다만 그는 경찰의 괴롭힘에 신물이 난 몇몇 동성애자 자영업자들의 지지를 얻을 수 있었고, 그가 지닌 인간적인 매력으로 소수의 사람들을 지지자로 돌려세울 수 있었다. 1973년 시의원으로 입후보했을 때 그의 순위는 32명 중 10위였다. 그러나 밀크는 인내심을 가지고 포기하지 않았다. 그는 사람들의 열정을 이끌어내는 연설을 할 줄 알았고, 연설을 통해 동성애자 박해와 반ⴲ동성애 입법의 부당성을 역설했다. 그는 자신이 속한 사회를 대변하기를 원했고, 이를 위한 최선의 방법은 핵심적 세력을 규합해 모든 동성애자들을 하나의 정치 블록으로 조직하는 것이라고 생각했다.

다시 한번 그는 실패했다. 그는 노동조합이나 소방관들과 교류하고, 버스정거장과 극장 등에서 평범한 시민들과 만나며 주류 사회에 좀더 가까이 다가갔지만 여전히 충분하지 않았다. 순위는 7위로 조금 올랐으나, 4,000표라는 격차는 밀크가 좋은 의도를 가진 재능 있는 틈새 활동가 이상은 아니라는 것을 여전히 보여줄 따름이었다.

그는 그렇게 계속 남을 수도 있었다. 하지만 마침내 밀크는 이길 수 있는 작은 전투를 찾아야 한다는 중요한 원칙을 이해하게 되었다. 처음에 하비 밀크는 열정적인 사람이라면 누구나 하는 그런 일을 했다. 즉, 용감하게 자신의 주장을 펼쳤고, 그러면 사람들이 귀기울여줄 거라 믿었다. 이 책을 읽는 당신이라면, 적어도 더 나은 세상을 위한 변화에 관심이 있을 거라 생각한다. 인생의 이런저런 시점에 당신은 분명 서명 운동도 해보고, 시위를 조직해 행진도 해보고, 중요한 문제에 대한 사람들의 인식을 높이기 위해 무언가 노력도 해봤을 것이다. 정치적으로 잘못된 생각을 하고 있는 친구나 부모를 설득하려 애썼는지도 모른다. 그랬을 때 무슨 일이 벌어졌는지 이스라엘 코티지치즈 한 숟가락을 걸고 내기해도 좋다. 당신은 멸종 위기에 처한 북대서양 연어에 대해서, 혹은 불쌍한 불가리아 고아들을 위한 아이폰 구매에 대해서 열정적으로 이야기했

크게 꿈꾸고 작게 시작하라

겠지만, 사람들은 그저 예의상 고개를 끄덕이고 말았을 것이다.

내가 냉소적으로 말하는 건 비폭력 행동주의의 매우 중요한 원칙에 대해 아주 명확히 해두고 싶은 것이 있기 때문이다. 그러니까 사람들은 예외 없이, 그리고 틀림없이 당신의 주장에 아무 신경도 쓰지 않는다는 것이다.

사람들이 나빠서가 아니다. 사람들은 대체로 선량하고 상냥하며 겸손하다. 미국 드라마 〈30록〉의 리즈 레몬이 남긴 불후의 명언을 빌리자면, 사람들이 인생에서 진정으로 바라는 것은 그저 평화롭게 앉아 샌드위치를 먹는 것뿐이다. 그런데 그들의 머릿속은 직장, 자녀, 야망과 일상의 고충, 놓치지 말아야 할 TV드라마와 아마존에 반송해야 할 물건 같은 수많은 생각들로 가득차 있다. 이런 관심사들이 우습게 보일지도 모르겠다. 그저 하루하루 사는 일만 신경쓴다고, 자신의 마당만 가꾼다고, 이기적이고 맹목적이고 심지어 비도덕적이라고 비난할지도 모르겠다. 그러나 그런 비난은 내가 보아온 활동가의 행동 중 최악의 것이다. 그런 식으로는 아무것도 이루지 못한다. 사람들이 이미 관심을 쏟는 일 외의 다른 일에도 관심을 가져주기 기대하는 것은 비현실적이다. 억지로 사람들을 그렇게 이끌려는 시도는 실패할 수밖에 없다. 미국 정치가 벤저민 프랭클린은 이렇게 말했다고 한다. "인류는 세 부류로 나뉜다. 움직일 수 없는 사람들, 움직일 수 있는 사람들, 그리고 움직이는 사람들." 이 책을 읽는 당신은 움직이는 사람이라고 상상한다. 그렇다면 당신의 과제는 당신이 움직일 수 있는 사람들을 찾아 동참하게 하는 일이다.

활동가로서 당신에게는 두 가지 선택이 있다. 첫째는 초반의 하비 밀크처럼 당신이 말하고자 하는 바에 대해 어떤 식으로든 이미 믿고 있는 사람을 모으는 것이다. 어떤 활동이든 10위 정도를 차지하기에는 괜찮은 방법이다. 당신의 친구들과 이웃, 할머니 등을 포함한 작고 열정적인 팬클럽은 당신이 뭘 하든 지지해줄 것이다. 이 방법의 장점은, 늘 당신은 스스로가 옳고 정의로우며 순수하고 선하다고 느낄 수 있다는 것이다. 단점은 결코 싸움에서 승리할 수 없다는 것이다.

또다른 선택은 훨씬 나은 방법이지만 놀랍게도 엄청나게 더 어려운 방법은 아니다. 이 선택은 다른 이들에게 귀기울여 그들이 무엇에 관심이 있는지 알아가고, 그다음 더 넓은 범위 안에서 당신의 전투를 치르는 것이다. 끈질긴 노력 끝에 샌프란시스코 시의원에 당선된 밀크는, 평범한 이성애자 시민은 동성애자의 평등권 투쟁에 큰 관심이 없다는 것을 깨달았다. 그 싸움은 정의와 평등이라는 가치만으로는 이길 수 없는 것이었다. 밀크는 다른 각도에서 공격해야 했다. 미국 전역의 강경 복음주의 기독교인들이 샌프란시스코 동성애자 커뮤니티를 미국에 존재하는 모든 사악함의 대리인으로 치부한다 하더라도, 밀크는 자신의 커뮤니티를 위해 맞서 싸우려 애썼다. 그리고 그는 모든 샌프란시스코 시민들이 골치 아파하는 것에 초점을 맞췄다. 바로 개똥이었다.

삶의 질은 영혼이 아닌 　　　　　신발 밑창에

샌프란시스코 시민들의 말에 귀기울인 덕에, 밀크는 주민들이 가장 관심을 갖는 삶의 질 문제가 그들의 영혼이 아니라 신발 밑창과 더 밀접하다는 것을 알아냈다. 거의 모든 주민들이 전염병처럼 번지며 도시의 공원을 더럽히는 수거되지 않은 개똥을 최악의 골칫거리로 꼽았다. 공공의 적 일순위였다. 밀크가 이 여론조사 결과를 2~3년 일찍 봤다면, 그는 카스트로 거리에서 매일 수많은 동성애자들이 단지 동성을 사랑한다는 이유로 괴롭힘을 당하는데 지금 개똥을 밟는 게 대수로운 불편이냐고 열변을 토했을지도 모른다. 하지만 밀크는 훨씬 현명해져 있었다. 그는 거리 공연과 대중적인 행사가 가진 상징적인 힘을 이해했다. 그날 그는 한 언론에 연락해 동네의 아름다운 공원에서 만나 새로운 입법 아이디어에 관해 의견을 나누자고 청했다. 언론이 등장하자 밀크는 카메라 쪽을 향하다가, 마치 우연인 듯 엄청나게 큰 똥 더미를 밟았다. 그리고 그는 발을 공중으로 들어올리고 경악스러워하며 자신을 발을 뚫어져라 쳐다보았다. 그의 행동은 자연스럽게 보였고, 개똥은 시행정이 시민들의 요구에 부합하지 못하고 있음을 잘 보여주는 훌륭한 소품이었다. 하지만 이는 모두 계획된 것이었다. 밀크는 한 시간 일찍 공원에 도착해 개똥을 모았고, 동선도 세심하게 짜두었다. 더러워진 신발로 단단히 땅을 디딘 채 다른 샌프란시스코 시민들과 마찬가지로 자신도 이 냄새나는 골칫거리에 얼마나 진저리를 치는지 밝고 쾌활하게 이야기하며 자신이, 이 하비 밀크가 문제를 해결하겠다고 말했다. 그는 마침내 모든 사람이 공감할 만한 대의를 발견한 것이다. 곧 팬레터가 날아들기 시작했다.

그 모든 고생 끝에 밀크는 이기는 싸움을 하는 법을 배울 수 있었다. 냉담한 이성애자 도시에서 동성애자의 인권을 위해 투쟁한다는 것은 힘든 일이었다. 하지만 개똥을 치우는 것은 쉬운 일이다. 필요한 것은 비닐봉지가 다였다. 하지만 그때부터 그는 공약을 결과로 증명할 수 있는 사람으로 비춰질 것이고, 약속을 지키는 사람의 말에는 모두가 귀기울일 것이었다. 이제 밀크는 공감하고 감사해하는 청중을 얻었고, 동성애자 인권이라는 더 큰 의제로 나아갈 수 있었다. 1977년, 밀크가 마침내 시청으로 걸어들어가게 됐을 때, 그는 남자친구와 팔짱을 꼈고 중요한 원칙에 대해 상당히 간단명료하게 말했다. "여러분은 우두커니 서서 멍청한 시청에 대고 짱돌을 던질 수도 있지만,[15] 시청을 장악할 수도 있습니다. 자, 우리는 여기 있습니다." 승리하고 싶다면 사람들을 당신의 운동 쪽으로 끌어들여야 하고, 그들 없이는 이길 수 없다는 것을 인정해야 한다.

정치적 발언대와 함께 평범한 샌프란시스코 시민이라는 고마운 지지자들을 등에 업은 밀크는 중요한 의제를 위한 활동에 착수할 수 있었다. 전국의 동성애자 인권 운동이 밀크의 전략을 이해하는 데는 몇십 년이 걸렸지만 결국은 알아들었다. 1980~90년대 동성애자 인권 운동 진영은 배타적인 정치적 분파로서 전열을 가다듬는 데 주로 매진했다. 그래서 동성애자 커뮤니티 외부에서 그들의 입법 노력을 지지하거나 함께 시위에 동참할 만큼 관심을 갖는 일은 드물었다. 그러다 이 운동에도 밀크와 같은 깨달음의 순간이 왔다. 도덕적 절대법칙이 아닌 개별 동기에 대해 고려하게 된 것이다. 그리고 사람들은 대부분 자신과 직접 관련이 있다고 느끼는 문제에 대해서만 참여한다는 것을 알아차렸다. 경험에서 알 수 있듯이, 그때까지 기본적인 동성애자 인권 문제는 평범한 이성애자 미국인들에게 아무런 의미를 지니지 못했다. 미국인 대부분은 1980년대의 치명적인 에이즈 확산에서 최근의 많은 법적 차별 폐지 운동에 이르기까지, 동성애자 커뮤니티에 영향을 주는 절박한 문제들을 인식하지 못했다. 대다수 사람들은 동성애자가 아니었고, 그들에겐 이미 다른 걱정거리가 있었다. 하지만 동성애자 인권 운동이 이성애자들에게도 유의미한 이슈들을 만들기 시작하면서 모든 것이 바뀌었다. 이성애자 커뮤니티와 연결되면서 운동은 밖을 향하게 된 것이다. 동성애자의 부모, 형제자매, 친구들을 바라보며, 그들에게 함께 걷자고 청한 것이다. 대의가 주류화되면서 동성애자 인권 운동은 더이상 '우리는 여기 있다! 우리는 퀴어다!' 같은 구호나, 유두 집게를 단 디스코 그룹 빌리지피플 멤버 차림의 퍼레이드에 그치지 않았다. 요즘 게이 퍼레이드에서는 중년의 배 나온 전형적인 미국인 아버지들이, 자녀가 어떤 사람이든 무조건 그들을 지지하고 사랑한다는 팻말을 들고 행진하는 모습을 어렵지 않게 볼 수 있다. 딕 체니 같은 강경 공화당원조차도, 레즈비언인 자신의 딸을 사랑하기에 공개적으로 동성결혼을 지지하고 그 모습에 우리는 미국 사회가 변화하고 있음을 알 수 있다.

이 모든 것은 간단한 전략적 계산의 결과였는데, 몇십 년 앞서 미국 남부에서 있었던 흑인 공민권 운동도 그랬다. 1960년대 감리교 목사였던 제임스 로슨은 테네시 주 내슈빌에서 흑인과 백인으로 구성된 활동가들을 조직했다. 로슨은 내슈빌의 백인들이 흑인들을 짐승과 다를 바 없다고 여기며 두려워하기 때문에 공민권 운동에 반대한다는 것을 알고 있었다. 그는 학생들에게 시위에 나갈 때면 언제나 격식을 갖춰 옷을 입고 완벽한 신사숙녀로 행동함으로써, 그러한 인식을 극복해야 한다고 가르쳤다.[16] 로슨은 백인들의 두려움이 근거 없는 것임을 보여줄 수 있다면 행진하는 사람들이 백인들의 마음을 조금이나마 얻을 수 있으리라 생각했다.

활동가들이 시내의 흑인 출입이 금지된 간이식당들을 점거하기 위해 나섰을 때, 로슨은 어떤 위협이 있더라도 반드시 비폭력적으로 행동해야 한다고 촉구했다. 경찰이 식당에 도착해 그들을 체포하려 할 때 이에 맞서 싸운다면, 흑인 활동가에 대한 백인들의 두려움이 입증될 것이고, 공민권 운동은 머나먼 훗날의 꿈으로만 남게 될 것이다. 하지만 백인들이 그들을 구타하며 밀크셰이크를 머리에 던져도 활동가들이 침착하게 자존감을 지키며 행동한다면, 어느 쪽이 짐승떼처럼 행동하는지 세상에 분명하게 알리게 될 것이고, 이는 중립적인 백인들이 자신들의 의견을 재검토하도록 하는 힘이 될 것이다.

로슨은 비폭력 투쟁에서는 사람의 수가 싸움의 성패를 가르는 유일한 열쇠임을 알았다. 다수가 있는 곳으로 가야 하는 것이다. 로슨과 공민권 운동이 성공하려면 백인들의 지지가 필요했다. 그러기 위해서는 내슈빌의 백인 대다수가 흑인을 기본적으로 자신과 다를 바 없는 평범한 사람으로 인식하는 것이 필수적이었다. 마찬가지로, 동성애자 인권 운동에서도 이성애자들이 동성애자들을 짧은 바지에 그물 셔츠를 입는 아웃사이더가 아닌, 다른 사람들과 똑같은 권리를 가져야 마땅한, 품위 있고 성실한 미국인으로 바라보기 시작했을 때 비로소 도약할 수 있었다. 그 과정에서 동성애자 인권 운동은 예전보다 훨씬 덜 화려해졌지만 훨씬 더 효력을 갖게 되었다.

제임스 로슨은 흑인 공민권 운동의 대의가 정당하고 그것의 궁극적인 목표가 고결할지라도, 승리를 이루기 위해서는 지지자 수를 늘리는 접근이 핵심적임을 깨달았다. 그는 처음부터 목표를 무리하게 잡아 완벽하게 무조건적인 평등을 요구하지 않았다. 대신 그는 이길 수 있는 전투를 택했다. 교회에서 그는 활동가들에게 거리 행진에 대한 전달사항을 이야기하며 굳이 한마디 덧붙였다. "우리는 백인과 흑인의 이성교제를 원치 않습니다. 그 싸움은 하고 싶지 않기 때문입니다."[17] 치러야 할 싸움이었지만 아직은 때가 아니었다. 1960년대에는 인종차별 폐지 운동은 가능했지만 인종 간 연애는 아직 불가능했기 때문이다. 그러나 때가 되면 분명 가능해질 일이었다.

누가 당신과 함께   설 수 있는가

다시 내 젊은 시절, 모두가 베오그라드 곳곳에서 밀로셰비치 족속들과 쫓고 쫓기던 시절로 돌아가보자. 당시 우리는 무엇이 이길 수 있는 작은 전투이고 무엇이 시간과 열정을 낭비하는 일일까 생각하며 많은 시간을 보냈다. 우리 중에는 벌이기 손쉬운 전투를 택하는 것이 값싸고 가치 없는 승리를 위해 원칙을 훼손하는 일이라고 보는 이도 있었다. 또다른 이들은 완전히 반대로 생각해, 어떤 전투를 벌이든 당연히 이길 수 있다고 떠벌렸다. 그러나 어떤 입장도 전적으로 옳지 않다. 우선, 사람들은 우리 일에 관심도 없고, 동기화돼 있지도 않으며, 냉담하거나 순전히 적대적이라고 단정하라. 그런 다음 종이에 선 하나를 그린다. 그 선을 중심으로 한쪽에 당신을 표시하고, 누가 당신과 함께 설 수 있는지 생각해보라. 만일 몇 사람에 불과하다면 당신이 그 대의에 대해 얼마나 열성적이든 그 문제로 얼마나 고통스럽든, 처음부터 다시 시작해야 한다. 당신과 친구들과 세상의 나머지 사람들을 대강 같은 편에 세울 수 있을 때, 다른 쪽에 한 줌의 사악한 무리를 놓을 수 있을 때, 그때 당신은 승리하는 것이다. 오트포르!의 동료 이반 마로비치의 표현을 따르자면, 당신과 나쁜 놈을 가르는 '분리선'을 사이에 두고 가능한 한 많은 아군을 얻도록 하라.

비폭력 투쟁에서 당신이 갖게 될 유일한 무기는 사람 수라는 사실을 잊어선 안 된다. 알로브는 이스라엘 사람들이라면 누구든 코티지치즈를 좋아하지만 비싼 값은 치르려 하지 않는다는 사실을 깨달으며 사람 수의 중요성을 터득했다. 그는 종이 위 상상의 '분리선' 한쪽에 700만 이스라엘 국민을 세울 수 있었다. 하비 밀크 역시 자기 말을 멈추고 이웃에 귀기울였을 때 같은 일을 할 수 있

크게 꿈꾸고 작게 시작하라

었다. 밀크는 도시 전체를 그의 편으로 만들었고, 개 몇 마리만이 반대편에 있었다.

나는 이 원칙이 트빌리시에서 하라레까지, 카라카스에서 랑군까지 모든 곳에서 적용되는 것을 보았다. 자신의 전략을 성취하기 위해 대의를 여러 작은 과제들로 쪼갤 줄 아는 운동이, 둘러앉아 북을 두드리며 상투적인 구호나 외치는 운동보다 성공할 가능성이 높다. 하지만 이길 수 있는 작은 전투가 무엇인지, 내 편에 얼마나 많은 사람을 세울 수 있는지 깨닫는 것은 싸움의 절반에 불과하다. 나머지 절반의 싸움은 새롭게 얻은 지지자들에게 그들이 믿을 수 있는 무언가를 제공할 수 있는가에 달려 있다. 이를 위해서는 미래에 대한 비전을 개발해야만 한다.

3장

미래에 대한

비전

하비 밀크는 거리의 개똥이라는 골칫거리를 이용해 미국 동성애자 인권 운동에 활력을 불어넣었고, 이스라엘 사람들은 코티지치즈로 경제정의를 위해 싸웠다. 따라서 몰디브의 활동가들이 라이스 푸딩으로 혁명을 시작했다는 이야기도 그리 놀랍지 않을 것이다. 그럼에도 이 이야기를 하면 사람들은 깜짝 놀라곤 하는데, 몰디브가 2006년 할리우드 스타 톰 크루즈와 케이티 홈스의 신혼여행지로 널리 알려진 호화로운 휴양지이기 때문에 특히 더 그럴 것이다. 여러분도 몰디브 사람들이 일련의 중대한 정치적 격변을 겪었으리라고는 생각지 않을 것이다. 그들은 세상에서 가장 아름다운 나라에 사는 축복을 받지 않았는가. 몰디브는 약 1,200개의 산호섬들이 인도양 위에서 십여 개의 환상 산호도를 이루며 만들어 낸 열대 파라다이스다. 그리고 그에 걸맞게 몰디브 사람들은 태평

했다. 금속 고리와 미끼를 넣고 다닐 찢어진 비닐봉지만 있으면 참치를 잡을 수 있는 곳이기에 배고픈 사람이 없었다. 야자나무를 흔들면 필요한 만큼 코코넛을 얻었다. 토마토에서 코카콜라까지 다른 모든 것들에 대해 말하자면, 관광산업이 벌어들이는 현금이 넉넉했기 때문에 필요한 것은 무엇이든 인도나 스리랑카에서 수입하면 되었다. 몰디브 사람들은 굉장히 여유로워서, 소일거리로 바닷가에 모여 해지는 것을 바라본다고 한다. 그런데 이런 예스런 섬의 전통과 수정처럼 맑은 석호들은 기만적일 수도 있다. 왜냐하면 몰디브는 잔인한 독재자 압둘 가윰이 30년간 군림한 곳이기 때문이다.

다른 나라 관광객들은 그런 낌새를 알아채지 못할 수도 있다. 관광객들은 대개 수도 말레의 공항에 내려, 그곳에서 경비행기를 타고 곧장 리조트가 있는 수백 개 섬들 중 하나로 가기 때문이다. 몰디브 정부는 이러한 리조트 수익에 거의 모든 걸 의존하고 있기 때문에 가윰과 그 족속들은 리조트를 깨끗하고 문제없는 곳으로 잘 유지했다. 예를 들면, 몰디브는 매우 엄격한 이슬람 국가지만 리조트에서만큼은 합법적으로 술을 마실 수 있다. 관광객들이 환상적인 바닷가에서 호화롭게 지내는 동안, 심지어 호텔 내 수중 레스토랑에서 파도 아래 다정한 상어들과 산호초에 둘러싸여 샴페인을 마시는 동안, 나머지 몰디브 국민은 그런 행운을 누리지 못했다. 대다수 국민은 말레에 거주했다.

가장 아름다운 나라의　　　기만적인 현실

말레는 매혹적이고 청결한 리조트 섬들과 달리 거칠고 암울했다. 말레의 부둣가 방파제에 올라서면 관광 홍보 사이트에서 광고하는 초가지붕을 이고 줄지어 선 방갈로가 아니라, 불길한 분위기의 국방안보부 건물이 맨 먼저 보인다. 하얗게 칠한 요새에는 작은 경비 포탑과 사진촬영 금지를 알리는 준엄한 경고 표지판들이 있다. 수십 만 인구가 거주하는 숨막히게 더운 도시의 완벽하게 서늘한 환영인사다. 이곳 주민들은 정어리 통조림이라도 된 것처럼 2평방마일이 조금 넘는 섬에 모두 모여 살기에 말레는 세계적으로 인구밀도가 높은 도시로 손꼽힌다. '병 속의 맨해튼'이라 불리기에 충분하다. 토끼장 같은 중층 건물들, 스타디움 하나, 작은 공원 하나가 거의 전부인 수도 말레는 떼지어 다니는 광적인 오토바이 운전자들로 넘쳐나고, 삐뚤삐뚤한 도로는 혼잡하며, 인도는 주차된 오토바이에 점령당했다. 군인에 준하는 민병대가 파란 위장군복을 입고 이 작은 섬의 거리를 순찰한다. 그리고 종종 수평선에서 연기가 피어오르기도 한다. 말레 해안에서 6킬로미터 가량 떨어진 인조 산호섬이자 세계에서 가장 큰 쓰레기 섬[1]으로 알려진 곳에서 소각로가 초과작업을 하며 매일 추가로 쌓이는 쓰레기 330톤을 처리하기 때문이다. 말레는 기후가 습해서 계속 땀을 흘리게 된다. 기후와 스트레스로 인해 두통이 생기지 않을 수가 없다.

　그런데 이 도시에서 그나마 여유로운 장소가 단 한 군데 있다. 섬의 동쪽 인공 해변이다. 이 해변은 몰디브 기준에서 보면 그리

미래에 대한 비전

대단하지 않은, 그냥 복잡한 도시 한가운데 펼쳐진 좁은 모래 띠에 불과하다. 하지만 말레에서 도시를 벗어나고 싶을 때는 최선의 대안이다. 적어도 바다를 향한 야외 카페가 몇 곳 있어서 몰디브의 멋진 젊은이들이 찾아오고, 인근 수풀에서는 중년 남자들이 대마초를 피우기도 한다. 부르카를 입은 여성들이 아이들을 데리고 와서 파도 속에서 뛰놀게도 하고, 계절에 따라서는 해안 전체가 젊은 서퍼들이나 스케이트보더로 가득차기도 한다.

여타 도시에서는 이런 해변이 그다지 주의를 끌지 못할 것이다. 그러나 말레에는 달리 할 게 없다. 이 도시에는 쇼핑몰도, 큰 영화관도, 술도, 문화행사도 없다. 집을 벗어나 더위를 피하려 한다면 이 해변이 유일한 선택지다. 물론 부두를 따라 내려가면 공식 광장이 있지만, 광장은 터무니없이 커다란 몰디브 국기가 걸려 있는 죽은 잔디만이 듬성듬성한 지저분한 직사각형 땅에 불과하다. 게다가 광장 옆에는 그랜드모스크와 거울 유리를 끼운 경찰본부가 나란히 있다. 몰디브의 최근 역사를 돌아보면 그들이 왜 경찰 앞에서 친구들과 만나려 하지 않는지 이해할 수 있을 것이다.

권력을 쥐고 있을 때 가윰은 몰디브를 마치 바다 너머의 작은 바그다드처럼 통치했다. 사담 후세인과 가까웠던 그는 이라크 폭군에게 폭압적으로 정권을 유지하는 법을 배웠다. 이라크와 마찬가지로 몰디브에서도 경찰은 잔악하기로 악명 높았다. 계속해서 비상사태가 선포되었고, 경찰에게는 누구든 원하면 마음대로 폭행하고 체포할 수 있는 권한이 허용되었다. 더 최악은 가윰 일당들은 조금이라도 비판적인 사람들을 처벌하는 창의적이고 끔찍한 벌을 고안하는 데 매우 뛰어났다는 점이다.[2] 반대자들의 몸에 코코넛 꿀을 바른 뒤 모래사장에 버려 벌레 밥으로 만들거나, 수갑을 채워 야자나무에 묶은 뒤 몇 시간 동안 구타나 강간을 하거나, 외딴 섬 파형波形 판금 감옥에 가둬 오랜 세월 숨막히는 열기 속에 내버려두었다. 정당 활동이 금지되었고 언론의 자유는 존재하지 않았다. 이런 환경에서 가윰에 반기를 들기란 거의 불가능했고, 특히 관광산업 덕분에 정권은 지속적으로 수입을 얻고 있어 더욱 그러했다.

그러고는 바닷물이 덮쳐왔다.

2004년 크리스마스 다음날, 몰디브 리조트 섬들의 조식 뷔페는 여느 날처럼 매혹적이었고 완벽했다. 야외 테이블에 마지막으로 도착한 손님들이 막 식사를 마치고 망고주스와 홍차까지 마실 무렵, 아이들은 맨발로 불과 몇 미터 떨어진 해변을 향해 달려갔다. 지상낙원의 완벽한 아침처럼 보였다. 기온은 30도 정도였고, 부드러운 바람이 불어와 야자나무들을 살랑살랑 흔들고 있었다. 늦잠을 자던 관광객들은 빌라의 닫힌 창문 사이로 들어오는 밝은 햇살에 느지막이 일어나 슬슬 하루를 시작하려던 참이었다.

갑자기 해안 쪽에서 비명이 들려왔다. 낮은 우르릉 소리가 점점 커져 귀청이 터질 듯한 포효로 변했다. 어마어마한 파도가 섬 전체를 덮쳤다. 나무들은 반으로 꺾였고, 파도가 지나간 자리의 모든 것이 파괴되었다. 거대한 성벽 같은 물이 빌라들을 덮치는 순간, 폭탄이 터지듯 창문이 박살났다. 비치타월과 커튼, 커피메이커가 소용돌이치는 물결로 방마다 넘실댔다. 어디든 물이 차올랐고 피할 곳은 없었다. 어떤 사람들은 밖으로 달려나가 나무 위로 올라갔고, 어떤 사람들은 로비로 달려가 튼튼한 기둥에 매달렸다. 간신히 호텔 옥상 스파나 창고 꼭대기로 올라간 몇몇 사람만이 모든 것이 파괴되는 모습을 똑똑히 목격했다. 영원 같던 시간이 지나고 파도가 물러갔을 때, 보이는 거라곤 나무판자와 부서진 가구, 찢어진 밀짚지붕이 뒤엉킨 쓰레기더미뿐이었다. 다친 사람들이 피를 흘리며 신음하고 있었다.

몰디브에서 가장 고도가 높은 곳이 해발 2.7미터 정도였기 때문에 해수면 상승이라는 위협은 항상 실재했고, 사람들은 언젠가는 기후 변화 때문에 삶이 급변하리라 예상하고 있었다. 그러나 그것은 먼 미래의 이야기라고, 몇십 년에 걸쳐 서서히 일어날 과정이라고 생각했다. 그런데 단 한순간에 인도양이 몰디브 경제의 절반을 휩쓸고 가버렸다. 몰디브에서 사람이 거주하는 섬 가운데 4분의 1 정도가 심각한 피해를 입었다.[3] 그 가운데 10퍼센트는 사람이 살 수 없는 곳이 되었다. 인구의 거의 3분의 1이 재난의 영향을 받았고, 가윰은 쓰나미의 여파를 혼자서 감당할 수 없음을 깨달았다. 그는 국제사회에 도움을 요청해야만 했다.

수억 달러의 원조 제공을 요청받은 서방 국가들이 그 대가로 한 가지를 요구했다. 복수 정당을 허용하고 실질적인 선거를 열어야 한다는 것이었다. 더이상 독재자가 교묘히 연출된 99퍼센트의 승리를 얻어서는 안 된다고 했다. 가윰은 재빨리 서방 국가의 조건들에 동의했다. 자신에게 그다지 불리한 조건 같지 않았던 것이다. 국제사회가 돈을 주면, 형식적으로 정당을 허가해주면 될 일이었

다. 어쨌든 가윰 생각에는, 파편적인 엉터리 야당은 전혀 두려울
것이 없었다.

손에 들어온 카드 패   ‘라이스 푸딩’

2005년 우리 세르비아인들에게 몰디브 혁명가 그룹이 들려준 그
들의 상황에 대해 안다면, 아마 가윰의 판단이 틀리지 않았음을 인
정할 것이다. 야당을 이끌던 이들에게는 기대할 게 없었다. 몰디
브인들의 설명에 따르면, 이전부터 있어온 반反가윰 세력은 세 그
룹으로 나뉘는데, 그들만이 권력에 맞설 의지를 갖고 있었다. 첫
번째 그룹은 정치적 반체제 인사들로, 외국 학교에서 교육을 받았
고 대부분 해외에 살고 있었다. 사실상 정권이 최고 엘리트를 양
성하는 교육 시스템에 의존했기 때문에, 달리 말하면 더 나은 것
을 바라는 사람들을 양성했기 때문에, 이들이 서둘러 나라를 떠나
는 것은 사실 필연적인 일이었다. 당연하게도 반체제 인사들은 산
호섬의 평범한 어부들이 정말로 원하는 것이 아닌, 언론의 자유 같
은 추상적인 가치에 대해 소리를 높였다. 그다음으로는 세속적인
가윰에 불만을 품고 몰디브에서 이슬람 율법 샤리아를 시행하고
자 하는 이슬람 세력이 있었다. 이들은 그리 민심을 얻지 못했는
데, 해변에서 비키니를 입고 술을 마시며 즐기는 관광객들이 몰디
브의 돈줄이었기 때문이다. 마지막으로 마약중독자들이 있었다.
이들과 반체제 인사, 이슬람주의자의 유일한 공통점은 같은 감방

미
래
에
대
한
비
전

에서 함께 잔다는 것뿐이었다. 많이 듣던 이야기였다. 세르비아도 상황이 비슷했기 때문이다. 독재와 마약의 연관성은 자주 발견되는 사실이다. 희망이 없을 때 사람들은 손에 잡히는 무엇에건 위안을 얻으려 한다. 그러나 몰디브에서는 상황이 더욱 복잡했다. 당국에서 때때로 죄수들에게 질 낮은 헤로인을 공급해, 그들을 충실하고 순종적인 마약중독자로 만들고 있었다. 그러고 나면 마약중독자들은 정권을 위해 '더러운 일'을 할 수밖에 없다. 반체제 인사든 이슬람주의자든 마약중독자든, 가욤에 반기를 든다 해도 대중의 신뢰를 얻기 어려웠다.

확실히 엘리트 반체제 인사들이 유일하게 긍정적 변화를 가져올 가능성이 있었지만, 그들의 목표를 이루기 위해서는 계획이 필요했다. 그들은 이슬람 그룹과 함께하는 것에는 관심이 없었고, 이는 옳은 생각이었다. 마약중독자들과 손에 손 잡고 말레 거리를 행진할 생각도 없었는데, 그 역시 당연했다. 그렇다면 다른 누구와 기꺼이 손을 잡을 것인가? 딱히 떠오르는 세력이 없었다. 그러나 모든 몰디브인을 결집시킬 한 가지를 알고 있었다. 바로 라이스 푸딩이었다. 라이스 푸딩이 이제 막 발을 떼려는 민주화 운동의 기치가 될 만큼 중대한 이슈로 보이지 않을 수는 있지만, 때로는 손에 들어온 패를 이용해야 한다.

실없이 들리겠지만 몰디브인들에게 라이스 푸딩이 얼마나 인기인지 상상해보기 바란다. 몰디브인들은 푸딩에 거의 국민적으로 열광한다. 러시아의 보드카, 이탈리아의 파스타처럼 각계각층의 사람을 뭉치게 하는 일상적인 필수품이다. 그래서 어느 날 아침 인공 해변 근처에서 라이스 푸딩 야외요리 파티가 열린다는 소문이 돌자, 수백 명이 호기심을 품고 시간 맞춰 파티에 갔다. 고리타분한 말레에서 그 파티는 그해 가장 큰 이벤트가 될 참이었다.

해질 무렵 골목골목에서 나온 사람들이 무료 푸딩과 바닷바람을 기대하며 오토바이에 올라탔다. 해변 주변 거리는 곧 사람들로 가득찼고, 군중이 마침내 해안 광장에 도착했을 때, 그곳에서 이미 수많은 사람들이 라이스 푸딩이 가득 담긴 일회용 접시를 들고 더위를 식히고 있었다. 거기에는 반체제 지도자들도 있었는데, 그들은 행복하게 국자로 푸딩을 나눠주며 음식을 맛보러 온 보트 정비공, 음악가, 리조트 노동자들과 인사를 나누었다. 도시의 모든 시민이 그곳에 나와 있는 것처럼 보였고, 심지어 베일을 쓴 여인들도 호기심에 이끌려 무슨 일인지 구경하고 있었다. 우스꽝스런 파란 위장군복을 입은 몰디브 경찰이 나타나 파티를 해산시키고 푸딩을 모두 빼앗자—대규모 집회는 불법이었다—즐거움은 끝나고 말았다. 가움의 경찰이 라이스 푸딩 통을 경찰차 뒷자리에 싣는 것을 묵묵히 바라보던 몰디브의 반체제 인사들은 적어도 그들의 운동에 사람들을 어떻게 참여시킬지는 깨닫게 되었다. 곧 몰디브 곳곳에서 라이스 푸딩 축제가 열렸고, 사람들은 한자리에 모여 이야기를 나누며 공동체 의식을 키울 기회를 얻게 되었다. 시간이 지나면서 라이스 푸딩은 반체제 인사들이 이끄는 야당과 동의어가 되었고, 세르비아에서의 주먹처럼 몰디브에서 즉각 알아볼 수 있는 하나의 상징이 되었다.

그러나 혁명은 라이스 푸딩만으로 이루어지는 것이 아니었다.

반체제 인사들이 인식의 폭을 넓혀 운동의 상징을 발견하는 일에는 성공했지만, 가윰은 여전히 모든 몰디브 주류 집단의 지지를 받고 있었다. 해외에서 교육받은 신흥 집단에게 디저트를 대접받았다는 이유만으로 표를 줄 사람은 많지 않았다. 게다가 서구의 영향을 받은 반체제 인사들이 내건 인권, 표현의 자유 같은 정치적 입장은 극히 소수의 관심만을 얻었다. 그렇다면 몰디브에서 일어난 라이스 푸딩 파티에 대한 관심을 어떻게 정치적 힘으로 바꿀 것인가.

수많은 훌륭한 발견이 그렇듯 이번에도 답은 영화 속에 있었다.

2002년 스티브 요크라는 감독이 오트포르! 캠페인에 대한 다큐멘터리를 찍었다. 〈독재자 무너뜨리기Bring Down a Dictator〉라는 제목이었는데 배우 마틴 신이 내레이터를 맡았다. 처음에는 미국 공영방송 PBS에서 방영되었다. 그러고 나서 DVD로 발매돼 더 널리 퍼졌는데, 어쩌다 해적판 몇 개가 몰디브로 흘러들어가 디베히어로 번역돼 비밀리에 상영되었다. 야외 임시 극장의 빛나는 별빛 아래에서 몰디브 활동가들은, 그보다 5년 앞서 젊은 세르비아인들이 어떻게 평화적 수단으로 밀로셰비치 정권을 무너뜨렸는지를 보았다.

〈독재자 무너뜨리기〉를 본 몰디브인 두 사람을 내가 처음 만난 건 인도양 열대 해변에서 아주 멀리 떨어진, 프랑스 낭트에서 열린 어느 따분한 NGO 콘퍼런스에서였다. 다른 일로 그곳에 갔던 그들은 어느 대담에 참여하고 나오던 나에게 다가왔다. 그때 나는 손에는 식은 커피를 들고, 가슴에는 비닐로 싼 촌스러운 이름표를 달고 있었는데, 생판 모르는 남자 둘이 다가와 내 손을 잡고 열정적

독
재
자
를
무
너
뜨
리
는
법

으로 흔들었다. 이틀 동안 국제개발에 대한 끝도 없는 토론으로 뇌가 아주 지친 상태였기 때문에, 그들이 내가 몰디브에서 유명하다는 말을 꺼냈을 때 대체 무슨 소린지 전혀 갈피를 잡지 못했다. 하지만 그건 중요하지 않았다. 일단 대화를 시작하고, 그들이 해변의 감옥과 가윰이라는 공포스러운 작자에 대한 끔찍한 이야기를 들려주었을 때, 나는 우리가 같은 영혼을 가진 사람이라는 것을, 그들에게 소개해줄 사람이 있음을 알았다.

몰디브인이 대부분 그렇듯, 새로운 두 친구도 매우 키가 작아서 내 가슴께에 간신히 닿았다. 그런데 내 친구 슬로보단 디노비치는 나보다도 훨씬 체구가 큰 사람이었다. 그는 키가 크고 어깨가 넓었으며 머리도 짧아 장군처럼 보였고, 언행도 그랬다. 그가 세르비아 혁명에서 중요한 역할을 했다고 말하면, 사람들은 그를 밀로셰비치의 가장 극악한 비밀경찰 지휘관이라고 여기기도 한다. 하지만 슬로보단은 경찰이 아닌 동지였고, 오트포르! 최고의 일원이자 조직력을 갖춘 뛰어난 전략가였다. 나는 왜소한 몰디브인들에게 그에 대해 모두 들려주고, 슬로보단이 기꺼이 말레로 가서 그들을 직접 도와줄 것이라고 말했다.

2003년 이후 슬로보단과 나는 캔바스^{CANVAS}(비폭력 행동주의와 전략 응용 센터)라는 단체를 설립해 함께 일하고 있었다. 이름처럼 평화로운 행동주의라는 복음을 전 세계에 전파하는 일에 헌신하는 곳이다. 몰디브인들의 호소는 슬로보단에게는 살아가는 이유 같은 것이었고, 내가 낭트에서 그들을 만난 지 며칠 지나지 않아 슬로보단은 지상낙원행 비행기에 올랐다.

슬로보단이 말레에 도착한 순간부터 몰디브인들은 그를 호의적으로 대했다. 그들은 카페와 해변에서 비밀모임을 조직했고, 구할 수 있는 가장 큰 박스에 슬로보단의 거대한 몸을 구겨넣고는 당시 가택연금중이던 언론계 중진이자 활동가인 모하메드 나시드의 집으로 몰래 들여가기도 했다. 나시드는 현명하고 성실한데다 열정과 정치적 능력을 두루 갖췄기에 가윰 정권에게는 엄청나게 위협적이었고, 그래서 끊임없이 투옥되거나 강제로 해외로 보내졌다. 슬로보단이 만났던 모든 이들은 가윰과 막 싹트던 운동인 라이스 푸딩 파티에 대해 거의 비슷한 이야기를 들려주었다. 그런데 반체제 인사들 중 한 사람은 대답보다 질문을 더 많이 던졌다. 그가 슬로보단에게 물었다. 몰디브 민주화 운동에서 빠진 결정적 요소가 무엇이냐고.

슬로보단은 고민하지 않고 대답했다.

"가장 중요한 게 빠졌습니다. 비전이죠. 라이스 푸딩 파티는 근사합니다. 인기가 있죠. 하지만 파티를 여는 것만으로는 충분하지 않습니다. 어쨌든 사람들은 매일 파티에 가지만, 거기에서 숙취만 얻을 뿐입니다. 세상을 바꾸고 싶다면 우리가 사업에서 '미래에 대한 비전'이라 부르는 것이 필요합니다."

미국에는 독립선언문이 있고, 그 선언문에서 혁명가들은 무엇이 민주 사회의 토대인지 세상에 천명했다. 남아프리카공화국의 아프리카민족회의도 자유헌장을 선포했다. 하지만 몰디브에서는 그저 라이스 푸딩만 제공했을 뿐이라고 슬로보단이 지적했다.

질문을 했던 몰디브 활동가는 다소 당황한 듯했다. 그와 동료들은 정말 열심히 활동했는데, 지금 자신들은 가장 필요한 기본적인 것조차 지니지 않았다는 말을 들은 것이다. 슬로보단은 그를 격려하려 애썼다. 지금 당장은 몰디브인들에게 대안적 비전이 없지만 만들어나가면 된다고, 그렇게 어려운 일이 아니라고 말했다.

　슬로보단이 좀더 자세히 설명하려던 차 그를 찾아낸 가윰의 스파이들이 그에게 몰디브를 떠나는 것이 좋겠다고 '조언'했다. 그러나 문제될 게 전혀 없었다. 몇 달 후 캔바스의 한 팀이 스리랑카로 갔고, 스리랑카 서남쪽 히카두와 해변 근처 인적 없는 바닷가에서 몰디브 반체제 인사들을 위한 세미나를 열었기 때문이다. 우리는 우선적으로 그들에게 없었던 비전을 만드는 일부터 착수했다.

아름다운 음악이 흐르는 평범한 나라

밀로셰비치 독재 아래의 우리 세르비아인들은 어떤 의미에서 다행스럽게도, 이전 통치자였던 유고슬라비아 티토 장군 치하에서 우리의 미래가 어떠해야 하는지 간접적으로나마 경험해보았다. 그 때문에 우리는 본능적으로 비전을 그려볼 수 있었다. 티토는 공산국가의 독재자였지만 냉전이라는 멜로드라마에 장식처럼 달린 부차적인 존재는 아니었다. 티토는 〈마이 웨이〉를 부른 미국 팝가수 프랭크 시나트라의 노랫말처럼 자신의 길을 갔다. 티토는 복합적이고 미묘하게 차별화된 지도자였고, 그래서 젊은 사람과 교육받은 민주화 운동가 사이에서도 존경을 받았다. 티토 치하에서 우리는 자유롭게 세계를 여행할 수 있었고, 비록 지도자를 뽑지 못하고 진정한 의미의 자유도 누리지 못했지만, 세계의 훌륭한 음악과 문화는 접할 수 있었다. 1966년에는『롤링 스톤』의 공산주의 버전『쥬크박스』를 창간하여 믹 재거 같은 록스타를 표지에 실었고, 1969년에는 반전 뮤지컬 〈헤어〉가 심지어 베를린이나 파리보다 훨씬 먼저 베오그라드에서 상연되기도 했다. 〈헤어〉는 주제나 배우가 나체로 등장하는 장면 등으로 인해 상당수 서구 관객들을 분노하게 했지만, 공산주의 유고슬라비아에서는 다르게 받아들여졌다. 〈헤어〉는 베오그라드에서 찬사를 받았고,[4] 티토도 매우 좋아해 1970년 새해 전날 그는 샌프란시스코 히피처럼 입은 뮤지컬 배우들과 함께 노래를 불렀다고 한다. 티토가 무대로 나가 〈햇빛이 들게 하라Let the Sunshine In〉를 큰 소리로 불렀을 때, 그를 바라보던 많은 이들은 분명 우리 독재자는 조금 다른 종류의 독재자라고 생각했을 것이다. 어쨌든 바로 이 티토가 1973년 할리우드 스타일 대작 영화 〈수체스카―제5공세〉에서 리처드 버튼이 티토 장군 역할을 하도록 주선한 장본인이기도 했다.[5] 예술 전반에 대한 티토의 자유주의적 태도로 인해 유고슬라비아 공식 음반회사 '유고톤Jugoton'은, 당시 동구권에서는 유일하게 비틀스, 데이비드 보위, 크라프트베르크, 화이트 스네이크, 딥 퍼플 같은 아티스트들의 음반을 발매할 수 있었다. 1980년대에 성장한 나와 친구들은 전 세계의 멋진 음악을 듣느라 바빠 독재의 굴레를 거의 느끼지 못했다.

그러다 모든 것이 바뀌었다. 티토가 죽고 소련이 붕괴된 후, 유고슬라비아는 여러 주로 쪼개졌고, 그중 세르비아는 1989년 밀로

세비치와 일당들에게 장악된다. 티토가 보여준 국제적 비전을 밀로셰비치는 외국인 혐오증적 역사 해석으로 대체했다. 세르비아인과 크로아티아인, 보스니아인, 마케도니아인, 슬로베니아인, 몬테네그로인 등이 모두 어울려 형제애와 우정을 나누며 자란 우리에게, 국가 공무원과 선전기관들은 우리의 이웃이 악마이며, 정통 세르비아인만이 세계에서 유일한 선이라 말해 크나큰 충격을 주었다. 그들은 이웃을 죽이고, '유고톤' 해외 음반을 버리면 우리가 가진 모든 문제가 다 해결되는 것처럼 이야기했다. 오래지 않아 모든 외국 음악은 불쾌한 것이 되었고, 우리에겐 '터보 포크^{turbo-folk}'라는 참담한 장르 외엔 아무것도 남지 않았다. 과장된 형태의 민속가요인 터보 포크는 활기 넘치는 테크노 비트로 구성되는데, 상상할 수 있는 최악의 컨트리 음악에다가 싸구려 나이트클럽을 지날 때 들리는 베이스 중심의 음악을 뒤섞은 장르였다. 그 시절 베오그라드에서는 B92 같은 독립 라디오방송에 채널을 맞추지 않는 이상, 세르비아 방송에서 들려오는 것이라고는 터보 포크와 전쟁 이야기뿐이었다. 그래서 처음 오트포르!가 시작되었을 때 우리는 무엇을 우리의 비전으로 삼아야 하는지 잘 알고 있었다.

'미래에 대한 비전'은 기업의 따분한 파워포인트 프레젠테이션에서나 볼 것 같은 표현이지만, 지루해서도 안 되고 너무 기술적이어도 안 된다. 우리에게 미래에 대한 비전은 훨씬 더 단순하고 훨씬 더 의미 있는 것이었다. 우리는 그저 아름다운 음악이 흐르는 평범한 나라를 원했다. 그뿐이었다. 우리는 티토 치하에서처럼 세계로 열린 세르비아를 원했다. 인종 분쟁이 종식되길 원했고, 평상시로 돌아가길 원했고, 좋은 이웃관계를 원했고, 제대로 작동하는 민주주의를 원했다. 이것이 세르비아의 미래에 대한 오트포르!의 비전이었다.

세르비아인들은 비록 티토 독재정권 아래 살면서 의미 있는 선거에서 투표권을 행사하는 기회조차 가져본 적이 없지만, 적어도 다른 세계와 하나로 통합된다는 게 무얼 뜻하는지는 알았다. 그렇기 때문에 오트포르!가 전혀 불가능해 보이는 비전을 들고 나온 것은 아니었다. 모두가 이미 경험한 바 있었다. 그러나 몰디브 사람들은 그렇게 운이 좋지는 못했다. 몇십 년째 가윰이 통치하고 있었고, 평범한 몰디브인들은 다른 삶이 어떤 것인지 상상조차 할 수 없었다. 그래서 몰디브의 반체제 인사들은 완전히 바닥부터 시작해야 했다. 우리는 그들에게 말했다. 시민들이 공감할 수 있는 미래의 비전을 제시하려면, 평범한 몰디브인들이 살고 싶어하는 나라가 어떤 것인지 먼저 알아야 한다고.

그래서 키 큰 세르비아인 우리 두 사람과 키 작은 몰디브인 한 무리는 스리랑카 히카두와 인근 외딴 해변에서 몰디브의 미래를 계획하기 시작했다. 가윰의 스파이들에게서 멀리 떨어진 열린 공간, 소금기 머금은 바람과 야자나무 사이에서 진행된 세미나는, 대개 이런 모임을 했던 별 두 개짜리 호텔의 어두운 회의실이나 형광등 불빛 밝은 건물에서와는 다른 반가운 변화를 가져왔다. 우리는 몰디브인들에게 몇 개의 소그룹으로 나누어 작은 역할극을 해보자고 제안했다. 앞으로 한 시간 동안은 런던이나 파리에서 교육받은 활동가들이 아니라, 그냥 평범한 시민이 되어달라고 말이다.

독재자를 무너뜨리는 법

몰디브인 두세 사람이 자원해서 상인, 호텔 운영자 등이 되었고, 다른 사람들은 섬의 노인이나, 인도와 타지역에 거주하는 외국인 역할을 맡았다. 경찰이나 안보요원 역할을 선택한 사람도 있었다. 각 그룹이 몰디브 사회의 중요한 부분을 하나씩 담당한 셈이었다.

다음엔 나의 동료인 시니사가 몰디브인들에게, 그들이 맡은 역할들에게 있어 무엇이 중요한지 돌아가며 물었다. 경찰을 맡았던 사람은 존중받고 싶고, 제때 월급을 지급받고 싶고, 질서가 정착된 안정된 나라에서 살고 싶다고 말했다. 우리는 그 그룹에게 이것이 몰디브에 약속할 수 있는 미래의 비전인지 물었다. 사람들이 마땅히 받아야 할 인정을 받고, 매달 첫날 월급이 들어오고, 안전하게 거리를 걷는 것이 비전이 될 수 있는지. 물론이라고 그들은 대답했다. 아니, 그런 거 싫어할 사람이 있겠습니까?

나는 말했다. 그렇다면 '미래에 대한 비전'이 경찰의 관심사에 아주 구체적으로 접근하기만 한다면, 경찰도 이 싸움에 힘을 보탤 가능성이 있지 않겠느냐고. 몇 사람은 증오의 대상인 경찰과 함께한다는 생각만으로도 괴로워했다. 그래서 우리는 조란 진지치에 대해 이야기했다. 진지치는 오트포르!의 친구로 세르비아 혁명 후 초대 총리가 된 사람이다. 밀로셰비치 반대 투쟁을 벌이는 동안 경찰이 우리를 때리고 감옥에 처넣을 때, 진지치는 늘 우리에게 경찰은 그저 경찰복을 입은 사람일 뿐이라고, 그들을 상대로 싸워서는 안 된다고 일깨웠다. 만일 우리가 경찰을 우리 중 한 사람으로 대하고 말을 건다면, 경찰도 우리 중 한 사람이 되려 마음먹을지도 모른다고 조언했다. 그리고 그가 옳았다.

사람들이 이야기하는 　　　　　　　　　 작은 것들

우리는 새 친구들이 권리와 자유를 쟁취하려는 투쟁만으로는 이길 수 없다는 사실을 깨닫기 바랐다. 승리를 원한다면 사람들이 실제 바라는 것이 무언지 귀기울이고, 미래의 비전에 그들이 바라는 바를 포함시켜야 한다. 사람들 대부분은 싸움을 자신의 일로 여길 때에야 비로소 위험을 무릅쓰고 운동에 참여하기 때문에, 그들에게 정말 소중한 게 무엇인지 반드시 알아야만 한다.

그리고 여기에 까다로운 부분이 있다. 이 역할극을 할 때마다 동료 시민들에게 가장 중요한 게 무엇일 것 같으냐고 물으면 아무도 인권이나 종교의 자유, 집회결사의 자유를 이야기하지 않는다. 그런 것들은 거대한 주제다. 대신 사람들은—몰디브에서, 시리아에서, 세르비아에서—작은 것들에 대해 이야기한다. 존중과 품위를 원하고, 가족의 안전을 원하고, 정직한 일에 대한 정직한 대가를 원한다. 바로 이것이다. 광범위한 문제를 이야기한 사람은 단한 명도 없었다. 그럼에도 반체제 인사들은, 사람들을 움직이는 것이 세속적 문제들임을 너무나 자주 망각한다. 훌륭한 교육을 받은 열정적인 혁명가들은 역사 속 위대한 지도자들의 고귀한 말들을 인용하며 자유라는 추상적인 관념에 매달리지만, 정작 자신들이 함께해야 할 이들이 피곤한 영세 상인들이고, 그들의 필요와 생각과 믿음이 훨씬 더 근본적인 것임을 잊어버린다.

몰디브 사람들이 진짜로 원하는 것이 무엇인지 간절히 알고 싶었던 세미나 참석자 임란 자히르는, 쓰나미 이후 첫 선거를 앞두고

독재자를 무너뜨리는 법

몰디브 외곽에 위치한 섬들을 다니기 시작했다. 사교적인 임란은 아마 말레의 어느 누구보다도 친구가 많을 것이다. 그는 남의 이야기에 귀를 기울이고, 사람과 사물 모두에 관심을 기울일 줄 알았다. 어느 날 주민이 50명 정도인 섬에 도착해 배를 정박하고 뭍으로 올라가던 순간, 임란은 뭔가 뚜렷해지는 것을 느꼈다. 이런 작은 섬에 갈 때마다 늘 같은 장면을 봐왔다. 인간 조각상, 그저 바닷가에 우두커니 앉아 온종일 먼 곳을 응시하는 몰디브 노인들이었다. 그들은 긴장증 환자처럼 거의 몸을 움직이지 않았다. 그는 이것이 바로 가윰의 선심성 돈과 무관한, 아무도 주민들에게 관광 달러를 뿌리거나 돈으로 민심을 살 생각조차 하지 않는 외딴 섬의 생활이란 사실을 깨달았다. 몰디브 경제는 마비된 상태였기 때문에 괜찮은 월급을 받는 실질적인 일자리는 연줄이 없으면 구하기 힘들었고, 이 노인들은 망가진 시스템 자체를 상징하고 있었다. 노인들은 대개 일자리가 없는 자식과 손자들의 부양에 의존했는데, 돈도, 일도, 희망도 없는 몰디브 사람들이 할 수 있는 일이라고는 바닷가에 우두커니 앉아 있는 것뿐이었다. 멍하니 있는 노인들의 모습에 임란은 우울하기도 했지만 영감도 얻었다. 만일 몰디브 야당에서 노인연금과 보편적 의료복지를 주요 공약으로 삼는다면? 살아 있는 인간 조각상들이 정말 필요로 하는 것은 그게 아닐까? 연금을 지급하는 일은 고문이나 언론 검열을 반대하는 일만큼 국제 언론의 주목도, 국제 앰네스티의 관심도 끌기 어려울 것이다. 그러나 기대를 걸 만한 뭔가 구체적인 것을 노인들에게 약속한다면 선거가 다가왔을 때 실제로 변화를 이끌어낼 수 있을지도 몰랐다.

그때 임란은 미처 깨닫지 못했지만, 그가 그렇게 중요한 사실을 발견했던 것은 늘 세심하게 주의를 기울인 덕분이었다. 노인들은 성공적인 비폭력주의 운동에서 늘 엄청나게 중요한 위치를 점한다. 그들은 시간이 많고, 세상 무엇보다 손자손녀를 사랑한다. 내 할머니 브란카는 1996년, 우리 학생들이 석 달 동안 허구한 날 시위를 벌이던 그 추운 겨울, 70대 노인이었다. 할머니는 당연히 시위에 동참할 수 없었고, 설사 그럴 수 있었다 해도 너무 허약해서 우리가 말렸을 것이다. 그 대신 할머니는 몇 시간이고 창가에서 냄비와 팬을 두드리며 시위대를 격려했다. 그리고 세상에서 가장 맛있는 보스니아 과자를 구워주셨기에, 학생 시위대에게는 항상 먹을 것이 있었다. 우리 할머니뿐만이 아니었다. 수십 만 할머니들이, 은퇴한 노인 자원봉사자들이 오트포르!에서 중요한 역할을 해주었다. 케이크를 굽고 차를 끓이고 와인을 부어주며, 우리 말썽꾸러기 세대가 거리를 점령하며 끝없는 행진을 했던 그 고된 몇 주 동안 생기와 활력을 잃지 않도록 도와주었다. 노인들이 그렇게 했던 것은, 이 운동이 그들에게도 뭔가 중요한 것을 의미했기 때문이다. 밀로셰비치는 늙은 할머니와 그녀의 친구들에게 별 신경을 쓰지 않았지만, 우리는 그들에게 분명한 관심을 보였던 것이다.

몰디브 노인들에게 연금과 의료복지를 제공하자는 임란의 아이디어는, 몰디브 사회를 구성하는 주요 집단에게 야당을 지지해야 한다는 확신을 갖게 한 완벽한 방법이었다. 그리고 때맞춰 임란과 그의 동지들은 비슷한 계획들을 발표함으로써, 즉 만연한 부패를 종식시키고 거기서 얻을 수 있는 돈 약 3억 5,000만 달러를 서민

주택과 사회복지, 새 부두 건설에 사용하겠다고 약속함으로써 기대하지 않았던 협력자들을 더 많이 모을 수 있었다. 바로 이것, 시민이 필요로 하는 것을 제공할 수 있는 몰디브 사회가 그들 미래의 비전이었던 것이다. 하지만 비전을 갖는다는 것은 비폭력주의 운동의 시작일 뿐이다. 아직 권력의 기둥이란 큰 문제가 남아 있다. 운동이 성공하려면 그 사회에서 권력을 지탱하는 기둥이 어떤 모습인지 알아야만 한다.

4장

권력을 지탱하는

기둥

혁명 운동을 시작할 때 힘든 일은 여행 일정을 짜는 것이다.

시리아 활동가들이 피로 물든 조국을 위해 시급하게 비폭력 시위를 도입하고자 한다며 내게 연락했을 때, 가장 염려했던 것은 만날 장소였다. 우리가 시리아 수도 다마스쿠스의 쉐라톤 호텔 단체 예약이라도 한다면, 객실 냉장고를 열기도 전에 비밀경찰에게 체포될 것임을 알고 있었다. 그래서 처음에는 새 시리아 친구들을 이집트인들처럼 베오그라드로 초대할 생각을 했다. 하지만 그 즈음 바샤르 알아사드 정부는 '세르비아 공작원'들이 중동에 혼란을 야기하고 있다고 불만을 표출하기 시작했다. 이는 시리아 여권에 세르비아 입국 허가 도장이라도 찍히면 사형에 처해진다는 걸 뜻했다. 터키에서 만나는 것이 차선책이었지만, 이 역시 위험이 뒤따랐다. 2010년 말 튀니지에서 시작해 중동과 북아프리카로 확산된 반정부 시위 '아랍의 봄' 이후, 중동 지역 독재자들은 모두 이스탄불로 첩자를 보내 그곳에서 현대판 〈카사블랑카〉를 찍고 있었다. 그러자 북아프리카의 모든 불법 무기 암거래상이 이스탄불로 몰려들었고, 그랜드바자르에서 블루모스크까지 걸어가다보면 AK47이나 암살용 총을 팔기 위해 접근하는 이들과 반드시 맞닥뜨리곤 했다. 보스포루스 해협을 따라 줄지어 있는 구두닦이 아이들보다 무기상들이 더 많아 보일 정도였다. 더욱이 내가 시리아 활동가들에게 비폭력 시위의 중요성을 설명하는 도중에 운동복 차림의 땀에 전 리비아인이 다가와 대전차 로켓이라도 팔려고 하는 상황만은 피하고 싶었다.

마땅한 대안이 없어 우리는 결국 지중해 연안에 위치한 중립국의 이름 없는 해안, 무미건조한 도시의 별 세 개짜리 호텔에서 만났다. 지중해에는 높은 산자락 그늘에 아늑하게 자리잡은 아름다운 어촌 마을이 많지만, 이곳은 그런 동네가 아니었다. 주차장과 주유소가 호텔과 해변 산책로 사이를 가로막고 있었고, 산책로에는 헬륨 풍선과 그릴에 구운 고기를 파는 노점상이 여기저기 있었으며, 술 취한 영국인 무리가 해 뜰 때까지 축구 응원가를 불러대는 바람에 나는 첫날밤 한숨도 못 자고 깨어 있어야 했다. 다음날 아침식사 때도 한가로운 아침은커녕 러시아 단체관광객들로 붐비는 뷔페식당에서 자리를 잡느라 전쟁을 치러야 했다. 로비에서 파는 공기주입식 물놀이용 튜브를 보면 알겠지만, 여긴 몬테카를로가 아니었다. 하지만 내 목적에는 완벽하게 들어맞는 곳이었다. 적어도 여기에선 감시의 눈길과 집중을 방해하는 것들에서 벗어

독재자를 무너뜨리는 법

날 수 있었고, 도처에 깔려 있는 알아사드의 첩자들조차 눈여겨보지 않을 만큼 너무나도 따분하고 재미없는 장소였기에 안전하게 들어앉아 전략을 짤 수 있었다.

호텔에 스파이가 있을까 하는 걱정은 덜었지만, 시리아 활동가들을 훈련시키기란 결코 쉽지 않을 것임을 알고 있었다. 독재정권을 전복하는 가장 좋은 방법이 비폭력 시위임을 확신시키는 일 자체도 이미 충분히 힘든데, 알아사드는 이례적으로 잔혹한 독재자였기 때문에 시리아인들에게 평화적 저항을 받아들이도록 한다는 것은 극도로 까다로웠다. 그들을 비난해서는 안 된다. 바로 얼마 전 시리아 어느 도시에서 사촌이 경찰 손에 살해당했다면 당사자에게 비폭력적 저항을 설파하기는 쉽지 않다. 게다가 불과 며칠 전 정부 민병대가 어린아이들을 도륙했다는 참혹한 소식까지 들려와, 활동가들은 알아사드 일당과 사투를 벌이겠다는 생각에 사로잡혀 있었다.

그뿐이 아니었다. 시리아 저항 운동은 전혀 체계가 없는 완전히 무질서한 상태였다. 그들은 섣불리 혁명에 뛰어들었고 준비도 안 된 채 거리에서 행진을 시작했다. 하지만 엄밀히 말해 이는 그들의 잘못은 아니었다. '아랍의 봄'이 그 지역 수백만 명에게 희망을 불어넣었기에, 시리아인들도 아주 간단히 알아사드를 무너뜨릴 수 있다고 믿었다. 열정적인 젊은이 수만 명이 다마스쿠스 한복판에 모여 주먹만 흔들면, 독재자가 이집트의 무바라크나 튀니지의 벤 알리처럼 한순간에 무너질 것이라 생각했다. 그러나 시리아인들은 오큐파이 운동의 주동자들과 마찬가지로, 이집트와 그 외

권력을 지탱하는 기둥

다른 곳에서 일어났던 겉으로 단순해 보이는 혁명에 속았다. 그들은 몰랐다. 베오그라드 캔바스에서 훈련받은 이집트 혁명 그룹이 2년이란 시간 동안 작은 승리들을 이끌어내며 동맹을 구축하고 운동에 상징성을 부여한 후에야 비로소, 타흐리르 광장 시위가 일어났다는 사실을. 제대로 된 혁명은 어마어마한 대폭발 같은 게 아니다. 그것은 오랜 시간 단련된 불길이다. 불행하게도 시리아인들은 무턱대고 곧장 뛰어들었지만, 이제 반체제 활동가들은 알아사드의 일상화된 살육과 황폐화된 도시의 잔해를 배경으로 통합된 메시지를 만들어내기 위해 고군분투하고 있었다. 이러한 위험 요소들이 시리아 저항 운동의 곤경이었다. 우리 캔바스 팀원들은 아침 식사를 마치며 시리아인들에게 어떤 방식으로 다가가야 할지 고민했다. 이제 곧 회의 시간이었다.

혼돈에서 앎이   나온다

아침 9시, 첫번째 시리아인 그룹이 호텔 콘퍼런스홀에 모여들었다. 나는 그렇게 이른 시간에, 그렇게 많은 사람이 모인 것을 보고 깜짝 놀랐다. 아랍 사람들은 다 모이려면 대개 몇 시간씩 걸렸기 때문이다. 그런데 이미 몇 사람은 테라스로 나가 그날의 첫 담배에 불을 붙이며 시작될 한 주를 준비하고 있었다. 그들은 담배를 피우며 막 활기를 띠기 시작한 해변을 내려다보았다. 맨 처음으로 일광욕을 하러 나온 무리가 모래사장에서 가장 좋은 자리를 찾고 있었고, 가족이 운영하는 신문가판대 옆 파티오에서 어린아이 셋이 호스로 물을 뿌리고 있었다. 홀 안에서는 그보다 많은 활동가들이 회의가 시작되기를 기다리며 시간을 죽이고 있었다. 어떤 사람은 노트에 다양한 운동단체의 깃발을 그리고 있었고, 어떤 사람은 얻어터진 독재자 바샤르 알아사드를 그리고 있었다. 그는 그 카툰을 마무리하면서 토막난 독재자의 시체 그림 아래에 아랍어로 캡션을 달았다. 절대로 출판되어서는 안 될 만한 말이었다. 그 밖의 많은 활동가들은 모퉁이의 커피 자판기 옆에서 컵에 네스카페 모닝커피가 채워지는 것을 바라보며 참을성 있게 기다리고 있었다.

전부 다 모이자 우리는 문을 닫았다. 그룹 전체를 살필 수 있었던 첫번째 기회였다. 모두 열일곱 명이었고 서른다섯 살을 넘은 사람은 없어 보였다. 유행하는 찢어진 청바지에 티셔츠 차림이었고, 특별히 종교색이 강해 보이는 사람은 없었다. 심지어 한 여성은 탱크톱을 입고 있었는데, 몇 년 전 이집트나 튀니지 사람들과 일할 때도 그렇게 어깨를 많이 드러낸 여성은 본 적이 없었다. 마찬가지로 남성들도 수염을 짧게 다듬어 탈레반보다는 TV드라마 〈앙투라지〉에 나오는 터틀과 더 닮은 모습이었다. 모르고 본다면, 견문을 넓히고자 여름방학을 해외에서 보내고 있는 현명한 미국 대학생들로 볼 수도 있을 외모들이었다. 하지만 잡담이 그치기를 기다리며 그들을 면밀히 보면서 앞으로 한 주 동안 맞서야 할 주된 문제가 뭔지 즉시 알아차릴 수 있었다. 방안의 남녀는 얼핏 모두 닮았지만, 자세히 보면 수많은 미세한 차이점을 드러내고 있었다. 예를 들면, 탱크톱을 입은 여자는 분명 다마스쿠스나 알레포, 또는 다른 대도시 출신이었다. 손톱이 잘 손질돼 있었고 핸드백도 명품이었다. 유창하게 영어를 구사하는 걸로 봐서 수준 높은 교육도 받은 것 같았다. 두 자리 건너 키가 작고 몸이 탄탄한 남자는, 확신할 수는 없었지만 갈라진 손과 굽은 등으로 볼 때 힘든 육체노동으로 살아가는 사람 같았다. 그는 또한 농부들은 좋아하지만 도시 사람이라면 절대 신지 않을 것 같은 스타일의 가죽으로 짠 샌들을 신고 있었다. 어떻게 농부와 〈섹스 앤드 더 시티〉 아가씨를 함께 활동하도록 이끌 것인가. 그것이 이 운동을 구축하는 데 가장 큰 문제였다. 알아사드를 축출하려면 젊고 부유한 이들에게만 의존할 수도, 가난한 주변부 사람들에게만 의존할 수도 없는 일이었다. 우리가 이집트와 몰디브에서 배운 것은, 혁명은 서로 연결되지 않는 두 개 이상의 그룹이 공동의 이익을 위해 하나로 뭉칠 때만 힘을 낼 수 있다는 사실이었다. 그런데 그것은 정말 힘든 도전이었다. 민주적 정권교체를 위한 전략을 세우는 법에는 어느 정도 자신이 있었지만, 내가 심리치료사도 아닌 바에야 어떻게 해야 회의실에 있는 이들이 진심으로 서로 신뢰하게 만들 수 있는지 알 수 없었다. 나는 심호흡을 한 번 하고 모임을 시작했다.

"저희와 함께해주셔서 감사합니다. 다들 아직 살아계시죠?"

시리아인들은 네스카페 커피를 내려놓고 헤드폰을 매만졌다. 요르단인 통역가가 아랍어로 같은 질문을 되풀이했다.

"아뇨, 모두 살아 있진 못합니다." 한 사람이 대답했다. 눈썹이 인상적인 키 큰 남자였다. 밀수업자인 그는 평화적 저항에 동의해 시리아 활동가들을 국외로 빼돌리는 일을 도왔다. 그는 활동가들이 차를 몰고 곧장 국경을 통과해 더 우호적인 지역으로 갈 수 있도록 허가증을 마련해주거나, 가명으로 중립국 두세 곳을 거치게끔 항공편을 주선하기도 했다.

"세 사람이 참석하지 못했습니다." 그가 설명했다. "한 사람은 이틀 전 살해당했고, 한 사람은 출국하려다 체포되었으며, 다른 사람은 경찰의 미행을 알아차리고 오지 않기로 결정했습니다. 그 후 어떻게 되었는지는 모릅니다."

나는 그의 보고에 고맙다는 인사를 하고 다른 시리아인들에게 자기소개를 부탁했다. 다마스쿠스에 사는 직업무용수가 맨 처음 입을 열었다. 혁명이 있기 전까지 그는, 낮에는 클래식 발레를 연습하고 저녁이면 〈내가 그녀를 만났을 때〉〈프렌즈〉 같은 미국 드라마를 보며 지냈다. 시리아가 언젠가 정상적인 국가가 되었을 때, 그가 바라는 미래는 어쩌면 그런 시트콤에 나오는 무언가와 같을 것이다. 비록 시리아가 내전중이지만 그는 여전히 평화적 저항을 믿는다고 말했다.

무용수는 상당히 온화한 사람으로 보였지만, 몇 자리 떨어진 곳에 앉은 매력적인 젊은 여성은 그처럼 부드러운 기질이 아니었다. 검은 선글라스 뒤에 눈을 감춘 그녀는 이죽대면서 비폭력 저항만으로는 알아사드를 무너뜨릴 수 없다고 딱 잘라 말했다. 독재자는 유혈 혁명을 통해서만 제거될 수 있다는 것이다. 그녀는 북부 지방 작은 도시의 학생이었고, 알아사드 정권 치하에서는 자신에게 미래가 없다고 판단해 투쟁에 동참했다. 그녀는 평화적 저항이 더 바람직하다고 인정하지만, 나라의 암울한 현실을 감안한다면 폭

권력을 지탱하는 기둥

력 투쟁이 있어야만 시리아에 변화가 찾아올 거라고 말했다. 나는 그 말에 실망했지만, 논쟁을 하러 그곳에 모인 것은 아니었다. 그들은 목숨을 걸고 내 이야기를 들으러 온 사람들이었다. 그래서 고개를 끄덕이며 다른 이들의 소개에 계속 귀를 기울였다. 공장 노동자, 보험판매원, 젊은 과부, 직업이 없는 십대 등이 있었다. 서로 매우 달랐지만, 그들을 하나로 묶는 공통점은 모두 혁명가가 아니라는 것이었다. 불과 1년 전만 하더라도 정치에 열성적으로 관심을 가져본 일이 없는, 자신을 마르크스주의자나 민족주의자, 혹은 그게 무엇이든 무슨무슨 주의자로 생각해본 적이 없는 이들이었다. 그들에게 시리아가 어떤 나라면 좋겠느냐고 묻자 모두 같은 대답을 했다. "정상적인 나라." 그들은 사회에서 한 번도 앞으로 나아갈 기회를 얻지 못하고, 미래를 부당하게 도둑맞았다는 생각에 억울해했다. 가장 큰 목소리로 자기주장을 펼친 사람은 라타키아에서 온 의사였다. 청바지와 노란 바람막이 점퍼 차림에 가는 금목걸이를 한 그는 오랜 기간 수련을 받은 실력 있는 의사라고 자신을 소개했다. 만일 먼 친척들처럼 자신도 미국 뉴저지에서 살았더라면 틀림없이 성공적인 '멀티'가 되었을 거라 했다. '멀티'가 멀티밀리어네어, 즉 수백만장자임을 잠시 후에야 깨달았다. 의사가 말을 이었다. 그런데 시리아에서는 가족의 끼니 걱정을 해야 할 때도 있다는 것이다. 그 모든 학위와 능력에도 불구하고 그는 종종 자신이 수치스럽다면서, 재능 있는 사람이 능력을 발산할 통로가 없는 부패한 체제 위에 군림하는 알아사드는 제거돼야 한다고 주장했다. 그는 시리아 해방을 위해서 폭력과 비폭력 행동이 결합되어야

독재자를 무너뜨리는 법

한다고 믿고 있었다.

시리아인들이 모두 이야기를 마치자 내 차례가 되었다. 내 작은 노트북에 몇 개의 선을 연결했다. 내 동료인 브레자가 조명을 껐다. 방이 어두워지자 마우스 버튼을 눌렀다.

"혼돈에서 앎이 나온다." 나는 이렇게 말했다.

뒤편에서는 1990년대 말 세르비아의 이미지들이 대형 스크린에 비춰지고 있었다. 베오그라드에서 만났던 이집트인들처럼, 시리아인들도 내가 경험한 것을 이해해주길 바랐다. 밀로셰비치의 사진 한 장이, 퉁퉁 부은 얼굴에 안 어울리는 정장을 입은 그의 모습이 스크린에 등장했지만, 그 모습에서는 그가 세상에 풀어놓은 악마들의 흔적은 거의 찾아볼 수 없었다. 나는 밀로셰비치가 벌인 전쟁에 대해 설명하고, 공동묘지에 아무렇게나 던져진 보스니아 이슬람교도들의 시신 사진도 보여주었다. 의사가 나지막이 욕설을 내뱉었다. 이것이 세르비아였습니다, 내가 말했다. 그리고 석 달 동안 지속적으로 미 공군의 폭격을 받은 베오그라드의 광경을 보여주었다. 도시의 익숙한 랜드마크들을 한순간에 날려버린 밤마다 이어지던 폭격들과 어머니가 거의 돌아가실 뻔했던 일을 이야기했다. 세르비아에 유력한 밀로셰비치 대항 세력이 존재하지 않았고, 이웃나라나 미국에서 군사적 수단을 동원해 그를 강제로 몰아낼 수도 없었던 당시 상황도 설명했다.

나는 노트북 쪽으로 몸을 숙여 다시 버튼을 눌렀다. 허약하고 영양 상태가 나빠 보이는 한 남자가 스크린에 나타났다.

"이 사람이 누구죠?" 내가 물었다.

"간디군요." 몇몇 목소리가 대답했다. 쉬운 질문이었다.

뒤이어 마틴 루서 킹 목사의 사진을 보여주었다. 흑인 공민권 운동의 지도자인 그가 워싱턴에서 함께 행진한 수천 명의 평화로운 시위대에게 손을 흔들며 '나에게는 꿈이 있습니다'라는 연설을 하는 모습이었다.

"이 사람이 누구인지 아는 분 있습니까?"

쿠르드인 엔지니어가 몸을 앞으로 숙이며 대답했다. "흑인을 해방시킨 사람 아닌가요?"

"거의 비슷합니다."

이 두 사람은 누구를 향해서도 무기를 든 적이 없지만, 그럼에도 한 사람은 사회정의의 뜻을 근본적으로 바꿨고, 다른 한 사람은 제국주의 통치의 족쇄를 벗어버렸다는 사실을 잠시 잊자고 말했다. 평화적 저항의 도덕적 우위에 대해서는 잠시 잊자고, 단지 실질적인 관점에서 상황을 살펴보자고 말했다. 그러면서 나는 내 파트너 슬로보단을 소개했고, 그가 연단으로 올라갔다.

비폭력은 다른 수단, 다른 무기로 　　　　　**싸운다**

슬로보단이 설명했다. 첫째, 당신이 밀로셰비치와 싸우든 알아사드와 싸우든 그들은 언제든 폭력을 사용할 준비가 돼 있고, 그럴 능력이 있다. 이게 이들 정권의 특기다. 이들은 군대를 마음대로 휘두를 수 있다. 그러므로 폭력 수단을 동원하는 싸움은 이미 출발부터 불리하다. 적의 가장 강한 곳을 공격하는 셈이다. 만일 데이비드 베컴과 맞서야 한다면, 축구장에서 붙고 싶지는 않을 것이다. 체스로 싸운다면 그를 이길 수도 있을 것이다. 독재자를 제압하기 위해 무기를 드는 것은 어리석다.

둘째, 폭력 시위는 육체적으로 강인한 활동가들에게만 유효하다. 거리에서 싸울 수 있고, 무거운 장비를 나를 수 있고, 기관총을 다룰 수 있는 사람만 가능하다. 결국 당신의 운동을 지지하려는 할머니, 교수, 시인 등 사회의 다른 구성원들은 모두 소외된다. 독재정권을 무너뜨리기 위해서는 당신 편의 모든 사람과 함께 임계점에 도달해야 하는데, 폭력 시위로는 거의 불가능한 일이다.

"이해를 못하시는군요." 검은 선글라스의 학생이 말했다. "알아사드는 강해요. 시리아는 세르비아가 아니고요. 우리는 유럽인이 아니라고요. 어린아이들에게 무슨 짓을 했는지 보지 않았나요?"

네, 슬로보단이 대답했다. 그가 그런 짓을 했죠. 네, 분명히 그는 다릅니다. 하지만 모든 독재자들에겐 아주 중요한 한 가지 공통점이 있습니다. 그러고서 슬로보단은 그 한 가지가 무언지 아느냐고 물었다.

"모두 죽어야 하죠." 한 여학생이 답했다.

이 말에 탱크톱을 입은 젊은 여자의 분노가 폭발했다. 여자는 일어서서 두 팔을 흔들어대며 말을 시작했다. 통역사가 최선을 다해 숨가쁘게 여자의 말을 옮겼고, 나는 탱크톱 입은 여자의 이름이 사빈이며, 그녀가 여학생을 질책하고 있음을 알았다. 사빈은 여학생에게 무례하다고, 당신 같은 사람들 그리고 모든 문제를 폭력으

권력을 지탱하는 기둥

로 해결하려는 야만적인 고집이 오늘날 아랍 세계를 이렇게 엉망으로 만든 거라고 비난했다. 문제가 생기기 전에 나는 사빈에게 질문을 던졌다.

"좋습니다. 그렇다면 당신은 왜 여기에 있습니까?"

"저는 전쟁이 아닌 평화적인 수단으로 알아사드를 몰아낼 방법을 배우기 위해서 왔습니다." 사빈이 억양이 강한 영어로 말했다. 자유분방하게 이야기하는 태도에서 나는 그녀가 좋은 학교를 다닌, 아마도 부유한 시리아 집안의 딸임을 알 수 있었다. "전쟁은 이미 충분히 겪었어요."

"그렇다면, 전쟁이 아닌 어떤 방법으로 이길 수 있을까요? 그냥 알아사드에게 떠나달라고 부탁하면 될까요?" 나는 형편없는 연기력으로 우는 소리를 내며 우스꽝스러운 표정을 지었다. "제발요, 알아사드씨, 이제 살인을 그만두면 안 되나요? 살인은 나쁜 짓이거든요!" 사빈은 당황한 듯했고, 다른 사람들은 내 익살에 웃음을 터뜨리며 도도한 사빈이 조금 수그러든 것에 흡족해했다.

"사빈." 슬로보단이 말했다. "당신의 선한 의도는 잘 알겠습니다. 그리고 여기까지 온 당신이 대단히 용감하다는 것도 압니다. 하지만 우리는 전쟁을 기획하려고 여기 모였다는 걸 아셔야 합니다."

사빈이 혼란스러워했다. "이해가 안 되는군요. 당신네는 간디처럼 오로지 비폭력 아닌가요?"

"그렇습니다." 슬로보단이 재빨리 답했다. "그러나 비폭력이라고 해서 열심히 싸우지 않는다는 의미는 아닙니다. 단지 다른 수단, 다른 무기로 싸울 뿐입니다."

사빈은 회의적인 표정을 지었다. 우리의 첫번째 요점을 말할 시간이 왔다.

"경제제재 조치에 대해 들어보셨습니까?"

"물론입니다." 쿠르드 엔지니어가 말했다. "하지만 제재 조치는 효과가 없습니다. 그건 죄다 석유 문제에요. 미국은 석유에만 관심이 있다고요." 그리고 그는 길게 불평을 늘어놓았는데, 이스라엘과 외교정책, 이라크 전쟁 등에 관한 터무니없는 음모론으로 가득했다. 논리에 맞지 않는 이야기였지만, 요점은 경제제재는 미국 같은 초강대국의 게임이기 때문에 보통 사람인 활동가들로서는 할 수 있는 일이 없다는 것이었다. 모두들 동의하며 고개를 끄덕였다. 의사는 알아사드를 경제적으로 처벌하기 위해 미국 의회를 설득하는 편지 쓰기 운동을 조직한 적이 있다고 말했다. 하지만 성공하지 못했다. "왜 우리 말에 귀기울이겠습니까? 아무런 힘도 없는 우리에게요."

"아마 당신 말은 듣지 않겠지만 사빈 말은 들어줄 겁니다." 내가 말했다.

사람들이 당황했고, 누구보다 사빈이 그랬다. "제가 석유를 사지 말라고 한들 그들이 왜 제 말에 귀를 기울이겠어요?"

"석유 얘기가 아닙니다." 내가 미소를 지으며 답했다. "저는 멋진 호텔 같은 걸 생각했습니다."

"설마요." 사빈이 말했다.

"진지한 이야기입니다. 다마스쿠스에 호텔들이 있지요, 그렇죠?" 사빈이 고개를 끄덕였다. 그중 가장 호화로운 호텔 몇 군데의 이름을 말해달라고 했다. 사빈이 몇 군데 이름을 댔고, 포시즌스에 이르렀을 때 말을 막았다.

"포시즌스!" 하고 소리쳤다. "정말 훌륭한 제안입니다." 체구가 단단한 노동자를 향해 말했다. "거기 늘 가시지 않나요?" 그가 씩 웃었고, 다른 사람들은 크게 웃음을 터뜨렸다. "좋습니다." 미소를 지으며 말을 이었다. "당신은 거기 가지 않지만, 전 세계 주요 인사들은 모두 거기 갈 겁니다. 자, 이제 그 호텔 문을 어떻게 닫게 할 수 있을지 생각해보시기 바랍니다."

"어떻게 그럴 수 있겠습니까?" 쿠르드인이 말했다.

"여러분 의견을 듣고 싶습니다. 그 호텔에 가지 않는다면 왜 그렇죠?"

"가격 때문이죠!" 농부가 말했다. 나쁘지 않은 대답이었다.

누군가 손을 들었다. 열성적인 어느 학생이었다. "만일 누가 호텔에 몰래 들어가, 폭격 이후 알레포 지역의 모습이 담긴 사진을 방문 아래로 밀어넣는다면?"

모두 조용해졌다.

"그런데 어떻게요?" 누군가 심각한 어조로 반박했다. "호텔엔 어디나 카메라가 있어요. 그리고 그렇게 위험한 일을 한 사람은 곧장 감옥에 갈 거고요."

완벽하진 않았지만 시리아인들의 대화도 제 궤도에 오르고 있었다.

"포시즌스 소유주가 누구인지 아시는 분?" 내가 물었다.

아무도 없었다.

"저도 모릅니다." 내가 고백했다. "하지만 알아사드 일당의 측근일 겁니다, 라미 마크흘루프 같은. 알아사드의 사촌인 그가 시리아 경제를 지탱하는 기둥 중 하나죠? 어쨌든 다마스쿠스에서 가장 좋은 최고급 호텔이라면, 누구든 소유주는 분명 인맥이 아주 좋은 사람일 겁니다. 그가 누구든 세계적인 호텔 체인으로선 돈이 들어오니 그와의 계약에 만족할 거고요. 하지만 여러분이 호텔 체인을 압박해 프랜차이즈 계약을 철회시킨다면?"

"그쪽에서 그럴 이유가 있을까요?" 사빈이 물었다.

그러자 의사가 대답했다. "호텔 체인은 알아사드 같은 독재자보다 훨씬 상대하기가 쉽죠. 호텔 체인 입장에서는 그들이 잔인한 정권의 가족 및 친구와 동일시된다면, '어쩔 수 없습니다. 우리는 말썽이 생기는 것을, 언론의 혹평을 원하지 않습니다'라고 발을 뺄 가능성이 높아요."

"그렇게 된다면 다마스쿠스에서 사진을 들고 몰래 호텔에 잠입할 필요도 없겠네요." 학생이 덧붙였다. "런던, 파리, 어딘지 몰라도 호텔 본사가 있는 곳에서 시위를 벌이면, 언론과 블로거들이 알아사드 정권과 협력하는 기업을 주시하게끔 하면, 효과를 볼 수도 있겠어요."

"그러면 분명 다른 기업들도 긴장하겠네요." 사빈이 말했다.

"바로 그겁니다." 내가 말했다. "알아사드와 오랜 세월 거래해온 글로벌 기업들이 시리아 투자에 대해서 다시 한번 생각해볼 겁니다. 그랬을 때 누가 힘들어질까요?"

권력을 지탱하는 기둥

"재계죠." 사빈이 대답했다.

"재계." 내가 말했다. "재계는 누구를 지지합니까?"

"대개는." 학생이 사빈을 쳐다보며 말했다. "알아사드를 지지해요."

"그렇습니다! 그러니까 우리는 미국 의회에 편지를 쓴다거나, 정말 큰 이슈인 석유나 인권에 대해 이야기하는 대신, 호텔 한 곳에 초점을 맞추는 겁니다. 우리가 그 호텔 문을 닫게 할 수 있으면, 그러고 나서 다른 곳들도 닫게 할 수 있으면, 알아사드 협력자들은 돈줄이 말라 힘들어질 겁니다. 그다음엔 어떻게 될까요?"

"그들이 질겁하겠죠." 사빈이 말했다.

"당연하죠. 물론 그럴 겁니다. 그때 그들은 알아사드가 유일한 권력이 아니라는, 그가 실권했을 때를 대비하는 편이 낫겠다는 생각을 하기 시작할 겁니다. 또 무슨 일이 있을까요?"

아무도 대답을 하지 않아 내가 말을 이었다. "부유하고 인맥 좋은 사람들도 아사드에게 대줄 돈이 점점 줄게 될 겁니다. 부패는 이런 식입니다. 즉, 알아사드가 사촌에게 이렇게 말하죠, '독점사업권을 줄 테니 내게 상납해라.' 그럼 사촌은 부자가 되고, 사촌은 알아사드에게 일정 부분을 떼어주고, 서로서로 좋은 거죠. 당신만 빼고요. 그런데 사촌이 호텔을 잃게 되면 그는 더이상 많은 돈을 벌 수 없고 알아사드에게 줄 돈도 없게 됩니다. 알아사드에게 이것은 어떤 의미일까요?"

"알아사드 마누라가 유럽에서 쇼핑할 돈이 적어진다?" 의사가 빈정댔다.

"네. 당신들을 죽이는 데 쓸 폭탄과 총알을 살 돈도 적어진다는 겁니다. 총알은 비쌉니다. 폭탄도 비쌉니다. 알아사드는 간절히 돈이 필요해질 테고, 우리에겐 그 돈이 그에게 흘러들어가지 못하도록 막을 힘이 있습니다."

나는 잠시 말을 멈추고 이야기가 충분히 이해되길 기다렸다. 그러고 나서 이제 게임을 할 것이라고 말했다. 나는 그들에게 세 그룹으로 나누어 목록을 작성해달라고 부탁했다. 고급 호텔에서 음료수에 이르기까지 그들이 일상에서 즐기는 것들, 시리아에 대한 투자를 철회시킬 수 있을 만한 기업들 등. 곧 회의실은 아랍어로 이루어진 대화로 소란해졌다. 여기저기서 '아디다스' 같은 단어들이 들려왔다. 때로 서로 등을 두드리거나 높이 손을 맞부딪히는 장면들이 연출돼 흐뭇하기도 했다. 그들이 점차 활기를 띠고 있을 뿐 아니라, 함께 일하는 법을 터득하고 있다는 뜻이기 때문이었다. 그들은 이곳에서 혁명에 대해 이야기하게 될 거라 기대했지만, 실제로는 운동화 이야기를 나누고 있었다. 그것이 더 정상적으로 느껴졌고, 사실 그것이 가장 중요한 핵심이었다. 즉 독재자 축출의 첫 단계는 독재 치하의 삶이 정상이 아니라는 것을 모두가 이해할 수 있도록 납득시켜야 한다는 것이다.

10분 후 내가 손뼉을 치자 사람들은 다시 둥글게 둘러앉았다. 그들은 열정적으로 자신들이 발견한 것들을 발표했다. 시리아에서 외국 영화가 상영되지 못하도록 하자, 시리아산 올리브오일을 사지 말자고 시리아 국민들을 설득하자 등등. 어떤 아이디어는 좋았고, 어떤 아이디어는 잘못된 판단이었다. 그러나 그들은 핵심을

권력을 지탱하는 기둥

이해하고 있었다. 알아사드가 제어할 수 없는 괴물이 아니며 그가 정권 유지와 군대 장악을 위해 엄청난 자금을 필요로 하는 사람임을 깨달은 것이다. 모든 폭군은 경제적 기둥에 의지하며, 경제적 기둥이라는 타깃은 군사기지나 대통령궁보다 훨씬 접근하기 쉽다. 그 기둥들을 흔들어라, 그러면 폭군은 결국 쓰러질 것이다.

안정적이던   기둥 흔들기

이에 대한 전문가 의견을 소개한다. 폭군을 지지하는 기둥에 초점을 맞추라는 이야기는 '비폭력 투쟁 이론의 아버지'로 알려진 미국 학자 진 샤프의 이론이다. 샤프에 따르면, 모든 정권은 몇 안 되는 기둥에 의해 유지되며, 따라서 기둥 한두 개에 충분한 압력을 가하면 체제 전체가 곧 붕괴된다. 모든 지도자와 정부는 어디에 있든 결국 권력 유지를 위해 같은 종류의 메커니즘에 의존하기 마련이며, 그렇기 때문에 그들의 권력은 겉보기보다 더 일시적이다. 어떤 권력도 절대적일 수 없다. 설령 알아사드 같은 권력자라 할지라도 독재자들은 자신이 오류 없는 절대적인 인물로 보이고자 많은 투자를 하지만, 그들은 그저 다른 사람들을 감독하고 있을 뿐이며, 다른 많은 사람들의 노동과 복종에 의존해 권력을 유지한다는 사실을 잊지 말아야 한다. 독재자의 권위는 복종하는 국민들의 자발적인 동의에서 나온다. 모든 독재자들의 공통점이 국민에 의존하는 것이라던 슬로보단의 말과도 일맥상통한다. 독재자에게 정

독재자를 무너뜨리는 법

말 필요한 것은, 아침이면 일어나 일하러 가고, 공항과 TV방송국이 제대로 돌아가게 하고, 군인 연금도 문제없이 운영하는 평범한 시민이다. 그의 명령을 따르는 평범한 국민들은, 그저 자신들의 일을 하고 집으로 돌아가고 싶어하는 사람일 뿐임을 이해해야 한다. 그들이 제복을 입고 폭력적으로 행동한다고 해서 반드시 악마이거나 구제불능의 인간은 아니라는 뜻이다. 경찰이 진압용 방패로 기꺼이 시위대의 머리를 찍어내는 것은, 자유를 두려워하고 경멸해서가 아니라 초과근무수당을 받기 때문이라고 나는 말했다. 경찰이 월급을 꼬박꼬박 받는 한, 모든 것이 무리 없이 돌아가는 한, 독재자는 권좌에서 안전하다. 그러므로 활동가에게 첫번째 과제는, 정상적으로 흘러가던 일들이 갑작스럽게 멈추도록, 안정적이었던 기둥들이 흔들리도록 만드는 일이다.

물론 이 기둥들은 지역에 따라 다르다. 아프리카의 작은 시골마을이라면 가장 중요한 기둥은 부족 원로들일 것이고, 세르비아의 작은 마을이라면 마음을 얻을 가장 중요한 사람들이 지역 의사, 종교인들, 교사라는 것을 오트포르! 운동을 하면서 알게 되었다. 그들이 여론 주도층이었다. 기업을 떠받치는 기둥은 돈을 투자하는 주주들, 그리고 아마도 긍정적인 보도로 자신들의 주가를 높여줄 미국 경제전문 방송 CNBC와 『월스트리트저널』 같은 비즈니스 미디어일 것이다. 피에 굶주린 독재자에 맞서 마을 사람들을 당신 편에 서게 만드는 일이든, 맥도날드 저가 메뉴에 건강 식단을 추가하게 만드는 일이든, 어떤 기둥을 떠밀어야 하는지 파악해야 한다.

시간이 걸렸지만 시리아인들은 이런 방식에 호의적으로 바뀌었

113

권력을 지탱하는 기둥

다. 시간이 많이 흘렀기 때문에 나는 일정을 마무리하고 다음날 아침 다시 보자고 말했다. 내가 물건을 정리하는 동안, 몇몇 사람은 남아서 이야기를 나눴다. 천천히 거리로 나가보니 시리아인들 몇이 호텔 옆 아이스크림 가게로 들어가는 게 보였다. 그중에는 사빈과 선글라스를 쓴 학생도 있었다. 그들에게서 서로에 대한 적대감이라곤 찾아볼 수 없었다. 둘 다 크게 웃고 있었다.

독재자를 무너뜨리는 법

5장

유쾌하게 승리의 길로

나아가라

잠깐 내가 즐겨하는 게임을 해보자. '경찰 놀이'라는 것인데 재미
있다. 이렇게 한다.

당신이 터키 앙카라의 경찰이라고 가정해보자. 며칠 전 보안요
원들이 혼잡한 지하철역 플랫폼에서 애정행각을 벌이는 남녀를
목격했다. 엄격한 이슬람교도인 보안요원들은 공공장소에서 천박
한 행동을 하는 것에 화가 났고, 유일하게 가능한 행동을 했다. 지
하철 구내방송을 통해 모든 승객들은 품행을 방정히 하고 공개된
장소에서 키스를 해선 안 된다고 말한 것이다. 앙카라 시민들은 모
두 스마트폰을 갖고 있었고, 이 작은 사건은 몇 분도 지나지 않아
언론에 흘러들어갔다. 오후가 되자 이슬람교도를 지지기반으로
하는 여당에 반대하는 정치인들이 이것이 황금 같은 기회임을 깨
닫고, 지지자들에게 스킨십에 대한 이 우스꽝스럽고 적대적인 편

견에 항의하는 대규모 시위를 촉구했다. 이제 경찰인 당신이 등장할 차례다. 토요일 시위 당일, 당신은 제복을 입고 손에 방망이를 들고 평화를 지킬 태세를 갖춘다. 지하철역으로 걸어들어가면서 당신은 100여 명의 젊은 남녀가 반정부 구호를 외치며 동료들의 분노를 돋우는 모습을 본다. 누군가가 누군가를 밀친다. 누군가가 평정을 잃는다. 곧 집단 난동이 된다.

만일 당신이 이 역할극을 진지하게 하고 있다면, 무슨 일을 해야 할지 알 것이다. 당신은 경찰이다. 경찰학교에서 이런 상황에 대한 훈련을 한 주 내내 받았을 것이다. 이것이 전 세계 어디서나 경찰이 하는 일이다. 당신은 상황 속으로 들어가 정보를 얻고, 진압 장비를 착용한다. 그리고 방망이로 방패를 두드려 진압 대상에게 겁을 준다. 그런 행동을 하면서도 불편한 마음이 별로 들지 않을지도 모른다. 당신의 직업이기 때문이다. 게다가 당신의 행동은 짱돌이든 뭐든 저쪽에서 던지는 것에서 당신과 동료 경찰들을 보호하기도 한다. 당신은 진입한다. 한두 시간 후 시위 참가자 30~40명을 감옥에 넣는다. 10~20명은 병원에 있고 나머지는 도망쳤다. 당신은 소속 경찰서로 돌아가 동료들과 함께 커피를 마신다. 그리고 그날 하루 일과에 만족하며 잠이 든다.

쉬운 게임이었다. 다시 한번 해보자.

토요일 아침이다. 당신은 지하철역에 도착한다. 100여 명의 사람들이 전날 발표된 금기사항에 대한 시위를 벌이고 있다. 그러나 그들은 정부에 반대하는 어떤 말도 하지 않는다. 아니, 어떤 구호도 외치지 않는다. 그들은 요란하게 키스를 하며 아무도 좋아하지

독재자를 무너뜨리는 법

않을 역겨운 소리를, 침 흘리는 소리를 내거나 키득키득거리고 있다. 눈에 거의 띄진 않지만 그들은 작은 분홍색 하트를 달고 있었는데 거기엔 '키스해줘' '프리 허그' 같은 말이 쓰여 있다. 여자들은 소매가 짧고 목이 깊이 파인 블라우스를, 남자들은 버튼다운 셔츠를 입고 있다. 그들은 당신을 못 보는 것 같다. 서로의 머리를 감싸고 키스를 하느라 정신이 없다.

이제 당신은 어떻게 할 것인가. 원한다면 가서 경찰 놀이를 해보라. 하지만 내가 수고를 덜어주겠다. 정답은, 당신이 할 수 있는 일이 아무것도 없다는 것이다. 애정행각을 벌이는 시위자들이 어떤 법도 어기지 않아서이기도 하지만, 그들이 엄청난 태도의 차이를 보여줘서이기도 하다. 경찰이라면 폭력을 휘두르는 사람을 어떻게 다뤄야 할지 고심할 것이다. 하지만 재미로 무장한 사람을 어떻게 다뤄야 할지에 대한 훈련은 전혀 받지 않았다.

이것이 웃음행동주의laughtivism(laugh와 activism의 합성어로 비폭력주의 운동 용어—옮긴이)의 천재성이다. 바보스러운 작명임은 나도 안다. 영어가 모국어인 친구들이 늘 그렇게 얘기한다. 하지만 이 원칙은 견고하고, 많은 것들이 그렇듯 나는 이 말을 아주 우연하게 발견했다.

두려움을 이기는   유일한 방법

밀로셰비치를 무너뜨리기 위한 싸움 초기, 초보 활동가들이 한 번

쯤 겪기 마련인 자기비판의 순간이 찾아왔다. 모임 도중 방안을 둘러본 우리는 우리가 한낱 어린애임을 깨달았고, 우리가 가진 것들이 어떻게 작용할 것인가에 집중하기보다는, 갖지 못한 모든 것에 집착하기 시작했다. 우리에겐 군대가 없었다. 돈도 많지 않았다. 우리는 사실상 모두 국영이었던 미디어에 접근할 길도 없었다. 밀로셰비치에겐 비전도, 비전을 현실화할 수단도 있었다. 그것은 두려움을 주입하는 것이었다. 우리에겐 훨씬 훌륭한 비전이 있었지만, 그 우울한 저녁 우리는 생각했다. 우리에겐 그 비전을 실현할 방법이 전혀 없다고.

　미소짓는 드럼통 아이디어를 착안한 것은 그때였다. 이야기를 나누다가 누군가 밀로셰비치는 국민들에게 두려움을 주었기 때문에 이겼다고 말했고, 다른 누군가 두려움을 이길 수 있는 유일한 수단은 웃음뿐이라고 말했다. 정말 현명한 말이었다. 몬티 파이선을 톨킨만큼이나 떠받들던 나는, 유머는 그냥 껄껄 웃게 하는 데서 그치는 게 아니라, 더 나아가 생각을 하게끔 만드는 것임을 잘 알고 있었다. 우리는 유머를 말하기 시작했다. 한 시간도 안 돼 정권 전복에 진짜 필요한 건 건강한 웃음이라는 사실에 모두 공감했다. 우리는 웃음이 번져나가게 할 방법을 찾기 시작했다.

　근처 공사장에서 오래된 낡은 드럼통을 하나 찾아 운동의 '공식' 디자이너 두다에게 가져갔고, 험상궂은 독재자의 초상을 사실적으로 그려달라고 부탁했다. 두다는 기꺼이 그렇게 했다. 하루인가 이틀 후 다시 갔을 때, 드럼통 위에서 밀로셰비치는 사악하게 웃고 있었고, 그의 이마에는 수많은 녹슨 자국이 생겼다. 두 살짜리도

120

독재자를 무너뜨리는 법

재미있어할 정말 웃긴 모습이었다. 하지만 아직 다 된 게 아니었다. 우리는 두다에게 '얼굴 때리기 단돈 1디나르'라고 쓴 커다란 안내판을 만들어달라고 했다. 1디나르는 당시 2센트 정도에 해당하는 액수였으니, 아주 저렴했다. 우리는 안내판과 드럼통, 야구방망이를 들고 베오그라드의 중심가, 크네즈 미하일로바 가街로 갔다. 공화국광장 바로 옆에 위치한 그곳은 최신 유행을 살피거나 오후에 친구와 만나 술 한잔하러 가는 거리로, 항상 쇼핑객들과 유모차로 가득했다. 우리는 그 물건을 거리 한가운데, 모든 일이 일어나는 중심에 놓고, 서둘러 인근 커피숍 '러시아 황제'로 철수했다.

드럼통과 안내판을 본 행인들은 처음엔 그렇게 열린 공간에 대담하게 놓인 반체제 전시물에 어리둥절해했다. 그다음 열 명 남짓한 사람들은 좀더 여유로웠다. 어떤 사람은 미소를 지었고, 어떤 사람은 야구방망이를 들고 잠시 있기도 했다. 하지만 곧 방망이를 내려놓고 종종걸음으로 가버렸다. 그러다가 기다리던 순간이 찾아왔다. 한 젊은이가, 우리보다 몇 살쯤 어려 보이는 사람이 크게 웃더니, 주머니를 뒤져 1디나르를 꺼내 드럼통 위 구멍에 집어넣었다. 그리고 야구방망이를 들고 크게 휘둘러 밀로셰비치의 얼굴을 때렸다. 단단하게 울리는 쿵 소리가 사방 다섯 블록 거리까지 퍼져나갔다. 그때까지는 소수였기는 해도 베오그라드에 정부를 비판하는 독립 라디오와 신문이 남아 있었기 때문에, 젊은이는 드럼통 한 번 쳤다고 해서 징역형을 살진 않을 거라 생각했을 것이다. 그의 행동이 가져올 위험은 감당할 수 있을 만큼 수위가 낮은 것이었다. 일단 그가 밀로셰비치의 얼굴을 화끈하게 한 대 치고 나

유쾌하게 승리의 길로 나아가라

자 다른 사람들도 별문제 없다는 것을 깨달았다. 그것은 동료 압력 peer pressure과 군중심리 사이 그 어디쯤의 감정이었다. 곧 호기심 어린 눈으로 지켜보던 사람들이 줄지어 기다렸다가 방망이를 휘둘렀다. 사람들은 드럼통을 쳐다보다가, 손을 들어 가리키다가, 웃음을 터뜨렸다. 오래지 않아 부모들이 아이들에게 한번 해보라고 이야기했고, 야구방망이를 들기에 너무 작은 한 아이는 가느다란 다리로 드럼통을 차기도 했다. 모든 사람들이 재미있어했고, 드럼통 때리는 소리가 저멀리 칼레메그단 공원까지 메아리쳤다. 동전들이 드럼통 안에 쏟아졌고, 두다의 불쌍한 걸작, 밀로셰비치의 근엄하고 심각한 초상화는 열정적이고 활달한 군중의 손에 얻어맞아 알아볼 수 없을 정도로 너덜너덜해졌다.

이 일이 진행되는 동안 친구들과 나는 카페 테라스에 앉아 말보로를 피우고 에스프레소 더블샷을 마시며 신나게 웃었다. 많은 사람들이 울분을 터뜨리며 드럼통을 치는 광경은 아주 재미있었다. 하지만 최고의 장면은 아직 펼쳐지지 않았음을 우리는 알고 있었다.

바로 경찰이 왔을 때였다. 10분에서 15분 정도 걸렸다. 순찰차가 근처에 멈추고 땅딸막한 경찰 둘이 내려 이 광경을 유심히 관찰했다. 바로 이때 내가 좋아하는 '경찰 놀이' 게임을 착안했다. 나는 그날 그 카페에서 처음으로 경찰 놀이를 했다. 경찰이 하는 첫번째 행동은 사람들을 체포하는 것이다. 물론 여느 때라면 시위 주모자를 체포했겠지만 우리를 찾을 수 없었다. 그러자 경찰에겐 두 가지 선택밖에 남지 않았다. 드럼통을 때리기 위해 줄 선 사람들, 그러니까 근처 카페의 웨이터, 쇼핑백을 든 아름다운 아가씨, 어린아이와 함께 선 부모를 체포하거나, 그냥 드럼통을 체포하거나. 경찰이 사람들을 체포하려 한다면, 엄청난 분노를 불러일으킬 것이다. 녹슨 드럼통에 폭력을 가한다고 이를 금하는 법 같은 건 있을 리 만무했고, 무고한 행인을 대거 체포하는 것은 유순했던 시민들까지 과격하게 만드는 지름길이었다. 그렇다면 유일한 선택지는 드럼통을 체포하는 것뿐이었다. 퉁퉁한 경찰 두 사람은 도착한 지 몇 분 만에 구경꾼들을 쫓고는, 지저분한 드럼통을 양쪽에서 들고는 순찰차로 끌고 갔다. 작은 학생신문의 사진기자인 우리 친구 하나가 자리에 있다가 이 광경을 찍었다. 다음날 우리는 그 사진을 가능한 한 멀리, 널리 퍼뜨렸다. 이 일은 결국 두 개의 반정부 신문 1면에 실렸으며, 이로써 우리는 문자 그대로 돈 주고도 못 살 홍보 효과를 얻었다. 그 사진은 정말 천 마디 말만큼의 가치를 지녔다. 사진을 보면 누구라도 밀로셰비치의 무서운 경찰이 사실은 우스꽝스럽고 무능한 얼간이들로 이루어져 있다는 것을 느낄 수 있었다.

유쾌하게 승리의 길로 나아가라

나는 이 드럼통 이야기를 좋아한다. 캔바스의 강사 샌드라, 시니사, 래스코가 열정적인 활동가들에게 맨 먼저 들려주는 이야기이기도 하다. 이 이야기를 들으면 활동가들은 하나같이, 이집트 친구들이 공화국광장을 걸으며 했던 말을 하곤 한다. "우리나라에선 절대 불가능한 일입니다." 나는 이에 대한 답변으로 이야기할 것이 두 가지 있다. 첫번째는 미국 작가 마크 트웨인이 한 말이다 (마크 트웨인의 말은 반박의 여지가 없다!). "인류에게는 의문의 여지없이 정말 효과적인 무기가 하나 있다. 바로 웃음이다.[1] (…) 웃음

공격은 아무도 막지 못한다." 두번째는, 유머는 나라마다 다르지만 웃고 싶은 마음은 보편적이라는 것이다. 나는 이 사실을 활동가들을 만나기 위해 전 세계를 여행하며 깨달았다. 서西사하라나 파푸아뉴기니 사람들과 나는 무엇이 웃긴 것인지에 대해 합의를 못 할지도 모른다. 프랑스인들이 제리 루이스를 좋아하는 것을 보라, 아니면 독일 '코미디'란 걸 한번 찾아보라. 그러나 언제나 재미가 두려움을 능가한다는 것에는 다들 동의한다. 좋은 활동가들은 훌륭한 스탠드업 코미디언처럼 몇 가지 기술을 습득해 연습할 필요가 있다.

우선은 관객을 파악하는 기술이다. 한 코미디언에 관한 재미있는 이야기를 들었다. 클럽 순회를 하며 경험을 쌓아가고 있던 그는, 웃긴데다 개그에 결정적 한 방을 섞을 줄도 알았지만 사회적 신호는 잘 읽지 못했다. 어느 날 밤, 이 불운한 코미디언이 무대에서 여자친구의 고양이에 대한 개그를 시작했다. 그는 고양이가 못된 놈이라고 말했다. 침실에서 분위기가 한껏 달아오르면, 고양이가 그걸 알고 침대로 뛰어올라 버티고 앉아서는 야옹거리며 분위기를 망친다는 것이다. 그는 고양이를 죽이는 갖가지 방법을 늘어놓으면서, 그 고양이를 얼마나 죽이고 싶은지 읊어댔다. 만화에나 나올 것 같은 기상천외한 방법으로 고양이가 가졌다는 아홉 개의 목숨을 전부 빼앗기를 꿈꾸었다. 웃음을 유발하는 속도가 빠르고 대단히 효과적인, 훌륭한 개그였지만 아무도 웃지 않았다. 그는 인사를 하고 무대에서 내려갔다. 야유를 퍼붓는 사람도 몇 있었다. 나중에야 그날 저녁 공연이 지역 동물보호센터 기금 모금 자리임을 알았다.

　그가 사전조사를 했더라면 관객의 감성에 맞게 이야기를 재단했을 것이고, 의기양양하게 집으로 돌아갔을 것이다. 자유노조 운동 시절 폴란드인들이 취했던 방법도 마찬가지였다. 1980년대 일어난 자유노조 운동은 폴란드 공산당 정부와 맞서는 싸움으로 이어진 노동 운동이다. 당시 활동가들은 관객, 즉 폴란드를 다스리던 공산당 간부들이 전면적 저항은 용인하지 않을 것임을 알고 있었다. 폴란드는 베오그라드와 달리 독립적인 미디어 문화도 없었고, 쇼핑객들이 밀로셰비치 얼굴이 그려진 드럼통을 거침없이 두들기는 일을 허용하지도 않았고, 마지못해서라도 반대 목소리를 받아들이지도 않았다. 공산국가 폴란드에서 활동가들의 행보는 웃기면서도 노골적이지 않아야 했다.

　1982년 2월 아주 추운 어느 저녁,[2] 폴란드 동부의 작은 도시 시비드니크 주민들이 TV를 들고 걷기 시작했다.

　이 전설적인 시위는 매일 저녁 7시 30분마다 TV를 켜는 일에 지친, 멋진 헤어스타일에 미소를 띤 아나운서가 장밋빛으로 가득한 거짓투성이 정부승인 원고를 읽는 걸 보는 일에 지친 그곳의 몇몇 활동가들이 시작했다. 그들은 TV뉴스를 보지 않기로 결의한 것이다. 하지만 곧 뉴스를 보지 않는 것만으로는 부족하다는 사실을 깨달았다. TV를 끄고 그냥 어둠 속에 앉아 있는다면 누가 알겠는가. 보이콧이 성공하려면 대중 앞에 서면서도 경찰의 탄압을 피할 수 있을 정도로 노골적이지 않아야 했다.

새로운 소재를 시험하는 코미디언처럼 그들은 이런저런 시도를 해보았다. 처음에는 매일 저녁 7시 30분에 TV 전원을 뽑아 창틀에 올려두는 것으로 의사를 표현했다. 첫 시도로는 좋은 생각이었다. 공개적이고 시각적이었으며 메시지도 분명했다. 하지만 전혀 재미있지 않았고, 그러므로 따분했다. 그래서 여기에 손수레 이미지를 덧입혔다. 누군가가 손수레를 많이 구해왔고, 친구들에게 TV를 손수레에 싣고 거리로 밀고 나오라고, 느긋하게 거리를 산책하라고 말했다. 오래지 않아 어스름 무렵 시비드니크 거리를 걷는 사람들은, 친구와 이웃들이 유모차를 밀듯 TV가 담긴 손수레를 밀면서 여유롭게 걸으며 웃는 모습을 볼 수 있었다. 예전 같으면 공영방송 뉴스에 귀기울였을 30분 동안, 이젠 함께 정권에 맞선다는 긴장감을 느끼며 지인들과 인사하고 이야기를 나누게 된 것이다.

이것은 멋진 개그였고, 이 운동은 곧 다른 폴란드 도시로 퍼졌다. 크게 놀란 정부에서는 어떤 조치를 취할 수 있을지 저울질했다. TV를 수레에 싣고 걷는 일은 법에 어긋나지 않았기에 누구를 체포할 수는 없었다. 정부는 그저 밤 10시였던 통행금지 시간을 저녁 7시로 당겨 사람들이 집밖으로 못 나오게 하는 수밖에 없었다. 그리고 이 조치로 허튼짓을 멈출 수 있으리라 확신했다.

그러나 아니었다. 처음으로 관객의 환호를 맛보고 그 기분을 잊지 못하는 신출내기 코미디언처럼, 폴란드인들은 저항 운동이 더 크고 화려하게 전개되기 원했다. 하지만 이젠 공산당에서 눈에 불을 켜고 시민 불복종 운동을 감시했기 때문에 갈수록 일은 어려워졌다. 그러다 1987년, 독재와의 최후 결전이 불가피해지던 시점에, 그들은 이제까지의 농담 가운데 가장 큰 규모의 것을 준비하기로 결심했다. 그들은 일제히 거리로 나가 공산주의에 대한 절대적이고 광적인 사랑을 보여주기로 했다.

1987년 10월 정부가 러시아 혁명 70주년을 축하하는 동안, 자유노조는 자신들의 기념집회를 갖겠다고 발표했다. 그들은 공산주의 특유의 과장되고 허풍 가득한 용어가 담긴 전단지를 인쇄해 '인민의 수동성을 깨부수자'고 시민들에게 호소했다. 광장으로 나오라고, 충성스럽게 붉은 옷을 입으라고 지시했다.

곧 거리는 붉은 신발과 붉은 스카프, 붉은 타이, 붉은 립스틱, 붉은 셔츠, 붉은 코트로 넘쳐났다. 그렇게나 많은 사람들이 저급한 소련 선전영화 속 엑스트라처럼 차려입자 폴란드 사람들은 웃음을 터뜨리지 않을 수 없었다. 한편, 당국에서는 웃을 수가 없었다. 붉게 차려입고 행진하는 시민들이 정권의 이데올로기를 조롱하는 게 확실했지만, 어떻게 공산당이 공산주의를 지지하는 집회를 해산시키겠는가? 경찰들은 뭐든 핑계가 생기길 기다리며 지켜봤다. 마침내 붉은 것을 아무것도 걸치지 않은 몇 사람조차 근처 노점에서 산 막대 빵에 케첩을 잔뜩 바르고서는 흔들고 다니자, 경찰이 노점상을 덮쳐 문을 닫게 하고 손님 한 명을 체포했다. 그것이 그들로서는 최선이었다. 1989년이 되자 저항 세력은 자유선거에 준하는 선거 도입에 성공했다. 그리고 1990년, 그들이 권력을 잡았다.

폴란드인들이 유머를 효과적으로 사용할 수 있었던 것은 관객을 잘 파악해서만은 아니었다. 타이밍이 전부다, 라는 훌륭한 코

유쾌하게 승리의 길로 나아가라

미디의 기본 원칙을 안 덕분이기도 했다. 일례로, 어떤 해에는 '세계 여성의 날'을 맞이해 활동가들이 폴란드 전역의 중심가로 나가 행인들에게 무료로 생리대를 나눠주었다. 물품이 부족해 재앙 상태였던 폴란드 시장에서, 생리대 같은 생필품도 손에 넣기 힘들다는 사실을 상기시키는 이 거리 이벤트를 '여성의 날'에 진행한 것은 영리한 선택이었다.

이란의 비폭력 활동가들도 놀라울 정도로 타이밍을 잘 맞췄다. 이란에서 축구는 이슬람교 다음으로 신성하다. 모든 사람이 축구를 사랑했고, 국가적 우선순위로는 핵무장 바로 위에 위치할 것이다. 그렇기 때문에 2014년 브라질 월드컵 아시아 최종예선에서 이란이 한국과 시합하던 날, 모두 축구에만 관심을 쏟을 것은 너무나도 자명했다.

파트마 이크타사리와 샤브남 카지미는 이를 잘 알았기에, 2012년 어느 오후 결정적인 시합을 위해 옷을 차려입었다. 비록 밖은 무더웠지만 그들은 청바지에 긴 검은 재킷을 입고 털모자를 썼다. 그것이 경기장에 들어갈 수 있는 유일한 방법이었다. 오랜 관습에 따라 여성은 이란에서 열리는 축구경기장에 들어갈 수 없었다. 세계에서 종교적으로 가장 보수적인 사회에서 그 규칙은 여성에게 가해진 또다른 제약이었다. 물론 이슬람 율법학자들은 이 '보호'조치가 이란의 숙녀들이 스포츠 경기가 진행되는 동안 사람들이 던지는 거친 언어와 섬세한 여성 영혼의 순수함을 더럽히는 응원구호를 듣지 않게 하기 위해서라고 말한다. 그러나 이크타사리와 카지미는 새로운 욕설을 배우는 것이 두렵지 않았다. 성별을 분간할 수 없는 평범한 이란 남성 복장을 한 두 여성은 곧장 경비를 통과했고, 사랑하는 국가대표팀이 상대를 물리치고 세계 최고 경기에서 입지를 굳히기를 기대했다. 일단 경기가 진행되자 그들은 재빨리 변장을 벗어버렸다. 경기를 지켜보던 사람들은 경기장 안에서 실제 살아 있는 이란 여성들이 경기를 함께 관람한다는 것을 알아차렸다. 환호와 구호 사이에서 이크타사리와 카지미는 스탠드에 있는 자신들의 모습을 사진으로 찍었다. 그 사진이 SNS에서 크게 성공을 거둘 것임을 그들은 알고 있었다.

이런 행동을 다른 때 시도했다면 아마 약간의 관심을 얻고서 곧 잊혔을 것이다. 그러나 모두가 온통 축구와 승리와 월드컵에 집중하고 있을 때, 두 여성의 변장 잠입은 곧 실제보다 훨씬 더 큰일이 되었다. 우선, 이 사건은 이란 당국을 우리 캔바스가 '딜레마 상황'이라고 부르는 상황에 처하게 했다. 경찰로서는 이래도 지고 저래도 지는 경우였다. 여자들을 체포할 수는 있겠지만 세계 수백만 축구팬 앞에서 우스운 꼴이 되는 것이고, 나아가 제재 조치를 받거나 월드컵 참여 자격을 박탈당할 위험도 있다. 아니면 그냥 웃어넘기고 친절하게 여자들이 거기서 경기를 즐기게 해야 하는데, 이 경우 억압적 법률 아래 질식해가고 있는 3,500만 이란 여성들에게 저항의식을 심어주게 된다.

이 축구장 관람은 하나의 상징이 되었고, 모든 상징이 그렇듯이 누구나 원하는 의미를 부여할 수 있는 바탕이 되었다. 이란 사람들의 상상 속에서 이크타사리와 카지미는, 억압적이고 차별적인 법에 저항하는 활동가에 그치지 않았다. 두 여성은 희망 자체를, 언젠가는 성별에 상관없이 모든 시민이 자유롭고 행복하게 축구를 관람할 수 있는 나라에 살 수 있다는 약속을 상징했다. 한 이란 블로거는 이러한 욕망을 시로 표현하기도 했다. 형편없는 시였지만 그는 두 대담한 여성에게 자신의 시어를 바쳤다. "영웅들, 전사들, 언젠가 아이들과 함께 '자유' 체육관에서 강습회를 열 날을 꿈꾼다." 어휘 선택은 좋지 않았지만 의미는 분명했다. 우스꽝스러운 변장 잠입이 좋은 효과를 낸 것이다. 딜레마 상황을 활용해 이란 활동가들은, 세계에서 가장 두려운 기관을 이래도 지고 저래도 지는 시나리오로 밀어넣은 것이다.

거품이 터지면   모든 것이 가능하다

이런 접근 방식을 정치 코미디에도 적용할 수 있을지 의구심을 가질 수 있다. 활동가들이 성공하기 위해서는 의미와 메시지를 전달해야 하며, 단순히 엉덩방아를 찧는 슬랩스틱 코미디로 끝나서는 안 된다. 그러나 적절한 유머가 현대 활동가들의 무기고에서 인기 있는 도구로 인식되는 데는 이유가 있다. 효과적이기 때문이다. 우선, 유머는 두려움을 없애고 자신감을 심어준다. 또한 필수적으로 참신한 요소가 가미되기 때문에 새로운 사람들을 운동으로 이끌 수 있다. 마지막으로, 유머가 있는 행동 즉 웃음행동주의는 독재자들과 권력의 기둥을 어떤 경우에도 질 수밖에 없는 시나리오로 몰고 가며, 어떤 식으로든 정권이나 기관의 신뢰성을 떨어뜨린다. 민주적으로 선출된 이든 냉혹한 독재자든, 정치인들의 자존감은 대개 과장되어 있다. 오랫동안 권력을 잡고 포토샵 처리한 자기 얼굴을 신문과 잡지 표지에서 보다보면, 스스로를 지나치게 중요한 인물로 생각하게 된다. 그러면서 자신의 프로파간다를 스스로 믿게 된다. 권력자들이 웃음행동주의의 도전을 받았을 때 어리석은 실수를 저지르는 이유다. 높고 힘있는 사람들은 대체로 농담을 받아들일 줄 모른다.

나아가 웃음행동주의를 통해 운동은 단순한 장난 이상으로 나아갈 수 있다. 독재자의 자리를 굳건히 해준 모르타르, 즉 두려움을 부식시킬 수 있기 때문이다. 지금 세계에서 가장 웃기 없는 곳, 바샤르 알아사드의 시리아에서 일어나고 있는 일을 살펴보기 바란다. 캔바스 동료 브레자와 내가 시리아의 주요 활동가들, 그러니까 살인도 불사하는 지하드 투쟁주의자들부터 혁명 주도권을 가져오려 애쓰던 건실한 비폭력주의 활동가까지 다양한 이들을 만났을 때 그들 역시 세르비아나 다른 곳에서 효과가 있었다 해도 시리아에서는 결코 그런 일이 일어날 수 없다고 말문을 열었다. "다마스쿠스에서는 안 될 겁니다." 그들이 말했다. "이젠 다들 주변의 모든 것을 두려워하기 때문입니다." 그러나 우리는 두려움이라는 거품을 터뜨릴 수 있다고 말했다. 일단 거품이 터지면 모든 것이 가능해진다고.

수만 명을 학살한, 삶의 모든 국면을 장악한 독재자의 굳건한 아성을 무너뜨리기 위해 폭력이든 비폭력이든 저항 세력은 수단을 가리지 않고 고군분투하던 상황이었기에, 이 활동가들은 우리가 미쳤다고 생각했다. 그러나 세미나가 끝나고 몇 주, 몇 달이 지나면서 몇몇 시리아 활동가가 생각을 바꾸었다. 그들은 유머로써 공포에 맞설 창의적인 방법을 발견했다. 웃음행동주의가 단순히 유치한 장난이 아니라 진지한 전략임을 이해했다. 영화가 사람들을 웃기려고 할 때 사용하는 가장 오래된 캐릭터 중 하나가 '키스톤 캅스Keystone Kops(20세기 초 무성영화에 등장하는 우왕좌왕하는 경찰—옮긴이)'다. 키스톤 캅스는 서툴고 무능한 멍청이들로, 헛발질을 하고 다니며 곤봉을 휘두르지만 사기꾼을 잡는 법이 없다. 시리아인들이 알아사드의 부하들을 갈팡질팡하는 어릿광대로 보게 되면 정권은 중요한 억제력, 즉 공포심을 조장하는 능력을 잃게 된다는 사실을 시리아 활동가들도 서서히 깨달은 것이다.

활동가들은 우선 빨간 식용색소 몇 양동이를 샀다. 그리고 밤이 되길 기다렸다가 다마스쿠스 주요 광장에 있는 분수에 색소를 풀었다. 다음날 아침, 도시에 바쁜 출근시간이 찾아왔을 때 모든 분수가 피를 뿜어내는 것처럼 보였고, 이는 알아사드의 가혹한 압제에 대한 시각적 은유로 적절했다. 여기에 우왕좌왕하는 경찰이 등장한다. 그 광경에 격앙한 경찰은 문제를 처리하고자 갖가지 방법을 동원하지만, 분수에서 핏빛을 없애는 유일한 방법은 색소가 순환 배출될 때까지 기다리는 것뿐이었다. 그때까지 다마스쿠스 시민들은 경찰들이 당황한 얼굴로 분수에 모여, 뭘 해야 할지 몰라 상관의 지시만 기다리는 광경을 재미있게 구경할 수 있었다. 물이 원래대로 돌아오는 데는 일주일이 걸렸다.

다마스쿠스 경찰을 바쁘게 했던 것은 분수 말고 또 있었다. 그

시리아 활동가들의 창의적인 탁구공 시위. 그들은 '자유'와 '이제 그만' 등의 문구를 새긴 탁구공 수천 개를 경사진 거리와 골목길에 쏟아버렸고, 이에 경찰은 탁구공을 모아 체포하라는 명령을 내렸다.

들은 탁구공도 처리해야 했다. 탁구공 수천 개를. 이 사건은 한 시리아 활동가 그룹이 '자유'와 '이제 그만' 같은 알아사드 반대 구호를 새긴 다량의 탁구공을 커다란 쓰레기봉투에 담았다가, 다마스쿠스의 좁고 경사진 거리로 쏟아버린 데서 시작되었다. 사람들이 이런 실없는 전술이 살인적인 독재와 싸우는 데 과연 효과가 있을지 의심하는 것도 무리가 아니었다. 이 용감한 활동가들이 다음에는 어떤 행동을 할까, 구경꾼들은 낄낄거리며 그런 생각을 했을지도 모른다. 알아사드 집에 가서 벨 누르고 도망가기? 도미노피자에 전화를 걸어 대통령궁으로 피자 배달시키기? 활동가들은 그런 빈정거림에 구애받지 않았다. 탁구공 시위가 다시, 그리고 또다시 일어났다. 머지않아 다마스쿠스의 경사진 대로와 골목길을 튕기며 후드득거리는 탁구공은 누가 봐도 단 하나, 비폭력 저항 세력이

유쾌하게 승리의 길로 나아가라

알아사드 정권의 눈을 손가락으로 찌르고 있다는 것을 의미했다.

보안기관 책임자들이 걱정하기 시작했다. 걷잡을 수 없는 탁구공들은 법을 공개적으로 조롱함으로써 정권의 안보를 위협했다. 국민들이 동요할 수도 있었다. 어쩌면 다른 스포츠 용품이 탁구공과 위험한 연합을 형성할 수도 있었다. 더 늦기 전에 탁구공을 막아야만 했다. 경찰에 명령이 떨어졌다. 찾아낼 수 있는 모든 탁구공을 모아 체포하라는 것이었다. 여기서 이야기가 재미있어진다. 다마스쿠스 어디에서든 탁구공 한 상자 또는 한 부대가 쏟아지면, 완전무장을 한 험악하고 살벌한 보안요원들이 몇 분 안에 현장으로 달려가 탁구공을 쫓아 뛰어다녔다. 이들은 숨을 헉헉 몰아쉬며, 도시를 샅샅이 훑으며 탁구공을 하나씩 주워 올렸다. 경찰들은, 이 슬랩스틱 코미디에서 탁구공은 예전의 분수처럼 단지 하나의 소품에 지나지 않는다는 사실을 인식하지 못했다. 출연자로 캐스팅된 어릿광대는 바로 그들 자신, 정권의 집행자들이었다.

이제 판돈을 올릴 시간이었다. 하비 밀크처럼 시리아인들도 개똥만큼 결과가 좋은 것이 없음을 알고 있었다. 놀라운 기술력 덕분에 이 즐거운 장난꾼들은 작은 막대에 노래 몇 곡을 담아 크게 틀 수 있는 USB 스피커 수백 개를 마련했다. 여기에 〈알아사드는 돼지〉 같은 인기 있는 저항가요를 업로드한 후, 이 미니 스피커들을 지저분한 쓰레기통, 똥 더미 등 악취가 나는 최악의 장소에 숨겼다. 곧 도시는 음악으로 넘쳐났다. 불법적인 반체제 음악이 흘렀다. 그 금지곡들을 멈추게 하라는 명령이 떨어졌고, 경찰들은 스피커를 찾아내 부숴야 했다. 하지만 그러려면 소매를 걷어붙이고 구

독재자를 무너뜨리는 법

역질나는 쓰레기 더미에, 그것도 많은 사람이 지켜보는 가운데 손을 넣어야 했다. 탁구공이 그저 좋은 아이디어였다면, 스피커는 탁월한 아이디어였다. 실제로 이것은 다마스쿠스에서 정말 오랜만에 상영된 희극 걸작이었다.

약간의 창의성과 얼마간의 돈만 있으면 메시지는 언제든 전달할 수 있다. 수단의 운동단체 기리프나GIRIFNA('우리는 이제 신물이 난다'는 뜻이다)는 독재자 오마르 알바시르를 쓰러뜨리고자 했다. 그는 집단학살을 행하며 몇십 년 동안 국민들

수단의 운동단체 기리프나의 로고. '우리는 이제 신물이 난다'고 쓰여 있다.

의 자유를 빼앗았고, 공화국 서쪽 다르푸르를 생지옥으로 만든 미치광이였다. 수도 하르툼 같은 데서 집회를 열면 당연히 고문당할 수밖에 없었고, 활동가들은 곳곳에 있는 감시의 눈 아래서는 민주화 운동에 대한 헌신을 공개적으로 천명할 수도 없었다. 그렇다면 기리프나는 어떻게 메시지를 전달했을까. 그들은 오렌지색을 상징으로 삼고, 지지자들에게 늘 오렌지를 들고 다니자고 요청했다. 곧 효과를 발휘해 신기하게도 점점 더 많은 사람이 일상적으로 오렌지를 들고 다니게 되었다. 어디서나 오렌지를 볼 수 있었다. 그것은 완벽했다. 위험도가 낮았기 때문이다. 흔한 과일을 들고 다닌다고 체포될 일은 없지 않겠는가. 그럴 일은 없었다. 혹시라도 말썽이 생길 기미가 보이면 지지자들은 오렌지를 먹거나 던져버

리거나 그냥 모르쇠로 일관하면 될 일이었다. 대단히 현실적인 문제에 대한 아주 뻔뻔한 해결책이었다.

이런 불경한 저항 운동이 효과적이려면 세심하게 계획되어야 한다. 동시에, 잘 알겠지만, 코미디는 아주 즉흥적이기도 하다. 반응에 따라 달리 전개되기 때문에 순간적으로 개그를 찾아내고, 주어진 상황에서 늘 더 기묘하게 더 웃기게 만들어야 한다. 비폭력 운동에는 항상 이런 종류의 유머가 들어설 여지가 있다. 내 친구 예스맨Yes Men들은 웃음행동주의의 브랜드를 완전히 파악했다. 그들은 미국판 몬티 파이선이며, 진정한 국보다. 예스맨에 관해서는 함께 나누고픈 이야기가 많지만, 내가 가장 좋아하는 고전적인 장난 하나만 소개하겠다. 앤디 비클바움과 마이크 버나노가 WTO를 폐쇄시킨 이야기다.

먼저 무대를 설명하겠다. 세계무역기구, 즉 WTO는 국가 간 무역을 규제하는 국제기구로 많은 사람들에게 부유한 국가들이 훨씬 가난한 국가들을 희생시켜 자기 이익을 증대하고자 이용하는 기구로 인식된다. 앤디와 마이크는 중년의 중산층 시민으로, 저렴한 중고가게에서 옷을 구입하는 것을 부끄럽게 여기지 않는 사람들이다. 1999년, WTO의 정책에 격노한 두 사람은 실제 WTO 홈페이지 주소와 겨우 몇 자 다른 웹사이트를 만들었다. WTO 사이트를 찾다가 실수로 마이크와 앤디의 사이트로 들어가도 두 사이트는 별 차이가 없어 보였다. 그들은 그 사이트에서 '연락처' 버튼이 눈에 잘 띄도록 배치했고, 누군가 걸려들기를 느긋하게 기다렸다.

하지만 오랜 시간이 지나도록 연락해오는 사람이 없었다. 그러다 몇몇 질문과 문의가 들어왔고, 마침내 초대장 하나가 도착했다. 오스트리아 잘츠부르크에서 열리는 명망 있는 학회에 WTO 대표가 참석해 연설을 해달라는 초대였다. 앤디와 마이크는 가진 돈을 다 털고 친구들에게 돈을 빌려, 정장을 사고 오스트리아행 비행기표도 예약했다. 학회에서 그들의 차례가 되었을 때, 그들은 전문가인 양 행세하며 생명을 위협하는 무수한 도전으로부터 민주주의를 구하는 유일한 방법은, 시민들이 선거에서 표를 가장 비싼 가격에 팔아 민주주의를 사유화하는 것이라고 연설했다.

이 농담은 언론에 보도되긴 했지만 그다지 주목을 끌지는 못했다. 앤디와 마이크는 몇 번 더 같은 일을 반복했다. 핀란드에서 열린 토론에 패널로 참석해서는 게으른 노동자들에게 전기충격을 가하는 거대한 남근 모양의 물건을 보여주기도 했다. 하지만 폴란드인과 시리아인, 사실상 성공적인 모든 엔터테이너들처럼, 두 사람 역시 코미디를 점점 더 대담하게 만들고 싶었다. 그래서 어느 오후 시드니의 한 모임에서는 연단에 올라 여전히 WTO 관계자인 척 행동하며, 이제는 WTO를 폐쇄해야 할 때가 왔다고 선언하기에 이르렀다.

기업의 불법 행위에 관한 무미건조한 통계를 한 시간 가량 늘어놓고서는 그토록 충격적인 선언을 한 것이다. WTO는 마침내 기업의 세계화가 작은 기업이 아닌 부유한 기업에게만 혜택을 준다는 사실을 깨달았다고 앤디가 말했다. 이처럼 WTO는 도움보다는 해악을 더 많이 끼치므로 곧 사라질 것이라고 했다. 그리고 무역규제기구Trade Regulation Organization로 재설립되어 소비자권리 보호와 기업책임 감시에 헌신하는 글로벌 기구가 될 것이라고 발표했다. 앤디와 마이크는 하루에 두 차례 뉴스 헤드라인에 등장했다. 한 번은 속아넘어간 기자들이 그들의 재담을 사실로 기사화했을 때고, 두 번째는 이것이 장난이었음이 밝혀졌을 때다. 이 사건으로 인해 전에는 WTO의 존재조차 몰랐던 사람들이 WTO에 관심을 갖게 되었고, 앤디와 마이크는 그들이 굴욕을 안기려 했던 얼굴 없는 글로벌 기업의 재벌들보다 훨씬 영리하고 매력적으로 보일 수 있었다. 이 모든 즉흥 코미디는 웹사이트 하나와 비행기표 몇 장으로 충분히 가능했다.

하지만 장난감 인형은   가능하다

어떤 사람들은 이 정도도 없이 근사한 장난을 성공시켰다. 러시아의 시베리아 지역은 토질은 비옥하지만 사람들은 가난한 곳으로 악명 높다. 그런데 이곳에서 아주 유머 넘치는 운동을 실천에 옮긴 활동가들이 있다. 2012년, 푸틴이 또다시 선거에서 이기면서 러시아의 작고 전능한 과두정치가 크렘린을 단단히 장악했을 때, 불법 선거 비디오 증거물에 고무된 시베리아 야당 지지자들은 바르나울 시 당국에 푸틴의 부정선거 항의를 위한 시위 허가를 신청했다. 당국은 거절했다. 법을 어겨 체포되는 위험은 원치 않았던 활동가들은 한 번 더 시위 허가 신청을 했지만 재차 거절당했다. 그런 식으로 몇 번 되풀이한 끝에 마침내 가장 이상주의적인 사람조차 바

2012년, 푸틴의 부정선거에 대한 항의 시위를 시 당국이 불허하자 활동가들은 장난감 인형 시위를 계획했다. 이에 정부는 '장난감을 비롯한 무생물의 시위도 법률위반'임을 공지하는 촌극을 연출했다.

르나울에서는 시위가 불가능하다는 것을 깨달았다.

하지만 장난감 인형들은 할 수 있었다.

몹시 추운 2월 어느 날, 활동가들은 시내 한복판에 아이들이 가장 좋아하는 장난감 인형을 가지고 모였다. 장난감과 과자를 결합한 인기 상품 '킨더 서프라이즈 에그'로 모은 작은 인형 100개,[3] 레고 인형 100개, 장난감 병정 20개, 봉제 동물 인형 15개, 모형 자동차 10개 등이었다. 장난감들은 모두 작은 팻말을 들고 있었다. 펭귄은 반反부패, 큰뿔사슴은 선거부정 비판 메시지를 들었다.

당연히 언론이 사진 촬영을 했고, 곧 러시아 전역에 이 유명한 장난감 시위가 알려졌다. 심지어는 작은 레고 혁명 마을을 바라보며 웃고 있는 경찰관 모습이 담긴 사진도 있었다. 누가 그들을 비난하겠는가. 재미있었다. 몇 주 만에 거대한 나라 곳곳에서 곰 인형과 액션 피겨와 봉제 동물 인형들이 손으로 쓴 작은 팻말을 들고 거리로 쏟아져나왔다.

이 미니어처 시위 확산에 용기를 얻은, 최초의 장난감 시위를 조직한 바르나울 활동가들은 다시 한번 레고와 킨더 서프라이즈 시위를 벌이고자 했지만, 그즈음엔 유머 감각이 부족한 러시아 당국이 불충한 장난감들에 질려 있었다. 크렘린의 지시를 받은 관료들은 이 유치한 시위를 완전히 종식시키기로 결정했다. 정부는 지역신문을 통해 무생물의 집회도 법률 위반으로 간주될 수 있음을 국민에게 공지했다.

"장난감, 특히 수입 장난감은 러시아 시민이 아닐뿐더러 사람이 아님을 숙지해야 한다." 지역 공무원 안드레이 랴푸노프가 언론에 이야기했다. "시위 신청을 한 사람들은 장난감에 영감을 받고 (…) 그것을 친구로 여길지 모르나, 법의 관점은 다르다. 장난감이든 아니든 무생물, 예를 들어 깃발, 접시, 가정용품 등도 집회에 참여할 수 없다."

랴푸노프는 코미디언이 원하는 최고의 조연배우였다. 러시아 정부는 많은 시간과 노력을 들여 푸틴의 어떤 이미지를 시민들에게 투사하고자 했다. 모두 차르 블라디미르 푸틴의 우스꽝스러운 사진을 보았을 것이다. 웃통을 벗고 동물과 씨름하고, 잠수함을 타고 내려가거나 유도를 하는 강인한 영웅으로 찍힌 푸틴의 이미지들을. 어떻게 그 남자가 레고 모형과 사슴 인형에 위협을 받는단 말인가. 결국 푸틴은 자신을 조롱한 셈이 되었다.

웃음행동주의는 독재자의 정당성을 굳건히 해주는 두려움과 흉포한 이미지를 깨뜨릴 뿐 아니라, 당신의 운동에 '쿨한' 이미지를 입혀준다. 이집트의 모하메드 아델과 그의 친구들 역시 웃음행동주의 예술의 대가였다. 유머는 빠른 속도로 반反무바라크 전략의 핵심으로 자리잡았다. 사람들은 '외국의 어젠더' 따위는 신경쓰지 않는다는 듯 학교 노트북 PC를 들고 집회에 모여들었다(무바라크 정권은 저항 세력이 미국과 이스라엘의 지령['외국의 어젠더']을 받아 움직인다고 국민을 선동했다. 시리아의 독재정부도 같은 수법으로 국민을 선동했다―옮긴이). 그런 와중에 '튀니지'라는 서버에서 '자유'라는 파일이 복사되고 있는 마이크로소프트 윈도 설치화면 이미지가 등장해 인기를 끌었다. 그 이미지엔 문제를 알리는 에러 메시지 창

이집트에서 인기를 끈 마이크로소프트 화면 이미지. '튀니지'라는 서버에서 '자유'라는 파일이 복사되는 윈도 설치화면 이미지와 함께 '무바라크를 제거하고 다시 시도하시기 바랍니다'라는 에러 메시지 창이 떠 있다.

이 함께 떠 있는데, '무바라크를 제거하고 다시 시도하시기 바랍니다'라고 쓰여 있다. 멋진 유머였고, 나는 지금도 내 컴퓨터 바탕화면 배경으로 그 이미지를 쓰고 있다. 모하메드와 그의 친구들은 타흐리르 광장으로 나오는 일을, 적극적인 정치 참여로 **보이는** 일을, 쿨한 행동으로 만들어갔다. 그리하여 매일 점점 더 많은 사람이 시위에 참여했는데, 단지 무바라크를 축출하기 위해서만이 아니라 전국적으로 전개되고 있는 재미있는 대격변의 일부가 되고 싶었기 때문이다.

모하메드 아델과 그의 용감한 친구들은 일반 시민에게 유머가 저비용 진입점을 제공한다는 사실을 잘 이해하고 있었다. 이집트 혁명의 시기, TV에서 진지한 표정의 정치평론가들은 "시민들은 결국 타흐리르 광장으로 나오는 일에 지칠 것이고, 운동도 흐지부지될 것"이라며 말도 안 되는 헛소리를 주장했다. 그들은 게임을 이해하지 못하고 있었다. 당신이 20대라면, 도시에서 가장 근사한 파티를 놓치고 싶겠는가.

독재자를 무너뜨리는 법

혁명은 진지한 일이다. 사회와 국가를 뒤흔들고, 정치경제 시스템에 구조적 변화를 가져오며, 수많은 사람의 삶에 영향을 끼친다. 그렇기 때문에 아주 오랫동안 매우 진지한 사람들의 손에만 혁명을 맡겼던 것인지도 모른다. 레닌, 마오쩌둥, 카스트로, 체 게바라 같은 이전 혁명가들의 음침한 얼굴을 떠올려보라. 이들이 웃거나 정말 즐거워하는 모습이 담긴 사진을 세 장 넘게 찾아낸다면 내가 쿠키를 보내주겠다. 그러나 지난 몇십 년 새 일어난 시위를 빨리 확인해보면 새로운 행동주의가 작동중이라는 걸 알 수 있다. 정치적 유머는 정치만큼이나 오래됐으며, 풍자와 농담 역시 오랜 세월 권력의 진실을 말하는 데 활용되었다. 그러나 현대의 웃음행동주의는 유머를 새로운 수준으로 끌어올렸다. 웃음과 재미는 운동전략에 있어서 더이상 주변 요소가 아니다. 많은 경우 웃음과 재미가 곧 전략**이다.** 오늘날 비폭력 활동가들은 전 세계의 시위 전술이 분노와 증오에서 재미에 뿌리를 둔 더욱 강력한 형태의 행동주의로 옮겨가도록 이끌고 있다. 그리고 놀랍게도 이 모든 것들은 독재자들이 더 가혹하게 탄압할수록 더 효과적이다.

6장

탄압에 역풍

불러일으키기

배우 조지 클루니가 대부분의 시간을 공항과 비행기에서 보내는 사업가로 나온 영화를 기억하는가. 지저분한 운동화를 손에 들고 보안검색대를 지나는 내 모습은 조지 클루니처럼 멋지지는 않겠지만, 매년 160만 킬로미터가 넘는 거리를 여행하고 있으니 나도 기본적으로 인생을 길에서 보내고 있는 셈이다. 실제로 아내 마샤는 나에게 당신은 베오그라드에 사는 척할 뿐이지 진짜 집은 프랑크푸르트 공항 루프트한자 라운지라고 말하기도 한다. 그런 식으로 오랜 시간을 살았고, 이젠 세계 주요 공항 중 어디의 피자가 제일 맛있는지, 낮잠 자기에 가장 편안한 의자가 어디에 있는지, 어디 화장실이 가장 좋은지 줄줄 꿰고 있다. 그 이상도 알려줄 수 있다. 공항은 한 사회의 완벽한 축소판이어서, 어느 정도 면밀히 살펴보면 그 공항을 건설한 나라의 문화에 대해 많은 것을 알 수 있다. 이를테면, 미국 공항은 절대적으로 보안 문제에 집착하고 있고, 그래서 터미널로 가기까지 통과해야 할 우스꽝스러운 스크린 관문이 대단히 많다. 또한 매우 가족중심적이며 장애인에 대한 배려가 세심하기 때문에, 공항에 키 낮은 식수대며 기저귀 가는 곳, 휠체어를 위한 램프 등이 많이 설치돼 있다. 흡연자가 많은 유럽은 '공항 내 금연'이라는 법규를 우회할 수 있도록 게이트 하나 걸러 유리 부스로 된 흡연실을 설치해, 승객들이 비행기에서 내리자마자 담배를 피울 수 있게 해놓았다. 이탈리아에서는 비행기가 터미널에 도착하자마자 수하물이 분실되는데 마치 이탈리아 조직 체계의 전설적인 허술함을 전시하는 듯하다.

동남아시아의 많은 공항에서는 그들이 서구인들보다 더 영적인 존재임을 느낄 수 있다. 공항 직원들은 승려들에게 공손히 대하려고 많은 노력을 기울인다. 예를 들어, 태국으로 비행할 때면 노약자, 장애인과 더불어 승려도 우선순위임을 알리는 안내판을 보게 될 것이다. 심지어 승려 전용 출국 라운지가 있어서 세속적인 여행객들과 분리된다. 캄보디아에서 줄을 서노라면, 오렌지색 승복을 입은 더없이 행복해 보이는 청년이 쌩하니 당신을 앞질러 가고, 다른 모든 이들이 고개를 숙이며 공경을 표하는 광경도 볼 수 있다. 근사해 보이기도 하고 짜증이 나기도 하는, 근본적인 불교 사회에서 승려의 지위가 얼마나 높은지 보여주는 장면이다. 미얀마도 예외가 아니다. 짙은 사프란색(황색) 승복을 입은 승려 50만 명은 국가가 가장 사랑하는 아들들로, 사람들의 경외부터 경제적 지원까지 모든 것을 누린다. 그들은 또한 일반적인 정치적 사건의 싸움판

독재자를 무너뜨리는 법

을 초월해 있는데, 미얀마에서는 모두들 선망하는 자리다. 미얀마는 1962년 이후 군부독재 아래에서 신음하고 있으며, 미얀마인들은 군부의 속박에서 벗어나기 위해 계속 노력해왔으나 성공하지 못했다.

1990년 선거가 열렸고, 민주 진영의 아웅 산 수치가 대승을 거두었다. 당연히 군부정권은 선거 결과를 무효화하고 민주화 운동을 탄압했다. 그들은 다시 모든 사람을 정치적 냉동실에 가두었고, 20년 가까이 거의 아무 일도 일어나지 않았다. 그러다 2007년 가혹한 경제제재 조치가 수없이 가해지자 사람들이 거리로 나섰다. 그중에 아신 코비다가 있었다.

당신이 만일 파티에서 코비다를 만났다면, 그의 이름이 미얀마인들이 승려를 부르는 명칭임을 미처 몰랐다 하더라도 그가 성스러운 인물이라고 느꼈을 것이다. 코비다는 키가 작고 아주 조곤조곤 말을 해서, 몸을 기울여야 말소리가 들릴 정도다. 그러나 2007년 정부 보조금이 폐지되고 유가가 치솟자 이 점잖은 사람도 더이상 군부를 참을 수 없다고 생각했다. 군부는 하야해야 했다. 그리고 다른 호빗들과 마찬가지로, 코비다는 책임감을 가지고 선두에서 싸움을 이끌었다.

다행히 코비다는 영감을 얻었다.[1] 〈독재자 무너뜨리기〉 그러니까 오트포르!의 성공담이 담긴 DVD 한 장이 미얀마로 흘러들어가 번역되어 당시 코비다가 머물던 외딴 불교사원으로 보내졌다. 다큐멘터리를 본 코비다는 영감을 얻었다. 스크린 속 남녀는 그처럼 경건하고 순수한 이들은 절대로 아니었지만, 젊고 투지가 넘치는

데다 무엇보다 코비다가 조국에서 하려는 일을 성공시켰다. 그 역시 독재정부를 무너뜨리길 원했다. 그래서 그는 혁명을 위해 자신의 승복을 파는 극단적인 수단까지 동원해 자금을 마련했고, 그 돈으로 전단을 만들어 각계각층의 시위 참가를 촉구했다.

시위는 2007년 9월 19일에 일어났다. 동료 승려 약 400명이 코비다와 함께했다. 미얀마도 북한만큼이나 집회의 자유가 없었지만, 군대도 승려에게는 감히 폭력을 휘두르지 못하리라 생각했던 것이다. 어쨌든 이들은 그저 평범한 정치적 문제아들이 아닌 승려였다. 이 나라 최고의 도덕적 권위자인 승려에게는 군부 독재자라 해도 탄압하는 데 한계가 있을 수밖에 없을 것이라 판단했다.

그러나 그 판단은 틀렸다.

코비다와 지지자들이 등장하자마자 군은 곧 발포했다. 수십 명이 사망했다. 대규모 체포가 이루어졌고, 수천 명의 승려가 60년 혹은 그 이상의 징역형을 선고받았으며, 노역형에 처해지기도 했다. 군부정권이 몇십 년 만에 취한 가장 냉혹한 조치였다. 그러나 도를 넘은 조치이기도 했다. 승려에 반하는 행동을 함으로써 군 장성들은 독재자들이 언제나 너무 뒤늦게 깨우치는 쓰라린 교훈, 즉 탄압 뒤에는 머지않아 늘 역풍이 불어오기 마련이란 사실을 배우게 되었다. 승려에 대한 폭력 행위에 분노한 미얀마인들이 일명 '사프란 혁명'을 시작했다. 그 격변 직후인 지금, 미얀마는 민주주의를 향해 전진중이고, 가택연금을 당했던 반체제 지도자 아웅 산 수치 여사는 현재 미얀마 의회에서 가장 중요한 인물이 되었으며, 이 모든 일을 시작한 승려 코비다는 여전히 조국의 민주 개혁을 위해 활발히 활동하고 있다.

　정권이 승려들을 그토록 가혹하게 탄압한 것은 어떤 의미로 혁명가들에게는 역전의 기회였다. 정부의 포악함과 어리석음 때문에, 예전 같으면 군부에 반기를 들 생각조차 못했던 평범한 미얀마인들이, 그냥 이대로 아무것도 하지 않으며 가만히 있을 수는 없다고 공감하게 된 것이다. 멍청한 군부 독재자들이 몰락을 자초한 셈이다. 이는 흔한 실수이며, 그래서 탄압에 대한 역풍을 불러일으키는 일은 활동가들이 해낼 수 있고, 또 반드시 습득해야 할 기술이다. 때로는 이것만으로도 성패를 가를 수 있다.

상대의 강점을　　　　　　　역으로 활용하기

탄압에 역풍 불러일으키기는 하나의 기술, 즉 일종의 주짓수 기술 같은 것으로, 상대의 가장 큰 강점이 그들 자신에게 오히려 불리하게 작용하도록 만드는 것이다. 하지만 그전에 반드시 탄압이 어떻게 작동하는지 정확하게 이해해야 한다. 우선 탄압이 상대의 검은 마음속 깊이 곪아온 악의 우물에서 부글부글 올라오는 사악한 기운이 아니라는 것을 깨닫는 게 중요하다. 탄압은 언제나 계산된 결정에서 나온다. 독재자부터 초등학교 교장에 이르기까지 어디에서나, 권력자의 탄압은 두 가지 즉각적인 효과를 불러온다. 탄압은 불복종을 벌주고 그럼으로써 잠재적 말썽꾼들에게 메시지를 전달하여 장차 생겨날 문제를 방지한다. 지금껏 이야기해온 것처럼 모든 탄압이 효과적이려면 두려움을 이용해야 한다. 처벌에 대한 두려움, 정학에 대한 두려움, 강제노동수용소로 보내지는 것에 대한 두려움, 망신에 대한 두려움, 그 무엇에 대한 두려움.

그러나 궁극적으로 모든 두려움은 그저 당신을 움츠러들게 만드려는 것이 아니다. 독재자는 유령의 집을 운영하는 데 관심이 없다. 대신 그는 당신의 복종을 원한다. 근본적으로, 복종을 하느냐 마느냐는 늘 당신의 선택이다. 마피아 영화 같은 악몽에서 깨어났다고 가정해보자. 그 악몽에서 어떤 미친놈들이 강제로 당신에게 고랑을 파게 한다. 머리에 총을 겨누며 삽질을 하지 않으면 죽이겠다고 한다. 그들에겐 확실히 당신을 겁에 질리게 할 권력이 있고, 관자놀이에 총을 겨눈 사람에게 반항하기란 물론 쉽지 않다. 그러나 정말 누군가가 당신이 뭔가를 억지로 하게 만들 수 있는가. 아니다. 고랑을 팔지 말지는 당신이 정할 수 있다. 당신에게는 싫다고 거부할 완전한 자유가 있다. 분명 가혹한 벌을 받겠지만 여전히 거부할 선택의 여지는 있는 것이다. 당신이 삽을 들지 않겠다고 전면적인 거부의사를 밝히면 그들은 당신을 쏴 죽일 것이고, 그러면 당신은 고랑을 파지 못하게 될 것이다. 그러므로 탄압과 두려움은 당신의 의지에 반해서 당신에게 무언가를 강제하는 게 아니라(그건 불가능하다), 당신을 복종하게 만드는 게 핵심이다. 그렇게 당신을 장악하는 것이다.

이러한 통찰은 비폭력 운동의 대부 진 샤프에게서 얻은 것임을 밝힌다. 샤프는 독재자들이 성공한 이유가 사람들이 복종했기 때문임을, 또한 사람들이 복종하는 데는 많은 이유가 있지만 가장 큰 이유는 두려움임을 깨달았다. 따라서 정권에 대한 순응을 멈추게 하려면 사람들이 더이상 권력을 두려워하지 않도록 만들어야 한다. 독재국가든 민주국가든 어떤 사회이든, 가장 무서운 것은 거대한 미지未知다. 그렇기에 어린아이들이 어둠을 두려워하고, 평범한 시민들이 처음으로 암 전문의를 만날 때 겁을 내는 것이다. 그러나 우리가 세르비아에서 배웠듯이, 미지에 대한 두려움을 극복할 가장 좋은 방법은 지식이다. 오트포르! 초기, 경찰이 우리에게 휘둘렀던 가장 효과적인 도구는 체포에 대한 위협이었다. 내가 **체포**가 아니라 체포에 대한 **위협**이라고 말했음에 주목하시길. 위협은 체포 자체보다 훨씬 효과적이다. 우리는 밀로셰비치 경찰에게 실제로 체포되기 전까지는 감옥이 어떤 곳인지 몰랐기 때문에 체포되는 것을 두려워했다. 사람들은 보통 모르는 것을 두려워하기 때문이다. 우리는 밀로셰비치의 감옥을 〈스타워즈〉에 나오는 살락의 아가리 못지않은 세르비아판 최악의 지옥으로 상상했다. 그러나 세르비아에서 민주화 운동의 열기가 뜨거워지자 우리 중 다수가 실제로 체포되었고, 감옥에서 돌아와 그곳에 대한 모든 이야기를 들려주었다. 우리는 체포와 감옥에 대해 낱낱이 알게 되었고, 감옥에서 일어난 모든 일을 하나하나 글로 적어 다른 활동가들과 공유했다. 우리 중 상당수가 독재자의 꼭두각시 손에 넘겨질 것임을 알았기에, 체포될 사람들이 자신들에게 일어날 수 있는 일의 모든 단계를 알기 바랐다.

맨 처음, 수갑이 채워질 것이다. 한쪽 수갑을 다른 쪽 수갑보다 더 꽉 조이기 때문에 한쪽 손목이 곧 끊어질 것 같을 것이다. 그러

탄압에 역풍 불러일으키기

고 나면 남성은 폭력배와 사방에 토사물을 쏟아내는 음주운전자들이 있는 작은 감방에 갇히는 경우가 많다. 여성은 폐쇄된 공간에서 성매매 여성들과 몇 시간 지내게 된다. 어디서든 토사물과 오줌 냄새가 날 것이다. 벨트를 빼앗기기 때문에 바지가 흘러내려 망신도 당할 것이다. 신발끈도 빼앗겨서 신발이 헐거워지고, 걸음도 불편하고 어색해질 것이다. 그러고 나서 지문을 채취당한 후 취조실로 들어가고, TV드라마에서 봤던 것처럼 좋은 경찰과 나쁜 경찰이 등장한다. 좋은 경찰 역을 맡은 사람이 처음에 커피와 담배를 주고, 나쁜 경찰 역을 맡은 사람이 고함을 지르고 탁자를 내리친다. 그리고 둘 다 정확하게 똑같은 질문을 한다. 오트포르!의 지도자가 누구냐, 오트포르!는 어떤 식으로 조직돼 있느냐, 오트포르!의 자금줄은 어디서 오느냐. 우리는 사람들에게 이렇게 답하라고 말했다. '오트포르!는 지도자 없는 운동이다' '오트포르!는 동네마다 조직돼 있다' '오트포르! 자금은 해외의 세르비아인과 자유롭게 살고자 하는 평범한 사람들에게서 온다'. 탁자 내려치기가 시작되면 이 세 가지 답변만 기억하면 된다. 모든 것이 고등학교 때 하던 연극과 비슷해서, 늘 같은 패턴이기 마련이다.

우리는 이러한 체포 대비 요령을 '플랜 B'라고 불렀고, 이것은 기적 같은 효과를 거두었다. 곧 우리 친구와 지인들은 감옥에 대해 소리 죽여 말하는 대신, 경멸적으로 심지어는 익살스럽게 이야기하게 되었다. 어떤 일이 일어날지 정확히 알았기에 가능한 일이었다. 감옥에 들어가는 일은 물론 여전히 겁났지만, 우리가 경험하고 이를 서로 공유하기 전 상상했던 어둠에 비한다면 덜 무서웠다.

독재자를 무너뜨리는 법

우리는 또 서로를 보호했다. 경찰이 우리 중 누군가를 체포할 때를 대비해 우리는 서명을 비롯해 모든 것이 갖춰진 법률 서류를 준비해뒀고, 우리의 대의에 공감하는 변호사들에게 위임장도 맡겼다. 거기다가 전화연락망도 만들어, 누군가가 체포되면 다른 사람이 부모, 친구, 지인에게 알리게끔 조치했다. 물론 활동가 이름과 감옥 주소만 비워둔 채 준비해둔 언론용 보도자료도 책상 위에 상비해두어, 안 좋은 일이 생기면 즉시 빈칸을 채워 언론에 배포할 수 있었다.

플랜 B는, 독재자의 억압 수단을 무디게 하면서 두려움이란 물결의 방향을 바꿀 수 있었기 때문에 기적적인 결과로 이어졌다. 플랜 B로 밀로셰비치가 우리에게 저지를 행동을 제어할 수 없다는 사실은 우리도 당연히 알았다. 어느 지점에선가 피해자가 생길 것도 예감하고 있었다. 직장을 잃는 사람도 있을 것이고, 장기 복역을 하는 사람도 생길 것이며, 심지어 고문당하고 죽는 사람도 나올 것이다. 그러나 우리는 이에 대해 어떤 경우든 합당한 인간적 관심을 기울인다는 대처 방안을 택했다. 오트포르! 참여자들은 우리 한 사람 한 사람 모두가 가족이 있는, 책임감 있는 개인임을 늘 잊지 않았다. 우리는 미군들처럼 "누구도 버리지 않는다"고 맹세했고, 최악을 견딜 수 있도록 자신을 훈련했다. 곧 사람들은 엄청난 위험을 기꺼이 감수하기 시작했다. 밀로셰비치의 부하들이 수갑을 채우는 순간, 자신을 석방시키기 위해 오트포르! 전체가 뒤에서 움직일 것임을 잘 알았기 때문이다.

플랜 B는 미지에 대한 공포도 없앴다. 체포된다는 것은 곧 특별

탄압에 역풍 불러일으키기

클럽에 가입한다는 의미이며, 경찰력의 무게를 온전히 혼자서 감당하지 않아도 된다는 뜻이었다. 일단 두려움에서 벗어나 조직화가 이루어지자, 경찰도 우리를 더 심하게 탄압하면 할수록 상황이 더 나빠진다는 것을 깨달았다. 그들의 탄압이 역풍을 맞은 것이다.

경찰의 관점에서 상황을 바라보자. 당신이 세르비아에 있다. 당신은 경찰관이다. 당신은 국민을 보호하고, 나라에 봉사하고, 나쁜 놈들을 잡기 위해 경찰이 되었다. 그런데 지금 막 오트포르!라는 조직의 젊은 학생 열 명을 취조하라는 지시를 받았다. 학생들의 모임은 대부분 웃음과 농담으로 가득했고, 공개적으로 인정하면 징계를 받겠지만 몇몇 장난은 사실 재미있었다. 어쩌면 이 학생에게서 젊은 시절 당신의 모습을 떠올릴지도 모른다. 그러나 이것은 직장에서 맡은 업무고, 감정 같은 것은 다른 사적인 물건들과 함께 사물함에 넣어두어야 한다. 당신은 건네받은 질문을 학생들에게 던지고, 학생들은 전에도 골백번은 들었던 완전히 쓸모없는 답변을 한다. 창문 너머 경찰서 앞에 모인 50여 명의 사람들이 팝송을 부르며 당신이 취조중인 학생들의 이름을 외치는 소리가 들려오고, 그들이 지나는 경찰관들에게 꽃과 쿠키를 나눠주는 모습도 보인다. 체포된 학생들의 부모들과 변호사 역시 경찰서 건물 복도에 가득 모여 북적이고, 시민들이 경찰서에 전화를 걸어와 전화선이 죄다 불통이라 동료 경찰들은 진짜 범죄 수사에 집중하기 힘들다. 거의 3초마다(그렇게 느껴진다) 은퇴한 점잖은 노인들이(어쩌면 아파트 같은 층에 사는 이웃일지도 모른다) 부드럽게 묻는다. "왜 착한 우리 손자들을 때리는 거요?" 이쯤 되면 체포 이후 누가 포위당한

독재자를 무너뜨리는 법

것인지 헷갈린다. 오트포르!인가 경찰인가.

　이제 체포된 사람들이 마침내 풀려난 장면을 상상해보자. 거리로 걸어나온 학생들은, 그들을 사랑하는 팬들이 목청껏 외치는 환영인사를 받는다. 사람들은 소리를 지르고 휘파람을 불고 박수를 친다. 우리는 이를 록스타 환영 전술이라 불렀는데, 멋진 효과를 불러일으켰다. 얼마 지나지 않아 체포를 당하면, 비록 당신이 창백하고 여드름투성이의 범생이일지라도 아주 섹시해 보이게 되었다. 밀로셰비치의 영리한 내부 세력들은 일이 어떻게 돌아가는지 파악했다. 2000년 5월, 탄압은 정권에 더 불리하게 작용할 뿐이며, 한 사람을 체포할 때마다 20명이 운동에 참여한다는 내용의 보고서를 세르비아 비밀경찰 우두머리가 제출했다는 루머가 들려왔다. 그러나 독재자는 보고서에 귀기울이지 않았다. 밀로셰비치와 머리에 꽃을 꽂은 그의 아내는 더 광범위한 체포를 지시했다. 바로 오트포르!가 원하던 바였다.

　체포당하는 게 사교생활에 도움이 되는 아주 멋진 일이 되었기에, 오트포르!는 이 노다지 마케팅을 현금화하기로 했다. 우리는 오트포르! 주먹이 인쇄된 세 가지 색 티셔츠를 만들었다. 세 가지 색은 그 옷을 입은 사람이 몇 번 체포되었는지 알려주는 표식이었다. 몇 주 만에 하얀 원 안에 주먹이 그려진 검은 티셔츠가 베오그라드에서 가장 핫한, 아베크롬비나 프라다보다 더 쿨한 패션 아이템이 되었다(1990년대의 일이다). 검은 티셔츠는 열 번 이상 체포된 사람임을 뜻했다.

　이 모든 게 오트포르! 운동의 엄청난 동력으로 작용했지만, 여

탄압에 역풍 불러일으키기

전히 우리는 목적지의 절반을 왔을 뿐이었다. 우리는 두려움과 탄압이 무엇인지 그 본질을 이해했고, 압제의 원리를 이해하는 데 필요한 모든 것을 깨달았다. 탄압을 미약하고 받아들일 수 있을 만한 위험으로, 그저 운동의 일부분으로 보이게 만드는 일에도 성공했다. 이젠 그 탄압을 극복하고 이겨낼 전략을 개발해야 했다. 이는 훨씬 성공하기 어려운 일이었고, 수보티차만큼 이 일을 아름답게 이뤄낸 지역도 없을 것이다.

완벽한 미치광이를 처리하는 방법

세르비아 북부의 수보티차는 헝가리 국경에서 멀지 않은 곳에 위치한 중소도시다. 인구가 수십만 명에 달하지만, '작은 토요일'이라는 도시 이름이 아주 잘 어울리는 곳이었다. 수보티차는 산업도시로 사람들은 열심히 일하면서도, 세르비아 여타 지역의 사람들보다 열심히 교회에 다녔고, 화려하고 잘 보존된 건물들에 자리한 극장, 학교, 도서관에서 여가의 대부분을 보냈다. 내가 만약 끊임없이 들려오는 뉴스와 술집과 사람과 록 콘서트와 오트포르! 활동에 열광하지 않았다면, 이런 곳에서 살고 싶어했을 것이다. 그런데 밀로셰비치의 지배가 절정에 이르던 시기, 수보티차에서 막강한 권력을 휘두르던 경찰관이 있었다. 그를 이반이라고 부르자.

〈로보캅〉을 봤다면 이반이 어떤 모습인지 대강 짐작될 것이다. 영화를 보지 않았다면 190센티미터 키, 기름칠이 잘된 강철 같은 피부, 너무 무서워서 강아지도 깨갱거리며 도망갈 것 같은 낮은 목소리의 남자를 상상하면 된다. 그는 기분이 괜찮은 날에도 사디스트 같았고 기분이 나쁜 날에는 대놓고 사이코패스 같았다. 오트포르! 사람들끼리 모여 경험담을 나누다보면 최악의 이야기는 항상 수보티차 출신에게서 나온다. 이반이 순전히 재미삼아 누군가의 손목을 구둣발로 으깼다든가, 젊은 여성을 너무 세게 때리는 바람에 그녀가 마치 만화 속 인물처럼 그 자리에서 한 바퀴 빙그르르한 다음 충격과 고통 속에 쓰러졌다든가 하는 식의 이야기들이었다. 그리고 오트포르! 반독재 시위가 점점 거세지며 열기를 더해가자 수보티차의 동료들은 매우 심각한 질문에 맞닥뜨리게 되었다. 이반 같은 인간을 어떻게 처리해야 할 것인가.

얼핏 보기에 그들의 전망은 암울했다. 이반에 대한 지식도 두려움을 소멸시키는 데 거의 도움이 되지 않았다. 그만큼 그는 끔찍한 인간이었다. 그리고 이반은 온갖 권력 수단을 휘두르고 있었다. 그는 거대하고 강한 사람일 뿐 아니라 짐승이었지만, 그에겐 경찰관 배지가 있었고, 수보티차 같은 소도시에서는 그 배지가 있다는 것만으로도 제멋대로 행동할 수 있었다. 그나마 독립언론이 있는 베오그라드에서는 언론이 우리를 영웅으로 만들어주기라도 했지만, 멀리 떨어진 그곳은 벽촌이나 다름없었다. 게다가 헝가리인과 크로아티아인이 섞여 사는 곳이어서, 위협적인 세르비아인 이반은 민족주의적 열정으로 목표물을 공격하곤 했다. 그는 완전한 공포 자체였다. 당연히 이반은 도시에 사는 거의 모든 사람에게 엄청난 두려움을 주입시켰고, 상관들의 총애를 받았다. 이런 종류의

탄압에 역풍 불러일으키기

사람은 대중 통제에 결정적인 역할을 하기 마련이다. 이반에게 잡혔던 이들을 위해 감옥 밖에서 파티를 여는 전술을 수보티차에서 시도했다면, 비폭력 활동가들은 미치광이의 주먹에 나가떨어졌을 것이다. 이 사람을 처치할 방법이 없었다. 그때 누군가가 그 미용실을 언급했다.

초라하고 작은 동네에 위치한 초라하고 작은 미용실로, 동네 사람들이나 가는 어두침침한 곳이었다. 그러나 이곳은 주민들조차 미용기술이 형편없는 미용사에게 머리를 맡기기보다는, 친구나 이웃들과 만나 수다를 떠는 곳이었다. 그러던 어느 날 아침, 가게 앞을 지나던 사람들은 거의 닦지도 않은 창문에 손글씨 안내문이 붙어 있는 것을 봤다. 이반의 사진이 붙어 있고, 평소 같은 위협적인 모습 아래에 짧지만 분명한 메시지가 쓰여 있었다. '이 사람은 불한당이다.' 곧 이반의 흉한 사진이 담긴 포스터들이 나른한 작은 도시 수보티차의 사방에 나붙었다. 포스터에는 또 이렇게 쓰여 있었다. '이자에게 전화를 걸어 **왜 우리 아이들을 때리는지** 물어보라.' 그리고 그 아래에 그의 직통 전화번호가 적혀 있었다.

이제 이반은 불한당보다 더 나쁜 인간이 되었고, 사람들은 그에게 온갖 욕설을 해댔다. 하지만 포스터를 붙인 활동가들은 이반의 권력에 도전하지도, 그가 저지른 불법적 폭력에 의문을 제기하지도, 오트포르!에 대해 언급하지도 않았다. 사람들이 오트포르!에 동의할 수도 하지 않을 수도 있겠지만, 그건 쟁점이 아니었다. 활동가들은 훨씬 더 근본적인 것에 관심이 있었다. 포스터가 처음 나붙었던 미용실은 이반의 아내가 머리를 자르고 드라이를 하러 오는 곳이었다. 미용실에 들어서다 포스터를 본 그녀는 분노와 수치심으로 얼굴이 일그러졌고, 그녀의 즐거운 일상은 엉망이 되었을 것이다. 집으로 돌아간 그녀는 남편에게 무슨 일인지 물었을 것이다.

이반은 우리를 마음껏 구타할 수 있었다. 하지만 이웃과 아내의 친구들이 혀 차는 소리에는 속수무책이었다. 그들은 우리 같은 펑크 반항아가 아니라 그의 사람들이었다. 이반은 그들이 자신을 좋아하기를 진심으로 바랐다. 포스터가 붙기 전 이반에게 악감정을 갖고 있던 이들은, 그것이 자신만의 개인적인 감정이며 다른 수보티차 사람들은 이 경찰관을 공동체의 기둥으로 여긴다고 생각했다. 그러나 포스터 시위가 일자 사람들은 모두가 마음 깊은 곳에 품었던 말을, 두려움 때문에 차마 꺼내지 못했던 것임을 알게 되었다. 이반은 불한당이었다. 그리고 공동체 생활에서 다른 사람의 아이를 패는 불한당은 사회적으로 따돌림을 받게 마련이었다.

상황은 갈수록 이반에게 불리해졌다. 다음날 아침 이반의 아이들은 등교해서 나무마다 붙어 있는 아버지의 얼굴을 보았다. 그날 아이들은 친구들에게 놀림과 조롱을 받았다. 머지 않아 다른 부모들이 자기 자녀를 이반의 아이들과 어울리지 못하게 했다. 이반의 가정에 긴장감이 돌았다. 술친구들이 동네 술집에서 그를 피한다는 소문이 돌았다. 이반은 마침내 자신의 잔혹함에 대한 대가를 치렀는데, 그 대가는 예상보다 훨씬 비쌌다. 그는 완전하게 사회에서 고립되었다. 이런 사회적 망신 주기가 운동으로 이어져 이반이 해직되고, 나아가 그가 자신의 방법에 착오가 있었음을 깨닫고 오트포르!의 일원이 되었다고 말할 수 있다면 참 좋겠지만, 그가 어떻게 되었는지는 모른다. 분명 이반은 계속 경찰직에 머물다 정상적으로 은퇴해 연금도 받게 될 것이다. 하지만 그건 그리 중요하지 않았다. 포스터 시위가 있고 몇 달 후 수보티차의 친구들이, 그가 더이상 예전과 같지 않다고 알려왔기 때문이다. 그는 여전히 시위대 체포를 위해 나타나지만 심드렁하게 시늉만 한다는 것이다. 손목 비틀기나 구둣발로 짓밟기 같은 행동도 더이상 하지 않았다. 그는 분명 탄압받은 사람은 **바로 자신**이라 생각할 것이다.

　망신 주기 포스터는 힘있는 적을 무력화시키는 하나의 전술에 불과하다. 우리는 최근 미국에서 일어난 오큐파이 운동에서 사회적 배척이 일어나는 모습을 확인할 수 있었다.[2] 경찰이나 다른 그누구도 위협하지 않았던 시위대에게 후추 스프레이를 뿌린 뉴욕시 경찰청 소속의 앤서니 볼로냐, 캘리포니아 대학 데이비스 캠퍼스 소속의 존 파이크 같은 경찰들이 대중의 비난을 받았다. 우리는 모두 소셜미디어 시대에 살고 있기에, 탄압에 역풍 불러일으키기는 수보티차의 이반이나 뉴욕의 앤서니 같은 이들과의 불운한 만남에 대한 대응일 뿐 아니라, 당신의 메시지를 담아내는 수단이자 적이 원치 않는 논쟁의 장으로 그들을 밀어넣는 핵심전략이다. 요점을 설명하기 위해 내가 가장 좋아하는 현대의 군주, 러시아의 푸틴 이야기를 먼저 하겠다.

　우리는 푸틴이 도발적인 록 밴드의 시위와 마주쳤을 때를 기억한다. 10여 명의 젊은 여성들로 꾸려진 이 밴드는 스키 마스크를 쓰고 자신들을 '푸시 라이엇(계집애들의 폭동)'이라는 아주 재미있는 이름으로 불렀다. 그들의 노래는 밴드 이름만큼이나 함축적이

독재자를 무너뜨리는 법

었다. 히트곡으로는 〈푸틴 오줌 쌌네〉〈성차별주의자를 죽여라〉 등이 있다. 영국 펑크 밴드 섹스 피스톨스처럼 푸시 라이엇도 요란하고 극적인 공연을 했는데, 섹스 피스톨스처럼 언론의 주목을 받기 위해서였다. 그들은 모스크바 한복판 러시아정교회에 난입해 즉흥적으로 퍼포먼스를 벌이며 〈펑크 기도―성모마리아여, 푸틴을 쫓아내소서〉를 불렀고, 이 퍼포먼스를 담은 영상이 인터넷에 공개되자 신앙심 깊은 러시아인들은 경악했다. 그러나 늘 영국 왕실을 짜증나게 했지만 왕실에서 전혀 내색을 하지 않는 바람에 퍼포먼스가 무위로 돌아가곤 했던 섹스 피스톨스와 달리, 푸시 라이엇은 축복받은 이들이었다. 앙심을 품은 푸틴과 상관의 환심을 사는 게 삶의 목적인 병적일 정도로 이기적인 관료들이 그들의 완벽한 배경이 되어주었다. 모든 걸 대수롭지 않게 넘기는 대신, 러시아 정부는 강력한 대규모 법적 기소를 진행했고, 2,800쪽에 이르는 고발장[3]과 몇 년간 유형지에 투옥한다는 형벌을 들고 나왔다.

2012년 2월의 탄압이 있기 전까지, 러시아의 활동가 그룹을 제외하고는 푸시 라이엇에 대해 들어본 사람은 거의 없었다. 하지만 그들의 체포 뉴스는 순식간에 전 세계로 퍼져나갔고, 푸틴이 탄압을 하면 할수록 푸시 라이엇은 더욱더 유명해졌다. 그때까지 체포되지 않은 밴드 멤버들은 푸틴을 조롱하는 다른 노래들을 녹음했고, 감옥에 갇힌 친구들의 형기는 더 길어졌다. 심지어 마돈나도 모스크바 콘서트에서 푸시 라이엇에게 안부를 전했다. 누가 상황을 주도하고 있는지는 분명해졌다. 푸틴 정권이 권력을 이용해 보복함으로써, 푸시 라이엇은 푸틴이 독재자이며 나아가 딱히 실질적인 능력도 없는 폭군임을 전 세계에 알리는 데 성공했다. 푸틴은 20대 젊은 여성들로 꾸려진, 그저 드세고 거친 언어를 과도하게 좋아하는 요란한 록 밴드 하나를 못 막아서 가장 기본적인 일에서도 실패하는 모양새가 됐다. 그는 달걀 하나 요리할 줄 모르는 요리사 같았다. 골동품 꽃병을 건지기 위해 잠수를 하거나 호랑이와 레슬링을 하기 위해 셔츠를 벗어던진 모습으로 사진 찍히기를 좋아하는 푸틴 같은 사람에게, 푸시 라이엇이란 이름의 젊은 여자애들의 조롱을 받는 것보다 더 모욕적인 일은 없었다.

권력을 휘두르면   값을 치른다

탄압에 역풍을 불러일으키고자 하는 활동가들은, 사람들이 언제 합리적인 한계에서 벗어나 권력을 휘두르게 되는지 파악해야 한다. 미국의 아름다운 캔자스 주에서 얼마 전 이런 사건이 있었다. 그곳의 평범한 고등학생들은 주도州都 토피카로 단체견학을 가서 주지사 샘 브라운백과 이야기를 나누게 되었다. 1980년대 공산국가에서 고등학교 시절을 보냈던 나는 미국인들처럼 표현의 자유를 누려보지 못했고, 학교 견학 때 가지고 놀 휴대전화도 없었다. 그러나 만일 내가 그날 에마 설리번과 같은 상황이었다면, 나 역시 에마와 똑같은 행동을 했을 것이다. 주지사의 정치에는 별 관심이 없었던 고3학생 에마는, 모임 동안 몰래 휴대전화로 트위터에 글을 올렸다. "지금 막 브라운백 주지사에게 못되게 말을 했어. 형편

없다고 말이야, 직접. #그는코를많이풀어." 그 글은 에마의 팔로워 65명에게 모두 전해졌다.

사실 에마는 면담시간 동안 아무 말도 하지 않았지만, 인터넷을 해본 사람이라면 다들 알듯이, 일단 웹상에 올라가면 사실 여부는 그다지 중요하지 않다. 주지사 사무실 직원은 자신의 트위터에 에마의 트윗이 올라온 것을 보고 모욕을 느꼈다. 그것이 사실이든 타이핑만 한 것이든 그런 것은 별로 중요치 않았다. 에마는 벌을 받아야 한다는 결정이 내려졌다. 브라운백의 참모들은 에마의 트윗에 대해 학교에 알렸고, 학교 당국 역시 10대의 무례함에 심기가 불편해졌다. 긴장된 분위기에서 열린 긴 회의 끝에 교장은 에마에게 벌을 내렸다. 에마는 주지사에게 사과문을 쓸 것.

그때까지 에마가 한 행동을 아는 사람은 주지사측 참모 몇 명, 학교 사람 몇 명, 그녀의 트위터를 실제로 읽은 팔로워들뿐이었다. 여러분은 에마가 잘못된 행동을 했다는 것에는 동의할 것이다. 어쨌든 견학수업 중에 휴대전화를 사용해선 안 되니까. 그러나 내 친구인 정치 전문가 윌 돕슨의 지적처럼 평범한 사람은 상황이 나쁘다고 곧장 바리케이드로 향하진 않는다. 평범한 시민이 어떤 쟁점에 대해 움직이려면, 그 일이 부당하거나 틀렸다고 생각해야 한다. 눈폭풍이 불어와 도시 전체가 폐쇄되는 일은 나쁘지만, 그렇다고 눈에 맞서 시위를 벌일 사람은 없다. 그러나 만일 다른 곳의 눈은 다 치워졌는데 어떤 동네의 어떤 거리만 눈이 그대로 남아 있다면, 그리고 그 이유가 단지 그곳 주민들이 시장에게 투표하지 않았다는 사실 때문이라면, 사람들은 부당하다고 생각할 것이

탄압에 역풍 불러일으키기

다. 10대 여고생이 현직 주지사, 그 직위가 부여하는 모든 권력과 영향력을 가진 사람에게 자신의 감정을 표현했다고 해서 사과 편지를 쓰라고 강요한 것은 잘못된 일 같았다.

에마의 이야기는 곧 전국에 뉴스로 퍼져나갔다. 며칠 만에 그녀는 CNN과 다른 주요 뉴스매체에도 등장했다. 어떤 뉴스 보도도 에마가 주지사가 형편없다고 말한 것에는 주목하지 않았다. 이슈는 그녀의 나쁜 행동이 아니었다. 그보다 사람들이 정말 불쾌하게 생각한 것은, 이 상황에서 어른의 처리 방식이 가혹했다는 사실이었다. 어른들의 권위 행사가 역효과를 불러일으킨 것이다. 어른들이 한 행동이 잘못됐기 때문이다. 어떻게 주지사와 학교가 어린 학생의 자유로운 의사표현을 벌할 수 있단 말인가. 학생은 헌법에서 보장한 표현의 권리를 행사한 것 아닌가. 브라운백과 교장에 대한 압력이 거세지자,[4] 결국 주지사는 참모들의 일처리 방식에 대해 사과했고, 학교 당국도 이 문제에 대한 논의를 철회했다. 그리고 오명을 씻은 에마는 일주일 만에 거의 7,000명 가까운 팔로워를 얻었다.

당신의 싸움이 학교 당국을 상대로 한 것이든 잔혹한 독재자를 상대로 한 것이든, 탄압에 역풍 불러일으키기는 고등학교 수학도 간신히 낙제를 면해서 식당에서 팁을 낼 때도 아내가 대신 계산해줘야 하는 나 같은 사람도 쉽게 할 수 있는 간단한 암산에 근거한다. 권력을 휘두르면 언젠가 대가를 치르게 된다는 것을 기억하라. 그리고 활동가로서 당신이 할 일은, 상대가 더이상 대가를 치를 수 없을 만큼 그 값을 높이 끌어올리는 것이다. 전지전능한 사람은 없다. 지상에서 가장 막강한 힘을 지닌 통치자라 해도 우리 모두가 필요로 하는 한정된 자원에 의존한다. 어쨌든 뭔가를 하려면, 가장 힘센 독재자도 인력과 시간, 돈이 필요한 법이다. 그 점을 고려하면 독재자들 역시 평범한 이들과 다를 바 없는 똑같은 사람이다.

아주 간단하고 추한 예를 하나 들자면, 바샤르 알아사드 정권이 시리아에서 행한 탄압, 즉 도시 전체를 파괴하는 일은 광적인 폭력적 충동 외에도 많은 돈을 필요로 한다. 누군가가 탱크와 비행기와 총탄과 병사들의 월급을 지급해야만 아사드의 군대가 자국민을 학살할 수 있는 것이다. 알아사드가 화학무기로 도시 하나를 폭격할 때마다 시리아 경제의 토대인 산업과 마을이 파괴돼 사라지기에 알아사드에게 탄압을 위해 필수불가결한 비용 문제는 더욱 심각해진다. 자국민 학살에 따른 도덕적 비용은 차치하더라도, 그는 조세 기반을 없애고 있다. 이는 암울한 셈법이다. 독재자가 세금을 납부하는 시민을 얼마나 더 죽여야, 정부에 돈을 대줄 국민이 남지 않게 되는지 계산하는 일은 전혀 재밌지 않다. 모든 독재자가 종국에는 깨닫게 되지만, 압제에는 치러야 할 대가가 따르는 법이다.

독재자의 탄압은 결국 순교자를 만들어내고, 운동은 쓰러지거나 투옥된 동료들을 시민 결집의 계기로 삼게 된다. 예를 들면, 2005년 몰디브에서 한 10대 청소년이 경찰 고문으로 숨지자 시민들이 분노했고, 제니퍼 라티프라는 활동가도 경찰을 규탄하는 대규모 시위에 참가한다. 파란 제복을 입은 경찰들은 당연히 불쾌해하면서 라티프와 다른 몇 사람을 체포했고, 그녀는 터무니없게도

탄압에 역풍 불러일으키기

테러리스트로 기소된다.[5] 몰디브 당국이 시위자들에게 강경하게 대응함으로써 다른 민주화 운동가들을 겁줄 수 있다고 판단했다면, 그것은 오산이었다.

몰디브 활동가들이 탄압에 대해 값비싼 대가를 치르게 하겠다고 결심했기 때문이다. 그들은 독재자의 취약점을 정면공격하기로 했다. 바로 독재자의 지갑이었다. 정권이 관광 수입에 의존하고 있음을 파악한 제니퍼 라티프의 동료들은, 여행업계와 손을 잡고 전 세계에 그녀의 이야기를 알렸다. 그 결과 여행 가이드북인 『론리 플래닛』 몰디브판에 라티프의 투옥 사실을 알리는 몇 문장이 들어갔다. 그뿐 아니라 출판사에서는 몰디브에서 독재자의 측근들이 소유 혹은 경영하고 있는 리조트를 파악해, '비리 명단'도 수록했다. 몰디브 정권의 돈줄인 서구 관광객들이, 반체제 인사들을 침묵시키려는 몰디브 경찰의 과격한 조치가 국고에 엄청난 손실로 이어질 수 있다는 메시지를 전달한 셈이었다. 마침내 효과가 나타났다. 2006년 라티프는 대통령 사면을 받았는데, 원칙에 따라 그녀는 이를 거부했다. 정권은 이 모든 일로 자신들이 엄청난 망신을 당했음을, 시위 탄압이 막대한 실수였음을 알게 되었다.

이집트의 칼리드 사이드 사례도 살펴볼 수 있다. 2010년, 알렉산드리아 출신의 평범한 청년 사이드가 주택 현관에서 뚜렷한 이유 없이 경찰에게 살해되었다. 몇 시간 후 충격에 빠진 가족이 시신을 인도받으려고 영안실로 갔을 때, 그들은 눈을 의심하지 않을 수 없었다. 사랑하는 칼리드 사이드가 눈앞에 숨이 끊긴 채 누워

독
재
자
를
무
너
뜨
리
는
법

있었지만, 가족들은 테이블 위의 아들을, 형제를 알아볼 수가 없었다. 경찰에게 지독하게 구타당해 시신은 퉁퉁 부어 검푸른 멍으로 덮인 붉은 살점 덩어리로만 보였다. 그 모습에 경악한 형이 휴대전화로 몰래 시신 사진을 찍었고, 가족은 사건에 대한 관심을 촉구하기 위해 인터넷에 그 사진을 올리기로 결정했다. 사진을 보고 충격받은 사람 중에 와엘 고님이 있었다. 구글 마케팅 이사인 고님은 그 사진으로 페이스북에 '우리는 모두 칼리드 사이드다'라는 페이지를 만들었다. 수십만 명의 이집트인들이 '좋아요'—좋아요, 라는 말이 정말이지 끔찍하게 쓰였다—를 눌렀고, 칼리드의 죽음으로 촉발된 분노는 모하메드 아델과 4·6청년운동이 이집트 혁명을 촉발시키는 데 하나의 발화점으로 작용했다.

경찰이 아무런 이유 없이 그를 살해했기 때문에 알렉산드리아의 평범한 청년[6]이었던 칼리드 사이드는 국민적 아이콘이 되었고, 대격변의 도화선 역할을 했다. 튀니지에서는 과일 노점상이던 모하메드 부아지지의 자살이 같은 결과를 초래했다. 경찰에게 모욕당한 그는 매일같이 견뎌야 했던 정부의 탄압과 그로 인한 고통에 항의하며 분신했다. 두 죽음에서 촉발된 결과는 다시 한번 독재자들에게, 그들이 저지른 범죄에 대한 청구서가 반드시 도착한다는 것을 증명했다.

내 말을 믿기 바란다. 나쁜 인간에게 반드시 죗값을 치르게 할 수 있다. 이란 정부가 2009년 테헤란 민주화 운동 집회에서 정권의 보안기관에게 살해된 젊은 여성 네다 아가솔탄에 대한 어떠한 발언도 하지 말 것을 지시하자, 많은 활동가가 순교한 동료의 이름

탄압에 역풍 불러일으키기

을 알릴 방법을 모색하기 시작했다. 그러나 상황은 민주화 운동 진영에 불리했다. 정부는 네다의 장례식을 비공개로 치르도록 강제했고, 친정권 군부는 테헤란 거리를 순찰하며 누구든 선을 넘으면 괴롭힐 태세였다. 이런 문제에 맞닥뜨리자 이란 활동가 몇이 내게 조언을 구했다. 상황에 대한 토론을 거친 끝에 우리는 이란 정부가 네다의 이름을 말하는 것은 쉽게 단속할 수 있지만, 그녀에 대한 노래를 못 부르게 하는 건 거의 불가능하다는 결론에 다다랐다.

이슬람 지역에서 네다라는 이름은 영어권에서의 수지나 메리처럼 상당히 흔했고, "사랑하는 네다, 눈이 아름다워" 또는 "네다가 미소지을 때 얼마나 사랑스러운지" 같은 아주 달콤한 페르시아어 가사가 담긴 대중가요나 민요도 많았다. 그들은 그저 이런 대중가요를 전화벨 소리로 제작해 퍼뜨리기만 하면 됐다. 그러면 누군가 카페에서 전화나 문자를 받을 때 주변에서 네다의 이름을 듣게 될 것이고, 그녀를 떠올리게 될 것이다. 여기에 이란 종교 지도자들이 무슨 조치를 취할 수 있겠는가. 물론 그들은 상징적인 노래 10여 곡을 금지할 수 있겠지만, 이 토끼굴을 더 파들어갈수록 노력에 대한 이점은 줄어들고 대중에게는 더 우스꽝스러운 몰골로 비칠 것이다.

탄압에 역풍을 불러일으키려면 권력을 지탱하는 기둥들 중 어느 것을 우리가 유리하게 이용할 수 있을지 알아야 한다. 아신 코비다의 시위에 가혹한 탄압을 행한 대가로, 미얀마 군부정권은 종교라는 결정적 지지 기둥을 잃는다. 코비다는 현명하게도 승려들이 궁극적으로 어떤 반대 세력도 이겨낼 것임을 확신했다. 비록 많은 승려가 죽고 체포되었지만, 승려들은 품위를 잃지 않고 군부의 탄압을 불굴의 투지로 견뎌냄으로써 신앙심 강한 국민의 공감을 얻었고, 군부가 무력하다는 것을 증명할 수 있었다. 세르비아에서 우리도 지방 의사들에게 아주 비슷한 확신을 가졌다. 부패한 사회주의 국민보건 시스템 때문에, 특히 지방 소도시 시민들은 지역 가정의에게 건강과 관련한 모든 문제를 의존하고 있었다. 현실적으로 정권은 그 의사들을 건드릴 수 없었다. 그런 곳에서 탄압에 대한 역풍을 불러일으키기 위해서는 소수의 의사들을 우리의 대의에 공감하도록 개종시키면 되었다. 경찰들은 한편으로는 명령에 따르고자 애썼지만, 다른 한편으로는 시민에게 사랑받는 의사들을 존경했다.

그런 변화가 우리나라에서도 일어날 수 있음을 믿기, 크게 꿈꾸고 작게 시작하기, 미래에 대한 비전 갖기, 웃음행동주의 실천하기, 탄압에 역풍 불러일으키기. 이 모든 것들이 성공적인 비폭력 운동의 토대를 이룬다. 그러나 모든 건물이 그렇듯 토대만으로는 충분치 않다. 견고한 구조물을 서서히, 신중하게 쌓아올리지 않으면 그대로 무너지기 십상이다. 건물을 결집해 지탱하려면 무엇보다도 모든 사람이 단결해 함께 움직여야만 한다.

7장

바보야,

문제는 단결이야!

여기까지 읽었다면 세계적으로 유명한 나의 세르비아식 유머 이상의 것에, 평범한 시민이 놀라운 일을 해내며 공동체와 나라와 세계를 변화시키는 일에 관심이 있는 사람일 것이다. 그렇기 때문에 이제 이어지는 장에서는 비폭력 운동의 **무엇**보다는 **어떻게**에, 어떤 운동에도 반드시 필요한 원칙들에 더 집중하려 한다.

이 장에서는 우선 벨라루스로 가보자. 이야기를 시작하기 가장 좋은 곳이다. 러시아 바로 옆에 위치한 이 아름다운 나라는, 어쩌다 베를린 장벽이 붕괴될 때를 지나치는 바람에 지금까지도 소비에트의 미몽에서 깨어나지 못하고 있다. 자, 이제 시간을 거슬러 2010년 벨라루스의 대통령 선거일 전날로 돌아가자. 1994년 이후 벨라루스는 부패한 폭군 알렉산드르 루카셴코의 지배 아래에 있었고, 그는 유럽의 마지막 독재자였다. 큰 키에 콧수염을 기른 루

173

바
보
야
,
문
제
는
단
결
이
야
!

카셴코에겐 많은 재능이 있었는데, 특히 하키와 크로스컨트리 스키, 그리고 고문을 즐겨 했다. 그는 독재자 교본의 모든 장을 독파한 사람이었다. 처음으로 선출되고 몇 년 만에 루카셴코는 의회를 해산했고, 비밀경찰 인력을 보강했으며, 심지어 스탈린에게 여전히 호의적인 사람이 많은 지역에서 압제로 간주되는 정권을 구축했다.

사랑했던 대통령의 변신에 신물난 벨라루스 국민은 저항을 시작했다. 2006년 수만 명의 시민이 청바지 혁명이라는 근사한 이름으로 집회와 시위를 전개했다. 벨라루스에서 청바지는 여전히 서구식 민주주의와 풍요를 상징했다. 그러나 독재자를 쓰러뜨리기 위한 고귀한 시도였음에도 실패로 끝났다. 루카셴코의 세력은 너무나 굳건했고, 운동은 체계가 전혀 없었다. 그리고 그해 선거에서 독재자는 다시 한번 압도적으로 승리했다. 하지만 저항 세력은 이에 굴하지 않았고, 2010년 선거가 다가오자 벨라루스의 민주화 운동가들은 국내외에서 그에게 압력을 가해 루카셴코가 형식적이라 해도 공정선거 비슷한 것을 실시할 수밖에 없도록 만들었다. 선거권을 가진 인구의 90퍼센트 이상이 투표장으로 향했고,[1] 대부분의 국민은 루카셴코의 패배가 임박했음을 확신했다.

그다음 무슨 일이 일어났는가.

만일 할리우드 영화였다면, 선거일 밤 수도 민스크에서는 이런 장면이 연출될 것이다. 어둡고 침울한 본부에서 독재자는 기운 빠진 모습으로 패배를 인정하고, 심복들은 국외로 탈출할 준비를 한다. 새롭게 선출된 민주정부가 그들에게 행할 범죄 수사를 피하려

독재자를 무너뜨리는 법

는 것이다. 도시의 다른 한곳에서는 새 대통령이 환호하는 지지자들과 함께 활기찬 연회장에 모여 있다. 똑똑하고 상식적이며 의욕을 고취하는 인물인 그는, 변화와 희망을 약속하는 고무적인 연설을 한다. 도시의 바마다 며칠 동안 행복한 시간이 이어진다. 국제신용지수가 치솟는다. CNN 앵커 앤더슨 쿠퍼가 평화로운 혁명 영웅들을 인터뷰하러 이곳으로 온다.

그러나 선거 당일 밤 민스크의 풍경은 전혀 달랐다. 오히려 몬티 파이선의 〈브라이언의 삶〉에 나오는 유명한 장면에 가까웠다. 고대 유대인 몇몇이 원형극장에 서로 말없이 앉아 있는데, 각기 분열된 정치 분파에 속했기 때문이다. 2010년 루카셴코에 대항했던 후보는 아홉 명이었다. 사회민주당, 기독교민주당, 현대연합, 연합시민당, 벨라루스 인민전선. 헷갈리는가? 벨라루스 국민들도 그랬다. 변호사, 시인, 경제학자 등이 포함된 야당 후보들은 모두 좋은 사람들이었지만, 선택지가 너무 많았다. 모두 적은 표를 얻는 데 그쳤다. 야당의 에너지 상당 부분은 공동의 적과 맞서 단결하는 일보다는, 사소한 차이를 두고 서로 싸우는 일에 소진되었다. 개표 집계가 다 끝났을 무렵 루카셴코는, 어느 정도 자유선거였던 대선에서 큰 승리를 거두었음을 자랑하고 있었다. 야당으로서는 상상하기도 싫은 최악의 결과였다.

바보야, 문제는 단결이야!

야권이 치르는   두 개의 전투

처음 보는 일이 아니었다. 우리가 오트포르!를 중심으로 단결하기 전, 밀로셰비치 지배에서 진행된 선거가 정확하게 이런 패턴을 따랐다. 연구자들은 이를 '원자화atomization'라고 부른다. 밀로셰비치는 상당수의 표를 얻었고, 몇천 표를 더 훔쳤으며, 그런 다음엔 분열된 야권이 자기네들끼리 싸우느라 뭐든 성취할 수 있는 기회를 허비하는 것을 기다리기만 하면 됐다. 다툼 속에서 야권은 결국 독재자를 위해 일한 셈이었다. 그래서 우리는 오트포르! 시작 초기부터 두 개의 전투를 동시에 치러야 했다. 하나는 독재 타도를 위한 싸움이었고, 다른 하나는 분열돼 다투는 야권을 하나의 우산 아래로 모으는 싸움이었다. 우리는 의도적으로 단결을 위한 투쟁을 밀로셰비치 반대 투쟁과 같은 냄비에 넣었고, 그것은 효과가 있었다.

그럼에도 단결은 까다로운 일이다. 성공적 비폭력 운동의 핵심 요소일 뿐 아니라, 가장 성취하기 힘든 요소이기도 하다. 여기엔 몇 가지 이유가 있는데, 우선 억압적 정권의 본질과 관련된다. 여타 독재국가와 마찬가지로 무바라크의 이집트에서는, 다섯 명 이상 모이는 회합은 불법으로 간주되어 시민사회 형성이 실질적으로 불가능했다. 이집트 사회를 작은 조각들로 원자화함으로써 무바라크는 '분열시켜 정복하라'는 오랜 독재의 원칙을 그대로 따랐다. 다른 독재자들처럼 그 역시 단결은 연합전선 구축을 필요로 하고, 연합전선은 결집 능력, 관점의 공유, 차이의 이해 등을 필요로 한다는 사실을 알고 있었다. 그런데 그렇게 할 수 있는 기회 자체

독재자를 무너뜨리는 법

가 불법이 되면, 잘 조직화된 야권은 존재하기 힘들다.

　한편 단결은 또다른, 훨씬 더 근본적인 이유에서 실행되기 어렵다. 바로 거의 모두가 어느 정도 갖고 있기 마련인 타고난 기질 때문이다. 이는 우리가 다른 누구보다 더 똑똑하다는 확신으로 이끈다. 나 역시 이런 종류의 어리석음에서 자유롭지 못했음을 먼저 인정하겠다. 젊고 열정적이던 시절에는 다른 젊고 열정적인 사람들과 함께 일을 하다 어느 시점에 이르면, 옆에 앉은 동료를 보며 내가 어쩌다가 이런 멍청이와 엮였을까 생각하게 된다. 운동이란 도가니 같아서 뜨겁고, 많은 인간으로 붐비며, 강철도 녹이기 때문이다. 요즘도 오트포르!의 친구들은 10년도 더 지난 그 옛날, 분노의 순간에 서로에게 내뱉었던 말을 떠올리며 서로를 놀리곤 한다. 당시 벌어진 언쟁의 대부분은 지금 되돌아보면 우습고 사소한 것이었지만, 그때는 그것 때문에 누군가는 운동을 그만두고 떠나기도 했고, 누군가는 '더 순수한' 운동을 시작해 경쟁하겠노라 공언하기도 했다.

　또다른 이유들도 있다. 단결이란 문제가 더 골치 아픈 건 아주 많은 형태의 단결이 있기 때문이다. 예를 들면, 세르비아에서 우리는 하나같이 서로를 싫어하는 열아홉 개 야당을 공조하게 만들어야 했다. 우리는 정치적 단결을 통한 승리를 우리의 전술로 삼았다. 어떤 의미에서 우리는 운이 좋았다. 왜냐하면 정치적 단결이라는 도전과 마주하면, 많은 경우 현실적인 타협과 뒷거래라는 낡아빠진 전통으로 퇴각하기 십상이지만, 우리는 그러지 않을 수 있었기 때문이다. 미국과 남아프리카공화국에서 흑인 공민권 운동이 벌어지던 시절의 시민운동가들을 상상해보라. 백인과 흑인 사이의 인종 화합을 이뤄야 했지만, 이는 어려운 일이었다. 동성애자 인권 운동 역시 동성애자와 이성애자 사이에서 문화적 화합을 만들어내야 했다. 그리고 이집트와 시리아 같은 곳에는 중동의 폭력적 종파주의에 대항해 싸우며 종교적 화합을 이루려 애쓰는 힘겨운 활동가들도 있다. 리오에서 뉴욕까지, 텔아비브에서 모스크바에 이르기까지 세계 곳곳에서 사람들은 사회적 통합을 이루기 위해 혹은 국제적인 도심지에 사는 시민들의 욕망과 권력의 중심에서 멀리 떨어진 농촌 사람들의 희망이 서로 동떨어진 것이 아님을 보여주기 위해 노력하고 있다. 물론 쉬운 일이 아니다.

그렇다고 우울해할 이유는 없다. 가장 이질적인 그룹들이라도 문제에 정확하게 접근하면 통합은 가능하다. 그러려면 커다란 전략적 통합 안에 그보다 더 작은 전술적 통합이 있으며, 바로 이 전술적 통합부터 시작해야 함을 깨달아야 한다.

첫번째 단계는, 타협의 본성을 이해하는 일이다. 오래전 민주주의에 대해 정의해달라는 말에 미국 동화작가 E. B. 화이트는, '과반수가 옳다'는 생각에 대한 의심이 더 자주 드는 것이라고 답했다. 맞는 말이지만 한 가지 요점이 빠졌다. 그런 시스템이 작동하려면 상당한 정도의 주고받기, 즉 쌍방 타협이 필수적이다. 그런데 유감스럽지만 타협은 전혀 섹시하지 않다. 도시의 광장에서 열린 집회와 시위, 행진에서 어느 누가 이렇게 외치겠는가. "당신의 관점에 전적으로 동의하지는 않지만, 전진이라는 대의를 위해 기꺼이 내 관점을 재고해 수정할 의사가 있습니다." 그렇다고 자기 아이

독재자를 무너뜨리는 법

디어나 좋아하는 구호만 가지고 싸우는 것 역시 실수다. 페멘의 예를 보면 알 수 있다.

2008년 우크라이나의 한 젊은 경제학자가, 그 지역에서 성매매가 성행하면서 우크라이나와 그 외 다른 지역의 많은 여성이 폭력에 시달리며 비참하게 살아가는 것을 걱정하며 운동을 시작했다. 이 운동의 참가자들은 곧 아주 효과적인 전술을 창안했는데, 젊은 여성들이 노출이 심한 옷을 입고 시위를 하는 것이었다. 놀라는 사람도 있었지만 이 대담한 노출 시위에 많은 사람들이 열광했고, 뉴스 미디어는 페멘의 메시지에 진지하게 주목하기 시작했다. 그러자 페멘의 한 여성은 아예 옷을 하나도 입지 않으면 더 많이 주목받을 수 있겠다고 생각해 셔츠를 벗고 거리로 나왔고 머지않아 상의 탈의는 이 단체의 상징이 되었다.

처음에 페멘은 여성 인권과 관련된 핵심 주제에 활동을 집중했다. 그들은 여성을 억압하는 국가의 대사관 앞에서 피켓 시위를 했고, 성매매를 금지하는 엄격한 정책이 시행되도록 싸웠다. 이 시점에서 페멘은 통합된 의견을 견지했다. 그들의 가슴은 지속적으로 미디어의 관심을 받았고, 일단 스포트라이트가 맞춰지자 이 용감한 여성들은 메시지를 효과적으로 전달하고 퍼뜨렸다. 그러나 운동이 많은 주목을 받으면서 다른 모든 분야로 뻗어나가려는 유혹이 생겼다. 이를테면, 활동가들은 키예프의 도시에 공중화장실이 부족하다며 반라 시위를 했다. 또다른 활동가들은 푸시 라이엇을 지지하기 위해 전기톱으로 나무십자가를 자르기도 했다.[2] 베를린에서는 반라 시위를 한 후 새로 생긴 바비인형 박물관 앞에서 십자가에 매단 바비인형을 불태우기도 했다. 소위 이상적인 여성의 체형을 상징하는 바비인형에 대한 항의 시위였다. 2010년 런던 올림픽 기간에 페멘들은 가짜 피를 몸에 바르고 화관을 쓰고 등장해, 국가명은 밝히지 않았지만 '피비린내나는 이슬람 정권들'을 스포츠 이벤트에 참가시킨 것에 항의했다. 이 활동들 중 어느 것도 과소평가할 마음은 없다. 그들 모두 저마다의 대의를 지녔으며, 내가 이 활동에 대해 들었다는 사실 자체가 최소한 어느 정도 성공적인 활동임을 의미했다.

그러나 대상과 대의, 구호를 다각화하면서 페멘의 초점은 흐려졌다. 한때 그들이 가졌던 구호에 대한 원칙이 없어지면서, 요즘은 미디어에 페멘의 반라 시위 현장이 나와도 사람들은 이게 여성 인권에 관한 것인지, 아니면 세속주의에 관한 것인지, 혹은 전혀 다른 무엇을 이야기하는 것인지 전혀 알지 못한다.

이것이 첫번째 단계, 주장컨대 가장 중요한 전술적 통합, 즉 메시지의 통일성이 무너졌을 때 나타나는 현상이다. 오트포르!도 이 중요한 원칙을 이해하는 데 오랜 시간이 걸렸다. 우리가 그런 통합을 이루지 못했다면 밀로셰비치는 아직도 권력을 쥐고 있을 것이며, 나는 죽었거나 감옥에 갇혔거나 어쩔 수 없이 긴 망명길에 올라 캘리포니아에서 생선 내장을 발라내며 힘들게 살고 있었을 것이다. 우리가 미래의 비전에 대해 토론했을 때, 비전에는 굉장히 많은 게 담긴다는 사실을 확실히 알았다. 우리는 국수주의 쓰레기 같은 이야기로 우리 아이들을 세뇌시키지 않는 좋은 교육 시스템을 원했고, 무능한 깡패들이 좌지우지 않는 자유경제를 원했으며,

독재자를 무너뜨리는 법

2010년 오트포르!에서 제작한 스티커. '그는 끝났다'라는 하나의 메시지로 여러 이익단체의 다양한 이해관계를 통합해냈다.

이웃국가들과의 평화로운 관계 형성, 다양한 예술이 꽃필 수 있는 건실한 문화 창조 등 아주 많은 것을 원했다. 그리고 그 모든 것이 씨실날실로 짜인 상식적이고 행복한 삶을 살기 원했다. 그러나 이 많은 측면을 하나씩 따로 떼어내 시위를 전개한다면, 우리가 진지하지 않다는, 우리에게 초점이 없다는, 달리 말하면 우리가 천지사방을 들쑤셔놓았다는 메시지가 전해질 수도 있었다. 이를 피하기 위해 우리는 모든 아이디어와 희망을 하나의 통합된 슬로건에 담았다. '그는 끝났다.' 여기서 '그'는 독재자이고, 이로써 우리는 차이를 모두 잊고 하나의 공통된 목적을 향해 단결할 수 있었다.

'그는 끝났다'는 이 간단한 구호만으로도 우리는 밀로셰비치가 없는 미래를 원하는 사람들 모두를 우리 편으로 만들 수 있었고, 각기 이루고자 하는 것이 서로 다름에도 불구하고 여러 이익단체가 오로지 '그'에게만 날카롭게 초점을 맞출 수 있었다. 우리는 열아홉 개 야당이 각자 내세우는 열아홉 개의 공약이나 구호가 아닌, 단 하나의 메시지가 필요했다. 미국 특송업체 페덱스가 비행기와 트럭과 봉투와 서식과 폴로셔츠와 모자에 늘 똑같은 보라색과 오렌지색을 섞은 로고를 사용하는 것도 같은 이유다. 그들도 통일된 메시지를 전할 필요가 있었다. 당신도 그렇다.

181

바보야 문제는 단결이야!

운동의 통일성을   유지하는 일

메시지의 통일성을 유지하기도 어렵지만, 운동의 통일성을 유지하는 일이란 정말 까다롭다. 슬로보단, 전투에 단련된 장군처럼 강인해 보인다는 그 친구는, 활동가들을 만날 때마다 상징적 사진들을 슬라이드로 보여주며 운동의 통일성에 대해 이야기한다. 우선 그는 2003년 이라크 반전 시위 사진들을 보여준다. 친숙한 이 이미지들은 CNN과 뉴욕타임스 등에서 가져온 것으로, 열정적인 사람들이 부시 미 대통령과 곧 다가올 미국의 침략을 비난하는 피켓과 플래카드를 들고 행진하는 모습이 담겼다. 사진에는 온갖 종류의 사람이 등장한다. 옷을 잘 차려입은 전문가부터 약간 흐트러진 모습의 음모이론가까지 다양한 사람이 있지만, 그들은 하나의 대의 아래 거리로 나왔다.

"뭐가 보입니까?" 슬로보단이 묻는다.

"반전 시위입니다." 누구에게나 명백한 대답이 나온다.

다음, 슬로보단은 최초의 우드스톡 페스티벌 사진을 보여준다. 사진에는 홀치기염색을 한 옷을 입고 진흙을 바른 히피들이 들판에 모여, 약에 취한 채 낯선 사람들과 다정한 모습으로 있다.

"여기서는 뭐가 보입니까?" 슬로보단이 묻는다.

"반전 운동이죠." 그들은 자동적으로 말한다.

세계 어디를 가든 슬로보단은 이 두 가지 이미지를 보여주고, 늘 같은 대답을 얻는다. 진흙을 바른 히피들의 다채로운 모습은 여러 가지 방식으로 결속돼 사진을 보는 사람들은 저절로 그것이 운

독재자를 무너뜨리는 법

동임을 알아차린다. 플래카드나 구호 등 다른 어떤 표식을 내세우지 않아도 우드스톡 히피들의 음악 취향이나 그들이 어떤 마약에 취해 있는지 알고, 떡진 머리와 괴상한 옷만 봐도 그들에게 얼마나 지독한 냄새가 났을지도 알 수 있다. 그들의 정치적 견해도 선명하다. 그들은 평화와 사랑을 옹호한다. 히피는 캘리포니아에 살든 베오그라드에 살든 단일한 정체성으로 연결된다. 광범위한 운동과 단일한 시위는 바로 이러한 그룹 정체성이 있는가 없는가로 구분된다.

목적이 독재자 타도든 유기농 촉진이든 어느 운동에나 그룹 정체성은 필수적이다. 예를 들면, 녹색 운동 회원들은 집을 나갈 때 불을 끄고, 재활용을 하고, 어떤 상황에서도 거리에 쓰레기를 버리지 않을 것이다. 그것은 캘리포니아에 사는 내 채식주의자 친구 아리안 소머에게나, 지구 반대편 머나먼 베오그라드에서 직접 채소를 키우는 환경주의자이자 절친 두다의 아내 애나에게나 똑같이 적용되는 진리다. 그들이 어디에 있든 어떤 문제에 관심이 있든 중요하지 않다. 그들은 더 큰 어떤 것의 일부다. 이것이 통합된 운동의 모습이며, 슬로보단의 강의에 참석한 사람들이 증명했듯이 보는 즉시 명확하게 드러나는 것이다.

그럼에도 운동의 통일성은 문화의 문제만은 아니다. 행정의 문제이기도 하다. 미국에서 조직되었던 민주사회학생연합Students for a Democratic Society(이하 학생연합)의 예를 보자. 1960년대 학생연합은 대단한 단체였다. 1964년 가을 2,500명으로 출범했던 이 단체는 폭발적으로 성장하면서[3] 단 1년 만에 2만 5,000명 이상으로 회원이 늘었고, 1969년 즈음에는 10만 명에 이르러 거의 400개 대학에 지부가 있었다. 이 단체가 연대하는 정치 집회는 수백만 명을 워싱턴DC로 집결시켰고, 록스타들뿐 아니라 그들의 아름답고 유명한 팬들까지 끌어모았다. 이후 자연히 학생연합이 목적을 달성해, 성공적으로 베트남 전쟁을 종식시키는 단계에 이르렀을 것이라고 짐작할 것이다.

그러나 조직이 더욱 각광받을수록 회원들은 단체의 구조 전반에 불만을 갖게 됐다. 조직에 회장과 부회장이 있는 것이 못마땅했다. 그런 것은 은행에나 있는 것이지, 부패하고 폭력적인 시스템에 맞서 대안으로 존재하는 운동에는 불필요하다고 주장했다. 그래서 1967년, 조직을 더욱 민주적으로 만들고자 했던 학생연합은 회의를 소집해 회장과 부회장 체계를 없애는 대대적 개혁안을 투표에 붙이고, 훨씬 느슨한 구조를 갖추게 되었다. 회원들은 만족스러워했지만, 이는 이후에 일어난 일에서 조직을 거의 보호하지 못하는 원인이 된다. 2년 후 전쟁이 맹위를 떨치고, 미국이 인종 갈등과 암살, 그 외 불길한 분위기에 휩싸이자 학생연합은 다시 한번 회의를 소집해 단체의 미래에 대해 토론했다.

1969년 열린 학생연합 컨벤션은 시작부터 전과는 완연히 다른 분위기였다. 여러 분파의 대표들이 컨벤션 홀을 돌아다니며 전단지를 나눠줬다. 시간을 내어 전단지를 읽어보면, 이들이 서로 거의 아무런 공통점도 갖고 있지 않다는 것을 알 수 있을 것이다. 분파가 다양한 만큼 이데올로기 역시 제각각이었다. 개괄적으로 말하자면, 그 혼돈의 컨벤션에서 벌어진 싸움은 여전히 비폭력 행동에 입각한 시위와 절차를 믿는 회원들과, 전쟁을 멈출 유일한 길은 '전쟁을 미국으로 가져오기'뿐이라고 생각하는 회원들, 즉 미국에서 폭탄과 총기를 사용하는 전쟁을 벌여야 한다는, 도덕적으로나 정치적으로나 실질적으로나 비열한 아이디어를 주장하는 회원들 사이에서 일어났다. 고성이 오가고 조악하게 쓰인 많은 선언문이 읽힌 후, 학생연합은 두 개의 분파로 분열되었다. 그것이 마지막 컨벤션이었다. 1970년대가 되면서 학생연합은 이름뿐인 단체로 남게 된다.

부분적으로는 분열의 원인을 혁명 운동이 지닌 도취적 매력 때문으로 돌릴 수 있을 것이다. 그들 모두 20대 초반의 치기 어린 젊은이였다는 것을 이유로 삼을 수도 있을 것이다. 그러나 가장 큰 이유는, 학생연합에서 벌어진 사건이 애초에 불가피한 일이었다는 것이다. 구심점 없이는 모든 것이 와해되기 마련이다. 그것이 내가 장담할 수 있는 몇 안 되는 것 중 하나다. 정치는 본질적으로 권력을 지향하는 여러 분파 간의 이야기다. 예를 들면, 이 글을 쓰고 있는 지금 예멘의 각 정당들은 독재자 알리 압둘라 살레를 성공적으로 축출한 후, 후속조치로 큰 기대 속에서 열리게 될, 국가의 미래를 민주적으로 재단할 범국민대화회의에서 자기네 정당들이 어느 정도의 대표성을 가져야 하는지를 놓고 치열하게 언쟁하며, 무엇을 협상할지에 대해서 끝도 없이 토론하고 있다. 무바라크 실권 후 이집트에서 무슨 일이 일어났는지는 아예 이 장에서 이야기하지 말자. 다음 장에서 다시 다룰 것이다. 요컨대 운동은 비행기와 같다. 통제력을 가진 파일럿이 없다면 비행기는 추락한다.

일단 추락하고 난 뒤에 그 잔해를 누가 다시 그러모을 수 있을지는 아무도 모른다.

이것은 당신만의   싸움이 아니다

그렇다면 어떻게 통합을 담보할 것인가. 짧게 답하자면 그럴 수 없다. 인간이 인간인 이상, 싸우고 분열하기 십상이다. 이를 해결하기 위해 학생연합처럼 모두에게 커다란 자유를 줄 수도 있고, 예멘인들처럼 매우 융통성 없는 위원회 구조를 만들 수도 있다. 어쨌거나 긴장이 형성되기 마련이지만 당신이 할 수 있는 일이 있긴 하다. 바로 다른 이들의 경험에서 배우는 것이다. 앞서 나는 우리가 오트포르!에서 만든 원칙에 대해 말했다. 종이에 선을 그리고, 얼마나 많은 사람을 당신 편에 세울 수 있는가 하는 이야기였다. 우리는 그것을 분리선이라 부른다. 하비 밀크가 마침내 선거에서 이길 수 있었던 이유는 동성애자들만 관심을 가질 만한 주제에 대해 말하기보다는, 전반적인 삶의 질을 이슈로 삼아 더 많은 사람을 그의 편에 세웠기 때문이다.

예상했겠지만 통합을 이뤄내는 이 훌륭한 전술로 이집트 혁명가들은 비록 나중에는 실수를 하지만, 초기에는 종교적 분리선을 확장하는 대단한 성과를 거뒀다. 이를테면 2011년 타흐리르 광장 시위 초기, 어떤 논평가들은 이집트인들이 느끼고 있는 이 완전한 행복감은 종파 사이의 폭력으로 인해 머잖아 전복될 것이라고 예측했다. 이러한 우려에 활동가들은 어떻게 대응했을까. 어느 금요일, 이슬람교도들이 신성한 기도를 올리기 위해 무릎을 꿇었을 때, 동료 기독교인들은 불안한 이 나라의 역사에서 한 번도 없었던 행동을 취했다. 그들은 손에 손을 잡고 보호선을 만들어 이슬람교 친구들이 괴롭힘당하는 일 없이 평화롭게 기도할 수 있도록 공간을 확보해주었다. 이틀 후 일요일, 이번에는 기독교인들이 기도할 차례가 되자, 이슬람교도들이 보호막이 돼주었다. 어느 시점에서는 한 기독교도 연인이 타흐리르 광장의 모든 소동 한가운데서 공개 결혼식을 거행했고, 새로이 부부가 된 이들은 이슬람교도와 기독교도 모두에게 환호와 축복을 받았다. 광장에서 종교적 통합에 감명받은 이합 알카라트 목사는 시위자들에게 흔치 않은 귀한 축복을 전했다. "그리스도와 모하메드의 이름으로 우리가 하나 되었습니다.[4] 우리는 압제에서 벗어날 때까지 계속 함께 싸울 것입니다." 그리고 그들은 그렇게 했다.

물론 이것은 극적인 예지만, 비폭력 운동을 하려는 이들에게 영감을 준다. 슬프게도 이러한 정신은 너무나 자주 실종되는데, 딱히 어떤 악의적인 이유가 있어서도 아니다. 예를 들면, 최근 러시아에서는 크렘린의 지속적인 권력 강화에 맞선 민주화 물결이 일어 수만 명이 거리로 나섰다. 푸시 라이엇 같은 창의적인 활동가들 덕분에 반(反)푸틴 운동은 곧 세계적인 명성을 얻었고, 푸틴의 독재 정권에 반대하는 이들에게 희망을 전달했다. 그러나 뉴스에서는 거의 초점을 맞추지 않은 한 가지 가장 중요한 문제가 있었다. 밖으로 나온 용감한 남녀는 어느 정도 단일한 사회계층 출신이었다.

상당히 젊은 편으로 대개 30~40대였고, 잘 교육받은 중산층이었다. 이들은 해외여행 경험이 있고 인터넷을 자유롭게 사용하며 독립언론 매체를 접했다. 모스크바와 상트페테르부르크의 지적인 시민들이었던 그들에게는 거친 이름의 펑크 밴드와 예술 그룹 '보이나Voina'의 유머러스한 행동이 날카로운 풍자로 받아들여졌고 그로부터 영감을 받았다.

그러나 많은 러시아인들은 그렇지 않았다. 광대한 땅 도처의 작은 도시나 시골에 사는 평범한 노동자들에게 푸시 라이엇은 너무 과격했다. 러시아 사회가 불평등하고 부당하다는 것에는 이들도 동의할지 모르나 깔끔한 옷차림을 한 국제적 대도시의 시민들로 이뤄진 시위대를 보며 자신과의 공통점을 거의 찾지 못했다. 따라서 모스크바를 비롯한 대도시에서 어떤 시도가 있든 자신과는 무관한 일로 여겼다. 러시아 인구 대부분을 차지하는 시골 사람들이 이 멋진 도시 저항 운동에서 제자리를 찾지 못한 것이다. 2013년 여름이 되자, 러시아 인구의 11퍼센트만이 시위 참여 의사를 밝혔다. 운동의 전성기 때에 비하면 급격한 하락이었다.

모스크바의 시위대에게 오지에 사는 사촌들과 함께 투쟁할 의사가 있는지 물었다면, 그들은 열변을 토하며 모든 러시아인이 함께 일어나야 한다고 했을 것이다. 그러나 그런 일은 일어나지 않았다. 모스크바 시민들이 다른 주민들을 배척해서가 아니었다. 그들은 몰디브의 임란 자히르와 같은 행동을 취하지 않았다. 어떻게 하면 모든 사람을 그들의 대의 아래 모이게 할 수 있을지, 나라 구석구석을 찾아가 사람들의 말에 귀기울이는 일을 하지 않았다. 운동

독재자를 무너뜨리는 법

은 살아 있는 생명체이며, 따라서 계획도 노력도 없다면 통합은 결코 현실화되지 않는다. 그렇기 때문에 당신의 운동은 언제나 가장 많은 수의 사람들에게 호소할 수 있어야 한다.

오래전 캘리포니아 출신 환경운동가 레이철 호프, 크리스 나훔과 맥주를 마시며 이야기를 나눈 적이 있다. '화난 북극곰'으로 더 잘 알려진 레이철과 크리스는 2012년 공화당과 민주당 양당 전당대회에서 북극곰 의상을 입고 '난 도대체 언제 질문할 수 있나요?'라고 적힌 피켓을 들고 위트 있는 시위를 벌여 명성을 얻었다.

레이철과 크리스는 재미있고 매우 똑똑한 사람들로, 로스앤젤레스에서 손꼽히는 운동 조직가였다. 그들은 지구온난화와 녹아내리는 빙원에 대한 여론을 환기시키는 것을 목적으로 삼았는데, 그것은 성공적이었다. 그러나 북극곰과 줄어드는 북극곰의 서식지 문제는 캘리포니아와 해안 지역 채식주의자와 친환경주의자들의 북극곰에 대한 동정을 불러일으켰지만, 미국 중부 지방 사람들은 이 이국적 북극동물의 어려움에 그리 관심이 없었다. 『내셔널지오그래픽』특별판 외에는 중서부 어디에서도 일상생활에서 북극곰에 대해서는 5분 이상 생각하지 않았다. 나는 레이철과 크리스에게 말했다. 그렇다면 아이오와에서 열리는 다음 대선 토론 때는 북극곰 대신 기온 상승과 잦은 가뭄의 피해자인 말라비틀어진 옥수수로 분장해서 등장하면 어때요? 사실 지구온난화 때문에 농업이 심각한 타격을 받았고, 아이오와 농부들은 자신들의 경험과 관련된 사안에 더 많이 공감할 것이다. 예컨대 네브래스카에서는,

갈비뼈가 앙상하게 드러날 정도로 굶주린 소로 분장할 수 있을 것이다.

브라질의 시위대도 이런 종류의 교훈을 잘 터득하고 있었다. 그들이 전개한 사회 운동은 안락한 삶을 누리는 중산층이 단독으로 벌인 최초의 대규모 시위였다. 브라질 역사 속 되풀이되는 폭력의 순환에서 부자와 빈자가 충돌하는 동안, 화려한 접시로 장식장을 꾸미던 바로 그 중산층이었다. 브라질의 중산층 남녀가, 그냥 TV를 보거나 온라인 쇼핑을 하는 대신 정치에 관심을 보였다는 사실은 매우 고무적인 현상이었다.

그러나 식초 혁명이라 불렸던 이 운동의 참가자들은 이런 종류의 행동주의를 경험해본 적이 거의 없었다. 그래서 초기에는 자신들의 요구와 시위 스타일을 같은 부류인 도시민들에게만 제한적으로 호소함으로써 분리선 긋기에 실패했다. 덜 교육받고 덜 부유하지만 똑같이 환멸을 느끼던 엄청난 수의 농촌 지역 주민들을 배제하는 실수를 저지른 것이다. 잘못된 선 긋기만 아니었다면 함께 투쟁에 참여했을 이들이었다. 사람들은 곧 이런 초기의 실수에서 깨달음을 얻었고, 어떻게 해야 견고한 사회적 통합을 이룰지 알아가기 시작했다.

브라질 활동가들 중에 데이비드 헤르츠라는 흥미로운 사람이 있다.[5] 유명 요리사인 그는 영국의 제이미 올리버보다 더 매력적으로 보인다. 헤르츠는 모든 사람을 식탁 앞으로 모이게 하는 방식으로 가스트로모티바Gastromotiva라는 운동을 시작했다. 그는 중산층과 빈자들 모두를 음식 세미나와 요리 행사에 초대했고, 브라질 정치지도자들도 참석시켰다. 모두가 함께 일하도록 격려하면서 헤르츠와 다른 활동가들은, 모두가 단합하면 정부에 양보를 촉구하는 일이 가능하다는 것을 보여주었다. 이러한 대중의 요구에 2013년 브라질 대통령은 국가의 모든 석유 수익을 교육예산으로 할당하겠다고 약속했다.[6]

헤르츠 같은 유명인사가 힘을 보태고, 그들을 중심으로 사람들을 통합시킬 수도 있지만, 유명인의 도움을 얻어 대의를 이룰 때는 올바른 방법과 잘못된 방법이 있다. 카리스마 있는 인물이 운동을 통합할 수 있다는 것은 의심의 여지가 없지만, 카리스마적 리더십에는 종종 부담도 따른다. 수없이 많은 것을 한 사람에게만 의존하는 데서 생기는 문제다. 만약 그 한 사람이 필리핀의 베니그노 아키노처럼 살해된다면, 미얀마의 아웅 산 수치처럼 가택연금을 당하거나 투옥된다면, 짐바브웨의 모건 창기라이처럼 멍청한 행동을 하고 적에게 회유당한다면 문제가 생긴다. 유명인들은 온갖 종류의 운동과 대의에 참여하기를 좋아하지만, 활용하기 까다로운 자산이 되기도 한다. 이점을 더 명확히 하기 위해 오큐파이 운동을 살펴보자. 이 운동을 지지했던 유명인들을 아주 대략적으로 추려보겠다. 카녜이 웨스트, 러셀 시먼스, 앨릭 볼드윈, 수전 서랜던, 디팩 초프라, 오노 요코, 팀 로빈스, 마이클 무어, 루페 피아스코, 마크 러팔로, 탈립 콸리, 펜 바드글리 등등. 문화비평가가 아니라도 이들 엔터테이너들이 미국 내에서 매우 구체적인 특정 계층에게 큰 호소력을 가졌음을 알 수 있다. 랩을 듣고, 진보 정치에 관심이 있고, 〈30록〉이나 〈에브리바디 올라이트〉처럼 작품성은 있지만 소수가 보는 마니악한 TV쇼와 영화를 보는 계층이다.

이제 인디애나 같은 중부에 사는 누군가를 상상해보자. 그는 브래드 페이즐리의 컨트리송을 즐겨듣고, 대학 미식축구를 즐기며, 보수적인 성향을 지녔다. 하지만 고정관념은 없기에 현재 시스템이 잘 돌아가는 것은 아니며, 미국에 사회정의가 더 필요하다는 것에 동의할 수도 있다. 그러나 오큐파이 운동의 문화와 그룹 정체성은 이런 계층의 사람들에게는 그리 매력적이지 않았다. 생각해보면 아주 쉬운 일이었다. 그런 시위에 뻔히 예상되는 인물이 아닌 뮤지션 몇 명만 초대했으면 됐다. 예를 들어, 힙합 가수 탈립 콸리가 랩을 하며 군중을 이끄는 대신, 〈신이여 미국을 축복하소서〉로 잘 알려진 리 그린우드 같은 가수가 나와 애국심을 고취시키는 노래를 몇 곡 불렀다면? 내륙 지역 주민들이 그 장면을 봤다면 이 운동이 통합력을 가졌으며, 단순히 진보적 의견을 표출하는 게 아니라 진정한 의미의 포괄적인 대화 시도라고 느꼈을 것이다.

만일 오큐파이 운동가들이 대도시에서 그곳을 상징하는 광장을 점령하는 대신, 평균적인 미국인의 삶의 터전인 만화에 등장하는 사우스파크 같은 곳이나 미국 북부의 쇠퇴한 공업 지역 러스트 벨트에 가서 메시지를 전했다면 이 운동은 어떻게 전개되었을까? 만일 그랬더라면 분리선을 다시 그릴 수 있었을 것이고, 더 많은 사람이 운동에 친근하게 접근했을 것이다. 어쨌든 '우리 운동은 특정한 이데올로기를 실천하려는 진보적인 시민들을 위한 것이다'라는 것과 '우리 운동은 쉴 자격이 있는 평범한 미국인을 위한 것이다'라는 것 사이의 간극은 생각보다 그리 크지 않다. 전자가 배타적이

독재자를 무너뜨리는 법

라면 후자는 다양한 성향의 유명인과 흥미와 관점을 모두 환영해 받아들인 것일 뿐이다. 나는 항상 오큐파이 운동이 그 이름을 버리고—이 이름은 운동에 참여하기 위해서는 하던 모든 일을 멈추고 무언가를 점령해야 할 것만 같은 암시를 준다—'99퍼센트' 같은 이름으로 브랜딩을 진행했더라면 어땠을까 생각해본다. 만일 누군가가 "스르자, 당신은 99퍼센트에 속한다고 느낍니까?" 하고 묻는다면 나는 대답할 것이다. "아내와 저는 15평짜리 아파트에 살고 10년 가까이 된 차를 탑니다. 그러니 네, 저는 확실히 99퍼센트에 속하는 것 같네요." 그런 문구가 담긴 배지가 있다면 달고 다닐 수도 있다. 안 그럴 이유가 있겠는가? 하지만 누군가 내게 "월가의 주코티 공원을 점령하고 싶습니까?" 하고 묻는다면 거기에 참가할 확률은 분명 낮아질 것이다.

단순히 이름만 바꿨어도 오큐파이 운동은 아주 다양한 도시에 사는 사람, 시골 주민, 보수주의자, 진보주의자, 키 작은 사람, 키 큰 사람, 운전자, 보행자 등을 환영할 수 있었을 것이다. 그런 광경을 정말 보고 싶었다.

결국 통합은 모든 사람을 특정 후보나 이슈 뒤에 줄 세우기가 아니다. 공동체 의식을 고취하는 것이고, 그룹 정체성을 구축해나가는 것이다. 화합하는 조직을 결성하는 것이고, 어떤 동료들도 낙오시키지 않으며 추구하는 가치를 견지하는 것이다. 다른 이들에게 이런 저항이 당신만의 싸움이 아니라 그들의 싸움이기도 하다는 것을 느끼게 만드는 일이다. 또한 통합은 그저 사람들이 가득 모인 광장에서 손에 손을 잡는 일, 혹은 함께 노래를 부르는 일 이상의 의미를 지닌다. 그리고 이 통합은 더할 나위 없이 중요하다.

지금까지는 세르비아인들에 대해 법이 허락하는 범위 내에서 감상적으로 이야기했다면, 이제 그만큼 중요하면서도 더 구체적인 무언가에 대해 이야기하고자 한다. 바로 운동을 만들고 와해시키는 원칙인 계획이라는 신성한 원칙에 대해서 말이다.

독
재
자
를
무
너
뜨
리
는
법

.

8장

승리로 나아가는 길을

계획하라

대체로 나는 형편없는 예언가다. 아이폰이 처음 나왔을 때 나는 사람들에게 애플은 곧 파산할 거라고, 도대체 누가 전화하다 말고 음악이나 인터넷 접속을 하겠느냐고 말했다. 세르비아 국가대표 축구팀이 2010년 남아공 월드컵에 출전했을 때, 나는 그해가 승리의 해가 될 것이라는 강렬한 예감을 느꼈지만 결국 23등에 그쳤다. 인정하기 슬프지만 내 친구들은 새 제품이나 서비스에 대해 내게 의견을 묻곤 하는데, 그와 정확히 반대로 행동하기 위해서다. 그런데 내가 처음 오큐파이 운동의 열정적인 운동가들을 워싱턴 스퀘어파크가 내려다보이는 뉴욕 대학의 근사한 강의실에서 만나 몇 시간 함께 이야기 나누었을 때, 그들이 힘든 싸움을 준비하고 있으며, 승리할 가능성이 희박하다는 것을 느낄 수 있었다.

　이 장에서는 온전히 계획에 관해 이야기하려 하나 내 이야기들은 그 어떤 가치판단도 지향하지 않는다. 주코티 공원에 모여앉아 국민적 담화를 바꾸려 시도했던 사람들에 대해 어떻게 생각하든 좋다. 그들이 주관 없이 유행을 좇는 사람들이라 믿을 수도, 혹은 냉혹한 세계에서 더 많은 정의를 원하는 그들의 갈구에 나처럼 공감할 수도 있을 것이다. 오큐파이 운동을 하는 이들에 대해 어떤 의견을 가졌든, 운동의 계획 또는 계획의 부재를 살펴보는 일은 전 세계 활동가들이 배울 만한 가치가 있을 것이다.

그렇다면 이 오큐파이 운동에 나는 왜 그렇게 비관적이었는가. 여론조사에서 미국 인구 중 거의 절반이 그 아이디어에 동의했는데도. 간단하다. 운동의 이름만 봐도 알 수 있다. '99퍼센트'같이 그룹 정체성을 드러내는 이름 대신, 미국 활동가들은 '월가를 점령하라'는 단 하나의 전술을 운동 전체의 이름으로 삼았다. 비폭력 활동가들은 예전부터 미국 남부의 인종분리 간이식당에서부터 중국의 톈안먼 광장에 이르기까지 다양한 장소를 점령해왔지만, 점령 자체는 평화적 시위라는 거대한 무기고에 들어 있는 무기 하나에 지나지 않는다. 그리고 더 중요한 것은, 점령이라는 무기는 헌신적인 유형의 사람들만 참여시키는 경향이 있다. 앞서 보았듯이, 운동은 늘 힘겨운 싸움이기에 승리를 위해서는 더 많은 평범한 참가자들을 끌어들일 수 있어야 한다. 오큐파이 운동이 온갖 사람들에게 널리 손길을 뻗치긴 했다. 그러나 이 운동은 그 이름에서 느낄 수 있듯이, 맨해튼의 주코티 공원의 점령에 대한 메시지가 전부였다.

이 점이 내가 오큐파이 운동에 대해 긍정적 판단을 유보했던 또

다른 이유다. 운동을 성공적으로 조직해본 사람이라면 누구나 같은 말을 할 텐데, 대규모 시위는 첫 단계가 아닌 마지막 단계에서 취하는 조치다. 당신 편에 충분히 많은 사람이 모였을 때, 운동을 마지막 결전으로 이끄는 데 필요한 모든 준비가 끝났을 때, 그때 비로소 대중에게 거리로 나와 행진할 것을 촉구해야 한다. 대규모 집회는 당신의 운동을 촉발시키는 불꽃이 아니다. 사실 대규모 집회는 승리를 기념하는 일이다. 이집트의 우리 친구들도 이 사실을 아주 잘 알았다. 그들은 거의 2년 동안 운동을 조직하면서 많은 전단지를 뿌렸고 거리공연을 했으며, 수많은 작은 전투에서 승리했다. 그러다 결정적 순간을 확신했을 때 타흐리르 광장으로 인파를 모았고, 소리 높여 무바라크의 사임을 요구했다. 이집트에서 짧게 반짝인 성공의 별, 그러니까 우리 친구 슬로보단이 '비폭력적인 급습'이라고 불렀던 타흐리르 광장 점령 이후, 사람들은 이 승리가 이집트인들이 2년 동안 묵묵히 힘겹게 비전을 만들고 전략을 세운 과정의 일부가 아니라, 자발적으로 시민들이 국립미술관과 정부청사 앞에 위치한 유명한 광장을 점령한 사건이라고 착각하게 되었다.

　많은 외부인에게 이집트의 마술 같은 점령 전술은 자신들에게 필요한 전부인 것처럼 보였고, 그래서 전 세계의 활동가들은 이집트에서처럼 가능한 한 많은 사람을 거리행진에 동원하려 애썼다. 카이로에서 마드리드까지, 프랑크푸르트에서 다마스쿠스까지, 이야기는 숨가쁜 언론보도를 통해 왜곡되었고, 모두가 실제로 일어난 일에 대해 완전히 그릇된 인상을 갖게 되었다. 누구든 어떤 중요한 광장을 충분히 오랜 기간 점령만 하면, 알아사드의 몰락이든 자금 통제든 간에 산타클로스가 북극에서 원하는 선물을 가지고 찾아온다는 식의 잘못된 이해였다.

오큐파이 운동에 대해 내가 걱정했던 부분이 바로 이것이다. 아랍의 봄과 다른 지역의 운동에서 잘못된 교훈을 얻은 듯했다. 오큐파이 운동은 대규모 집회로 운동을 시작했을 뿐 아니라, 갖가지 내부 토론과 해명, 그러다보면 불가피하게 따르기 마련인 한바탕 싸움을 치르면서 그나마 존재했던 조직의 통합성마저 잃고 말았다. 그 결과 운동의 철학은 헝클어졌고, 남은 것은 내리막길뿐이었다.

"달리 무엇을 해야 했을까요?" 성공하지 못한 비폭력 운동가들은 묻는다. 우선 내 경험담을 일반적인 용어로 설명하고서 전쟁과 평화의 시기에 자신과 조국을 위해 조직력을 발휘했던 한 대령에 대해 이야기하려 한다.

계획의 첫번째 원칙은 타이밍이다. 코미디와 스포츠와 섹스처럼, 운동에서도 같은 이유로 타이밍이 가장 중요하다. 사람들은 변덕이 심하고, 쉽게 산만해지며, 대체로 비합리적이다. 사람들이 뭔가 다른 것에 주의를 기울일 때 접근하면 최고의 계획도 소용이 없다. 그러나 타이밍이 적절하다면 승리가 보장된다.

독재자들은 그 적절한 타이밍이 절대 오지 않도록 할 수 있는 모든 것을 동원한다. 그들은 언제 어디서나 저항을 막는다. 그러나 그들도 삶의 자연적 리듬만은 어쩔 수 없다. 종종 이 리듬은 활동가의 가장 좋은 친구가 된다. 우리는 이것을 세르비아에서 2000년 1월 13일, 정교회의 섣달그믐날에 알았다.

올해가 바로　　　　　　　　　그 해다

새해 전야에는 밀로셰비치에 짓밟힌 세르비아 같은 나라에서도, 많은 전쟁과 점점 늘어가는 시위와 시민 소요로 소란한 와중에도 큰 파티가 열린다. 우리 오트포르! 동료들은 세르비아에서 가장 쿨한 사람들로 통하기 때문에 모두들 우리가 각종 파티에 참석하길 기대했고, 우리도 그날 하룻밤만큼은 시위를 잊고 그냥 섣달그믐날을 축하하며 즐기고 싶었다. 바로 여기에 미국 록 밴드 레드 핫 칠리 페퍼스(이하 페퍼스)가 등장한다.

내 나이를 드러내는 일이 되겠지만, 페퍼스는 내가 가장 좋아하는 록 밴드다. 나는 그들이 펑크 음악을 하며, 발가벗고 양말 한 짝으로 주요 부위만을 가린 채 걷던 초창기부터 그들을 좋아했고, 좀 더 멜로디를 살린 감상적인 록을 발표하는 요즘에도 여전히 좋아한다. 2000년 초반 그들은 앨범 〈캘리포니피케이션〉을 발표하고 전성기를 누리고 있었다. 새해 전야가 될 때까지 몇 주 동안 우리는, 공화국광장에서 한밤중에 열릴 깜짝 파티에 페퍼스가 오트포르!와 함께할 거라는 이야기를 확실한 소식통으로부터 들었다는 소문을 퍼뜨리기 바빴다.

12월, 베오그라드 모든 젊은이들은 이 도시에서 가장 멋진 단체가 주최하는 한밤중 콘서트와, 거기에 세계적인 밴드가 등장한다는 소문에 대해 이야기하며 지냈다. 친구들끼리 모여서 페퍼스가 무슨 노래를 부를지, 얼마나 오래 연주할지, 그들이 다른 록스타들을 데리고 올지, 세르비아의 어떤 밴드가 함께 무대에 서는 행운

승리로 나아가는 길을 계획하라

을 누릴지에 대해서 끊임없이 이야기했다. 참 쉽게도 속는구나 싶다면, 이때는 오트포르!가 밀로셰비치를 곧 무너뜨리겠구나 하고 인식되던 시절인 2000년 초반임을 기억해달라. 그것은 뮤지션 몇 팀을 콘서트에 초청하는 일보다 훨씬 더 복잡한 과업이었다.

마침내 새해 전야가 되었다. 수만 명이 광장을 가득 메웠고, 그 중에는 페퍼스 티셔츠를 입은 이도 많았다. 세르비아의 인기 록 그룹들이 차례차례 점점 더 화려한 모습으로 무대에 섰다. 모두 춤을 추고 껴안고 키스를 했다. 자정이 가까워지면서 기대감이 점점 높아지는 것이 느껴졌다. 사람들이 들썩였다. 그들은 록스타를 보기를 원했다.

자정 1분 전, 조명이 꺼졌다. 대형 스크린이 내려왔고, 사람들은 페퍼스가 아마도 그 스크린을 찢으며 등장할 거라고, 진정한 록스타다운 스타일이라고 들뜬 목소리로 속삭였다. 카운트다운이 시작됐다. 다섯, 넷, 셋, 둘, 하나……

슬픈 음악이 흘러나오며 10년간 전쟁을 치르는 과정에서 숨진 세르비아 군인과 경찰들의 사진이 스크린에 나타났다. 페퍼스의 앤서니 키에디스와 플리와 그의 친구들 대신, 내 친구 보리스 타디치가 무대에 서 있었다. 그로부터 5년도 채 지나지 않아 보리스는 세르비아의 대통령이 되지만, 그날 밤에는 스크린 뒤 한쪽 옆에 보이지 않는 곳에서 마이크를 들고 서 있었다.

"우리에겐 축하할 일이 아무것도 없습니다." 보리스가 경악한 관객들에게 말했다. "그러므로 이 광장과 축하 파티를 떠나시기를, 그래서 모두에게 올해는 전쟁과 압제의 해였음을 보여주시기

독재자를 무너뜨리는 법

'2000년 올해가 바로 그 해다.' 2000년 신년맞이 콘서트
이후 이는 오트포르!의 슬로건이 되었다.

를 부탁드립니다. 그러나 앞으로도 그래야 할 이유는 없습니다.
다가오는 해는 중요한 한 해로 만듭시다. 2000년이 바로 **그** 해이
기 때문입니다. 2000년에는 세르비아에서 죽음이 아닌 **삶**이 마침
내 승리할 것입니다."

　모두 메시지를 이해했다. 2000년은 선거가 있는 해였다. 한 2분
동안, 어쩌면 3분 동안 사람들은 그냥 그곳에 서 있었다, 말없이,
당황해서, 화가 나서, 혼란스러워서. 그러나 곧 몇 사람이 미소
를 지었다. 그러고 나서 더 많은 사람이 미소를 지었고, 5분도 되
지 않아 관객 일부가 외쳤다. "다가오는 해는 중요한 한 해로 만듭
시다." 그 외침은 합창이 되었다. 공화국광장에서 사람들이 빈 무
대를 마주하고 서 있는 동안, 어떤 록 밴드도 이끌어낼 수 없는 에
너지가 대기에 가득했다. 모두 뭔가 중요한 할 일이 있음을 느꼈
다. 메시지가 보내졌고, 무대는 밀로셰비치와의 마지막 결전을 위
한 것이 되었다. '올해가 바로 **그** 해다'가 운동의 새 슬로건이 되었
고, 그곳에 있던 사람들 모두 그것이 실제로 뭔가를 의미한다는 것

을, 그 변화의 가능성이 높아지고 있다는 것을, 10월이 오면 우리가 밀로셰비치와 일당을 제거할 수 있다는 사실을 알았다. 페퍼스는 나타나지 않았지만 그날의 콘서트는 최고였다. 참석했던 한 사람 한 사람이 진정한 스타였기 때문이다.

계획을 제대로 세우면 이런 일을 해낼 수 있다. 일상적이면서도 확실한 행사를 활용해 전술을 짜고 그에 맞춰 작전을 완벽하게 수행할 수 있다. 그러나 이 영웅담을 내가 말한 그대로 믿지 않았으면 한다. 1999년, 아파트 옥상에서 보이지도 않는 나토 전투기를 향해 욕을 퍼부은 일 말고는 내가 조금이라도 경험해본 전투는『반지의 제왕』에서 읽은 칼싸움 장면이 전부다. 그래서 계획에 대해서는 늘 가까운 친구이자 멘토인 밥 헬비의 의견을 따른다. 은퇴한 미 육군 대령인 헬비는 나의 요다와도 같다.

밥은 베트남전에 참전했고, 랑군에서 미 국방무관으로 근무하는 등 직업장교로서 다양한 역할을 수행했다. 많은 전투를 겪은 그는 가슴에 퍼플 하트(전투 중 부상을 입은 군인에게 주는 훈장—옮긴이)와 실버 스타(전투에서의 무용을 표창하는 훈장—옮긴이)를 잔뜩 달게 되었고, 이후 하버드 대학 국제정세연구센터에서 장학금을 받으며 공부할 수 있게 되었다.

하버드 대학 캠브리지 캠퍼스에 들어선 대령을 상상해보라. 당시 30대였던 그는 짧은 머리에 직업 군인다운 외모였고, 긴 머리에 순진한 눈빛을 한 대학생들과는 전혀 달랐다. 대학생들에게 힘든 밤이란 대학가 술집에서 만취했다는 의미지만, 밥에게는 매복한 베트콩들의 총탄 아래 정글 진창 바닥에서 밤을 보냈다는 의미였다.

'비폭력 제재'라는 강의 안내를 봤을 때, 그는 꼭 그 강의를 들어야겠다고 생각했다. 히피 특유의 파촐리 향을 풍기는 풋내기 무리 가운데 앉아, 거친 무용담 몇 가지를 풀어놓으며 강의실을 공포로 떨게 하면 정말 재미있을 것 같았다. 첫 수업날, 밥은 마치 국방부 기자회견실에 들어가듯 의기양양하게 강의실로 들어갔다. 그는 히피들에게 충격과 공포를 주어 그들을 굴복시킬 태세였다. 그러나 그는 강의실 풍경에 충격을 받았다. 강의실 안 사람들은 모두 평범했다. 파촐리 향도, 긴 머리도 없었다. 그저 호기심 많은 학생들과 진 샤프라는, 이마가 벗겨진 날카로운 눈매의 독설가 교수가 있었을 뿐이었다.

앞서도 진 샤프라는 이름을 언급했었다. 노벨평화상 후보로 세 번이나 거론됐고, 전 세계의 굵직한 상이란 상은 거의 다 수상한, 현대 비폭력 운동의 대부 격인 사람이다. 샤프는 밥이 기대했던 웅얼거리는 멍청이와는 거리가 멀었다. 그는 단호하고 직설적이었고, 그의 별명이 그 사실을 예리하게 포착하고 있었다. 그의 별명은 비폭력 운동의 마키아벨리였다.

"전략적 비폭력 투쟁이란" 샤프는 이렇게 강의를 시작했다. "정치권력에 대한 것이다. 정치권력을 어떻게 잡을 것이며, 그 정치권력을 어떻게 다른 이들에게는 허락하지 않을 것인가에 관한 것이다." 권력 점유와 양도 거부, 이것은 밥 헬비가 이해할 수 있는 언어였다. 그는 열심히 귀기울였고, 진 샤프의 강의에 전적으로 동감했다. 그는 길고 긴 베트남 전쟁중 전혀 효과가 없을 것 같은

승리로 나아가는 길을 계획하라

군사 전략을 반복 수행하며 느꼈던 좌절감, 적을 이기는 다른 방법이 있기를 간절히 바라며 느꼈던 좌절감을 기억하고 있었다. 그런데 샤프가 그 다른 방법에 대해 이야기하고 있었다. 바로 무기 없는 전쟁이었다.

밥 헬비는 진 샤프의 신봉자가 되었다. 미얀마에서 세르비아까지 대령은, 과거 그가 탁월하게 수행했던 일과 마찬가지의 일을 했다. 폭탄과 탱크 대신 행진과 전단을 무기로 삼은 게 다를 뿐이다. 2000년 첫 만남 이후 밥은 내게 많은 것을 가르쳐주었지만, 그중 가장 중요한 것은 거위 알에 관한 것일 듯하다.

무엇을 원하는가   어디로 가고 싶은가

밥의 말에 따르면 거위 알은, 당신이 원하는 것을 상징한다. 이는 군대에서 사용하는 것으로, 장교들은 대축적지도를 보면서 절대로 목표물 주위에 단정하게 검은 동그라미를 치지 않는다고 한다. 대신 휙 하고 거칠게 거위 알 모양으로 동그라미를 치는데, 이 거위 알이 궁극적인 목표물을 지시하며, 어떤 계획을 세우기 전에 정확하게 파악해야 하는 요소도 바로 이 거위 알이다.

이는 보기보다 훨씬 어렵다.

예를 들면, 이집트의 우리 친구들은 자신의 거위 알을 잘못 파악하고 있었다. 그들도, 그리고 튀니지와 예멘 등 아랍 세계의 활동가들도 독재 타도를 거위 알이라고 생각했다. 그래서 그 목표를 이루자 이들 대담한 활동가들은 할 일을 마쳤다고 생각했다. 그러나 그들은 엉뚱한 타깃을 골랐다. 무바라크가 하야하고 벤 알리가 하야하고 살레가 하야했지만, 이슬람 근본주의 세력이 권좌에 오르고 군대는 불안정하고 경제는 붕괴 직전이고 국제사회의 지지는 흔들리고 거리는 혼란으로 가득해져 아무도 이제 무엇을 어떻게 해야 할지 알지 못했다. 아랍의 봄이 흐지부지된 듯 보일 무렵, 밥과 이런 문제에 대해 이야기를 나누었을 때, 그는 거위 알은 독재자가 아니었다고 말했다. 거위 알은 민주주의였다. 활동가들은 그 점을 놓친 것이다.

여기서 잠시 세르비아 식 자기계발에 대해서 이야기해보자. 슬로보단이 대학에서 강의를 할 때면, 학기가 끝날 즈음 학생들이 다가와 이런저런 목적을 어떻게 달성해야 할지 조언을 구하곤 한다. 그럴 때면 그는 학생들의 말을 끊고 무례하게 질문을 던진다. "자네가 정말 원하는 것이 뭔가? 내게 마술 지팡이가 있다면, 그래서 지금부터 5년 후 자네가 원하는 곳으로 데려다줄 수 있다면, 그곳은 어디인가?" 놀랍게도 제대로 답하는 학생은 많지 않다고 한다. 사실 그들 잘못이 아니다. 학생들은 평생 바로 다음 단계만 생각하도록 훈련받기 때문이다. 고등학생 때는 그저 대학 입시에만 집중하라는 소리를 듣는다. 대학에 들어오면, 이번 여름방학 인턴십에 대해 생각하라는 조언을 듣는다. 여름 동안 인턴으로 일하면서 그들은 취업에 매달린다. 그리고 취업하면 그때부턴 승진을 생각해야 한다. 악순환이다. 극심한 생존경쟁 때문이 아니다. 물론 경쟁을 좋아하는 이들도 있겠지만 이런 종류의 삶이 잔인한 이유는,

승리로 나아가는 길을 계획하라

너무 빠른 속도로 진행돼 따라가기 힘들어서가 아니라, 우리가 진정으로 원하는 게 무엇인지 고민할 시간과 공간을 거의 허락하지 않기 때문이다. 항해를 좋아하는 친구가 언젠가 통렬하게 한 말이 있다. 어디로 가고 싶은지 모르는 선장은 그를 데려다줄 배를 결코 발견하지 못할 것이라고.

하지만 일단 어디로 가고 싶은지 알고 나면 그곳에 가는 길은 단 하나뿐이다. 밥이 깊이 신뢰하는 이 방법은 역순으로 계획하기 inverse sequence planning라는 것이다.

이 방법의 탁월함을 제대로 표현하기 위해 나 자신을 예로 들겠다. 내가 기타를 꽤 잘 치고, 노래도 좀 한다고 가정하자. 그리고 비폭력 행동주의 활동을 그만두고 새로운 일을 찾는다고 가정하자. 나는 록스타가 되고 싶다. 그럼 어떻게 계획을 세워야 할까.

장차 록스타가 되려는 사람들은 아마도 대부분 대도시에 가서 공연을 시작하고, 밴드를 결성하고, 공연 홍보를 하며 행운이 찾아와주길 기다릴 것이다. 특별히 훈련받은 몇몇 사람은 열심히 일해 돈을 모은 후 데모 테이프를 녹음할 수도 있고, 업계가 어떻게 돌아가는지 잘 아는 경우 홍보담당을 고용할 수도 있다. 그러나 이 연습생들이 밥 헬비와 단 한 시간만 함께 있어보면, 그것으로 불충분하다는 것을 깨닫게 된다. 록스타가 되고 싶다 해도 대부분이 실패하는 데는 그럴 만한 이유가 있고, 이는 록 음악 시장이 작고 경쟁이 치열한 것과는 관계가 없다.

자, 나를 록스타로 상상하는 것으로 이야기를 시작했을 뿐 아니라 아주 구체적인 요소들도 첨가했다. 역순으로 계획하기란, 내가

독재자를 무너뜨리는 법

세운 목표에서 출발해 거꾸로 단계를 밟아 현재로 되돌아오는 것이다. 예컨대 밥은, 아웅 산 수치의 모든 지지자들은 가장 암울했던 시절인 1990년대에도 수치가 결국 승리하여 15년 이상의 가택 연금에서 풀려날 것이라 상상했다고 말했다. 그러나 미얀마인들은 그녀가 대문을 열고 자유롭게 밖으로 나오는 광경을 단순히 상상했던 게 아니었다. 그보다 그들은 어디서 아웅 산 수치의 환영 파티를 열지 어떤 고위관리를 초대할지 자리 배치는 어떻게 할지 생각했다. 본말이 전도된 것으로 보이겠지만 그렇게 구체적으로 계획함으로써 그들이 진짜로 원하는 게 무엇인지 훨씬 명확하게 이해할 수 있었다. 예를 들어, 활동가들은 아웅 산 수치의 파티 좌석 배치를 생각했을 때 맨 앞에 앉히고 싶은 이들이 언론과 자신들에게 호의적인 몇몇 야당 정치인임을 깨달았고, 이를 통해 훨씬 더 중요한 사실을 이해했다. 그들이 원하는 파티는 그저 지도자의 자유를 축하하는 파티가 아니라, 아웅 산 수치가 그녀를 투옥시킨 자들에 대한 도전과 대통령 출마를 공식 선언하는 자리임을 확인한 것이다.

그래서 장래 희망 직업을 상상할 때, 나는 내 이름 포포비치가 세상의 주목을 받는 것만 염두에 두는 것이 아니다. 내가 연주할 공연장을 상상하고, 밴드 멤버들을 상상하고, 어떤 관객이 우리 이름을 외쳐줄지를 상상한다. 이런 공상을 하면서 단 2분 만에 내가 단순히 록스타가 되려는 게 아니라, 어떤 특정한 록스타가 되고 싶어한다는 점을 깨닫는다. 나는 축구장을 빽빽이 메우고 소리를 질러대는 젊은이들을 떠올리지 않는다. 나는 멋진 음악을 듣기

승리로 나아가는 길을 계획하라

위해 비 오는 화요일 밤 클럽에 오는, 평범한 외모에 나이가 좀 든 몇백 명의 관객을 떠올린다. 그렇기에 내가 저스틴 비버나 저스틴 팀버레이크 같은 팝스타가 되고 싶어하는 게 아님을 안다. 그보다는, 이를테면 픽시스나 더 폴에 가까운 무언가가 되고 싶다. 일단 그것을 깨닫고 나면 갈 길은 대단히 쉬워진다. 내가 무시해도 괜찮은 관객들이 있기 때문이다. 예를 들면, 나는 매력 넘치는 비디오를 찍어 유튜브에 올릴 필요가 없다. 내 관객은 그런 것에 별로 관심이 없기 때문이다. 또한 지역 클럽 순회공연이 매우 중요하다는 것을 알게 된다. 결국 지역 클럽이 바로 내가 상상했던 공연장이기 때문이다.

그래서 나보다 연주 실력이 뛰어난 친구들에게 함께 밴드를 결성하자고 설득하고 아내에게 리드보컬을 맡아달라고 사정한 다음, 모든 크고 작은 클럽의 목록을 만든다. 각 클럽에서 메인 공연자가 되려면 무엇을 해야 하는지 생각한다. 어떤 클럽에서는 누구에게나 무대를 허락하는 오픈마이크의 밤에 연주하는 것으로 시작해야 할지도 모른다. 또 어떤 클럽에서는 일정한 인원 이상의 유료 관객이 보장되어야만 고정출연이 가능할 것이다. 다음 단계는, 뮤지션이 되려는 다른 사람들을 여럿 모아 서로의 공연에 가주는 일종의 교차 관객 연맹을 맺는 일일 것이다. 이제 관객도 있고 공연할 곳도 있다. 아직 록스타 범주에는 들지 못하지만 그에 많이 가까워졌다. 일단 꿈이 전략적으로 분명한 여러 단계로 나뉘면, 일단 각 단계를 실행 계획이라는 측면에서 고려할 수 있게 되고 꿈을 이룰 가능성은 훨씬 더 높아진다. 그러나 완제품을 상상하는 일에서부터 출발해야 하며, 활동하는 내내 "전략이 아무리 아름답더라도 가끔씩은 결과를 들여다보아야 한다"[1]는 윈스턴 처칠의 말을 절대 잊지 말아야 한다.

1990~2000년대 밥 헬비는 미얀마 젊은이들이 록스타의 꿈을, 즉 나라를 장악하고 모든 저항을 탄압하는 군부를 축출하는 꿈을 성취하는 일을 도우며 지냈다. 대령이 미얀마에서 그의 새로운 제자들을 만났을 때, 정글의 게릴라인 그들은 하급 관리를 축출하거나 라디오 방송탑을 폭파하는 일을 승리라 생각했다. 과정이나 순서를 생각할 것도 없는 하찮은 일에 불과했지만, 총과 폭발물을 손에 들었다는 사실에 이들 용감한 청년들은, 마치 제 몫의 저항을 해내고 있는 것처럼 자부심을 느꼈다. 현실적 사고에 익숙한 군인 출신이었던 밥은, 즉시 이 전사들을 잡아 앉히고 기본적인 셈법부터 질문했다.

정부군 병력은 얼마인가. 22만 이상이라는 답이 이어졌다. 그렇다면 저항군 전사는 얼마인가. 정확히 정부군의 10분의 1이었다. 그러자 세번째, 가장 중요한 질문이 있었다. 미얀마 인구가 몇 명인가. 4,800만이 넘었다. 그저 의미 없는 숫자놀이를 하려는 게 아니었다. 대령은 모든 전투부대가 알아야 할 가장 중요한 교훈, 자원의 총합을 계산하라는 메시지를 전하고자 했다. 동원가능한 인원이 4,800만 명이나 있지 않은가. 채소밭에서 시장 좌판에서 버스 기사석에서 당신들을 기다리고 있지 않은가. 이들을 군부에 맞서도록 조직할 수 있을 것이다. 저항 운동이 이런 막대한 자원을 활용하지 못한다면, 아군은 늘 AK47 소총을 짊어지고 땀을 뻘뻘

흘리며 정글을 뛰어다니는 2만 명으로 제한될 뿐이고, 싸움에서도 질 수밖에 없다.

물론 미얀마인들은 밥이 날카로운 지적을 했다고 인정했다. 하지만 어떻게 사람을 동원할 수 있는지 모르겠다며 난색을 표했다. 밥은 재빨리 역순으로 계획하기에 대해 말했다. 이 인구가 어떤 식으로든 참여를 한다면, 어떤 형태가 될 거라고 생각하는지 물었다. 게릴라 청년들은 열정적으로 대규모 시위를 언급하며 말문을 열었지만, 그런 식으로 자유를 표출한다면 군에 의해 신속하게 진압될 것임을 곧 인정했다. 그들은 잠시 우울해했다. 그러다 누군가의 얼굴이 환해졌다. 만일 승려들이 앞장선다면 군에서 감히 발포를 못할 것이며, 만일 발포한다면 엄청나게 심각한 결과를 불러일으켜 극악한 독재 군부도 오래 견디지 못할 거라고 말했다. 그렇다면 첫번째 할 일은 승려들을 참여시키는 것이었다. 그러고 나면 할머니 할아버지들도 집앞에서 작고 위험하지 않은 시위를 할 수 있을 것이고, 학생들도 정권에 대항해 조직화를 시작할 수 있을 것이다. 핵심은 비폭력이 무력보다 훨씬 더 강력하다는 사실이라고 밥은 다시 그들에게 상기시켰다. 비폭력은 사람들이 어디에 살든, 얼마나 약하든 적과 교전하도록 만들기 때문이다. 게릴라들은 정글의 젊은이 2만 명에 의존해 정권과 싸우면서, 4,800만 명의 활용 가능한 미얀마인을 무시하고 있었다. 그들은 각자 자신이 서 있는 곳에서 독재에 대항해 싸울 수 있는 사람들이었다. 당연히 비폭력 운동으로 전환해야 했다.

독재자를 무너뜨리는 법

비무장 호빗들의 　　　　　　　　　　　　　전략과 전술

나는 밥 헬비와 진 샤프에게서 많은 것을 배웠지만, 이 정도로 설명을 마친다면 두 사람이 별로 만족하지 않을 것 같다. 진과 밥은 이미 말했던 대로 투쟁하는 전사들이다. 그들은 분명 더 작은 단위로 장을 세분화하고 각 단위에 번호를 붙이고 굵은 글씨로 제목을 강조해, 해야 할 일들이 뚜렷하게 보이도록 하길 원할 것이다. 두 사람이 마음에 들어 할 형식을 취하며, 몇몇 명백한 원칙들로 이야기를 맺고자 한다. 이를 위해 지금까지 독자들의 심기를 건드리지 않으려 훌륭하게 잘 참으며 꺼내지 않았던 『반지의 제왕』 이야기를 또 해볼까 한다. 내가 사랑해 마지않는 이 작품 속에서, 나는 역사상 가장 비폭력적인 투쟁을 전개하여 미치광이 독재자를 무너뜨리고 평화를 되찾은 비무장 호빗들의 고귀한 모험을 예로 들 것이다.

　자리에 앉아 계획을 세우기 전에, 역순으로 계획하기와 타이밍 같은 것들을 고민하기 전에, 종이 한 장을 꺼내 다음의 세 가지 카테고리에 대해 확인하기 바란다.

　　거대 전략 Grand Strategy. 진 샤프는 거대 전략을 "그 국가 혹은 다른 그룹이 싸움에서 목적을 달성하기 위해 가용할 수 있는 모든 적절한 경제적, 인적, 도덕적, 정치적, 조직적 자원을 조직하고 지휘하는 데 사용하는 종합적 개념"이라고 정의한다.[2] 어렵게 들리지만 샤프는 친절하게도 이 개념을 조목조목 나누어 설명한다. 샤프에 따르면, 거대 전략에는 "대의의 정당성에 대한 판단, 상황에 대한 여타 영향력 평가, 사용할 행동 기술 선택" 및 "목적달성 방법과 장기적 결과"에 대한 평가가 포함된다.

자, 당신이 샤이어에 사는 평화를 사랑하는 호빗, 프로도 배긴스라고 하자. 그런데 어느 날 이상한 마법사가 나타나 당신이 가지고 있는, 이른바 절대반지라는 수상한 반지에 대해 이야기한다. 그 반지가 세상을 위험하게 만들어 당신과 사랑하는 이들의 안전을 위협할 것이어서 반지를 파괴해야 한다는 게 확실해지면서, 이제 당신은 거대 전략에 대해 생각하기 시작한다. 당신의 대의는 정당한가? 물론이다. 절대반지를 파괴하지 않으면 사악한 어둠의 군주 사우론이 반지를 찾아내 세상을 파괴할 것이다. 이 상황에 대해 다른 어떤 것이 영향을 미치는가? 앞서 말한 어둠의 군주와 사악한 똘마니들. 사용할 행동 기술은? 당신은 호빗이고 따라서 키가 1미터를 넘을까 말까 하기 때문에 칼을 휘두르지 않아도 되는 방법이어야 한다. 그럼 목적을 어떻게 달성할 것인가? 사우론이 지배하는 악의 영역인 모르도르로 가는 길을 찾고, 그 망할 반지를 유감스럽게도 운명의 산이라 명명된 곳으로(아, 톨킨도 다른 사람들과 마찬가지로 방심하곤 한다) 가지고 가서 던져버려야 한다. 그 결과는 세계 평화와 당신과 친구들의 번영이다. 이런 목적이 굳건해지면 다음 단계를 고려해야 한다.

전략Strategy. 샤프에 따르면 전략은 "싸움에서 목적을 달성하기 위한 최선의 방법을 구상하는 일이며[3] (…) 싸울지 말지, 언제 어떻게 싸울지, 특정 목표를 이루기 위한 효율성을 어떻게 극대화할지의 문제다. 전략은 목적을 달성하는 데 필요한 가용 수단들의 실질적인 배분, 채택, 적용을 위한 계획이다". 이 역시 우리의 영웅 프로도가 아주 능한 일이다. 일단 거대 전략을 세우고 나자, 프로도는 효율성을 극대화할 수 있는 최선의 방법이 싸움 좀 할 줄 아는 엘프들과 한 팀을 이루는 것임을 깨닫는다. 그리고 마침내 엘프의 왕국에 도달했을 때 그는 좀더 상황을 가늠하며, 실질적인 배분을 하기 위해 잠시 숨을 고르고, 현실적으로 자신이 모을 수 있는 최선의 동료를 선택하고, 다가올 전투에서 참가자들이 해야 할 역할 등을 숙고한다. 이 과정은 마침내 그가 전술을 결정해야 할 때가 왔을 때 매우 유용하게 작용한다.

전술Tactics. 굳이 진 샤프를 인용하지 않아도 전술의 정의는 간단하다. 즉, 어떤 주어진 시점에 창안해야 하는 매우 제한된 행동 계획이다. 카라드라스 산맥이 사루만의 날카로운 눈과 사악한 마법 아래 있다면? 모리아 광산으로 간다. 보로미르가 오크에게 살해되었다면? 동생 파라미르와 연합한다. 검은 문이 닫혔다면? 미나스 모르굴의 비밀통로를 통해 모르도르로 간다. 전략과 달리 전술은 즉흥적이고, 끊임없이 변경가능하다. 또한 현장 상황에 대한 날카로운 이해와 가용 가능한 모든 자원을 최적화할 수 있는 창의적인 발상을 요구한다.

지금까지 세심히 읽었다면 전략과 전술이 매우 다른 두 가지 태도를 요구한다는 점을 눈치챘을 것이다. 전략적 사고를 하는 사람은 현명하며, 그들에겐 긴 게임을 버틸 만한 인내심이 있다. 그들은 많은 단계를 앞서 생각한다. 예술가들처럼 이들은 자신의 계획을 퍼즐 조각처럼 맞춰나가며, 각각의 작은 조각들이 서로 잘 들어

맞도록 한다. 예술가들이 그러하듯 이들은 최종 작품이 어떤 모습일지 비전을 갖고 있다. 한편, 전술가는 임기응변에 강한 사람이다. '지금 이 순간'의 대가로, 본능적으로 훌륭한 판단을 내리고 상황이 중간쯤 진행됐다 해도 계획을 포기할 줄 알며 상황에 따라 더 나은 계획을 채택하는 신기한 능력을 지녔다.

운이 좋으면 전략적 혜안을 지닌 사람과 전술에 능한 사람이 모두 운동에 참여하기도 한다. 좀더 드물긴 하지만 한 사람이 두 가지 기술을 모두 지닌 경우도 있다. 나폴레옹이나 알렉산더 대왕 같은 사람이 그렇다. 하지만 우리는 두 가지 기술을 자주 혼동한다. 오큐파이 운동처럼 전술을 전략으로 생각하거나 혹은 그 반대로 선언하곤 한다. 이러한 문제들은 좋은 계획 세우기와 역순으로 계획하기의 가장 중요한 원칙을 적용함으로써 풀어갈 수 있다. 그러나 그래도 잘되지 않는다면 한 가지 더 생각할 것이 있다. 바로 모멘텀, 즉 탄력이다.

모멘텀   ## 오트포르! 성공의 이유

헬비 대령이나 프로도 배긴스, 또는 전쟁에서 싸워본 다른 누구에게 물어봐도 그들은 모멘텀의 중요성을 강조할 것이다. 싸움의 전반에는 유리한 상황을 만들기 위해 애쓰고, 후반은 그 여세를 지속하기 위해 노력해야 한다. 아무 계획이 없다 해도, 체계적으로 생각하기나 목록과 도표를 만드는 일에 알레르기가 있다 해도, 직감에 따라 일을 진행하는 것에 만족한다 해도, 최소한 기세를 유지하기 위해 가능한 한 모든 것을 다하도록 분투해야 한다.

나는 이것이 오트포르!가 성공한 진짜 이유라고 생각한다. 때로 우리는 정도 이상으로 체계 없이 무질서했다. 그러나 어떻게 해야 게임에서 앞서 나가는지 늘 알고 있었고, 방어를 시작하는 순간 패배는 시간문제인 것도 감지하고 있었다. 그래서 장난을 시도했고, 뒤이어 콘서트를 열었고, 뒤이어 행진을 했고, 뒤이어 선거를 치렀고, 선거부정이 있자 시민 불복종 운동과 파업을 일으켰다. 우리는 액션 영화를 만들 듯이 행동해나갔다. 계속해서 뭔가 더 크고 더 요란하고 더 멋진 장면을 만들며 앞으로 나아가지 않으면 관객은 그저 지루해하기 때문이다. 이런 식으로 생각하면 계획은 자연스럽게 세워지며 모든 것이 제자리를 찾는다.

그런데 모멘텀은 살아 있는 생물과 같아서, 단 하나의 이벤트로 운동을 아주 높이 띄울 수도 있지만, 완전히 곤두박질치게 할 수도 있다. 세르비아, 조지아, 우크라이나에서의 선거부정에 대해서는 계획을 세울 수 있지만, 필리핀이나 레바논의 야당 지도자 피살 같은 사건은 상대적으로 예측이 어렵다. 비폭력 행동주의에 참여하는 사람들에게, 평화적 수단을 통해 자유를 추구하고 시민에게 권력을 부여하는 까다롭고 어려운 일을 하는 사람들에게 가장 큰 위협은, 평화로운 장난을 하는 것보다 우리 편에서 장전된 총을 흔들어댈 때 훨씬 얻는 게 많다는 결론을 내리는 경우이다. 불행하게도 이는 익숙하게 벌어지는 일이다.

폭력이 진짜 위협이다. 실제로 폭력은 빈번하게 무고한 생명을

승리로 나아가는 길을 계획하라

희생시킬 뿐 아니라, 그만큼 빈번하게 운동의 철저한 파국과 대의의 비참한 실패로 이어진다. 자, 이제 폭력이라는 악마에 대해 이야기해보자.

독재자를 무너뜨리는 법

9장

폭력이라는

악마

1961년, 남아프리카공화국에서 한 흑인 젊은이가 절망에 휩싸여 있었다. 간디를 존경하는 젊은이는 몇 년 동안 온갖 비폭력적 방법으로 아파르트헤이트 정권에 맞서려고 했다. 그는 친구와 함께 경찰폭력 기소 전문 변호사로 활동했다. 이들의 성공에 위협을 느낀 정부는 변호사 사무실을 강제로 도시 외곽으로 이전시켜 사실상 폐업에 이르게 만들었다. 그가 참여해 돕고 있던 정당, 아프리카민족회의도 비슷한 길을 걸었다. 아프리카민족회의가 매우 빠르게 성장하여 시위 때마다 수만 명의 참가자를 모을 정도로 파급력이 커지자 정부는 계엄령을 선포했고, 하룻밤 새 모든 대중집회가 불법 행위로 간주되었다. 그도 곧 체포돼 투옥되었다.

감옥에서 나왔을 때 그는 다른 사람으로 변해 있었다. 간디의 가르침은 사라지고, 마오쩌둥과 체 게바라의 주장이 그 자리를 차지했다. 그는 더이상 비폭력을 이야기하지 않았으며, 카스트로와 그들이 이뤄낸 성공적인 반란을 찬양했다. 그는 이제 총을 들어야 할 때다, 싸워야 할 때다, 하고 말했다. 친구 몇몇과 함께 그는 새로운 조직 움콘토 웨 시즈웨Umkhonto we Sizwe, 즉 '국민의 창'을 만들고 첫 사령관이 되었다. 국민의 창은 군대였고 아파르트헤이트와 싸울 것이었다.

카리스마 강한 지도자였던 그는 조직을 창설하며 열정적인 연설을 했다. "1961년 6월,[1] 남아공의 상황을 걱정하며 오랜 분석을 마친 지금, 나와 동료들은 이 나라에서 폭력이 불가피하며 정부가 우리의 평화 요구를 무력으로 대응하고 있는 이때, 아프리카 지도자들이 계속해서 평화와 비폭력에 대해 설파하는 것은 비현실적이며 잘못된 일이라는 결론에 이르렀습니다. (…) 어느 국가든지 결국 둘 중 하나는 선택해야 하는 시기가 옵니다. 복종이냐 싸움이냐. 바로 그 시간이 지금 남아공에도 찾아왔습니다. 우리는 복종하지 않을 것입니다. 우리의 민족, 우리의 미래, 우리의 자유를 지키기 위해 우리가 가진 모든 수단을 동원해 반격하는 길 외에 다른 선택은 없습니다." 정권이 모든 합법적인 저항 수단을 차단하자 젊은이는 자신의 나라에 전쟁을 선포하고, 죽음도 두렵지 않음을 분명히 했다.

첫번째 목표물은 변전소였다. 1961년 12월 어느 날, 강력한 폭발물이 터지자, 전선을 지탱하던 거대한 철제구조물이 사냥당한 코끼리처럼 옆으로 쓰러졌고, 전 도시가 어둠에 묻혔다. 이것은 전쟁을 선포하는 기습 공격이었다. 곧 정부 관리들이 폭탄에 쓰러

독재자를 무너뜨리는 법

졌고, 사회 기반시설이 작동 불능 상태에 빠졌으며, 곡물이 불에 탔다. 이제 젊은이는 턱수염을 기른 혁명가 같은 외모를 하고 리보니아라는 마을의 한 농장 초가에 숨어 지냈다. 그의 지휘 아래 국민의 창은 거의 200번의 공격을 감행했고,[2] 정부의 가장 두려운 적이 되었다.

1962년 8월 5일, 이 젊은 게릴라가 경찰에 체포되었다. 뒤이은 재판에서 그는 사보타주에 대한 책임을 인정했고 악명 높은 로벤섬 교도소에 갇혔다. 2.5미터 폭에 2미터 길이의 감방에는 유일한 가구인 짚으로 만든 매트가 놓여 있을 뿐이었다. 그는 낮에는 바위를 쪼개는 노역을 하며 백인 간수들의 육체적 학대와 조롱을 금욕적 냉정함으로 견뎌냈다. 감옥 너머 세계와 접촉하는 일은 극히 제한돼, 6개월에 편지 한 통과 면회 한 번만이 허락될 뿐이었다.

투옥중인 이 폭력주의 혁명가는 바깥세상에서 저항의 상징이 되었고, 그를 추앙하는 전 세계 사람들이 석방을 요구하며 농성을 이어갔다. 얼마 후 남아공 대통령 P.W.보타가, 만일 그가 폭력을 정치적 무기로 사용하지 않겠다는 데에 무조건 동의한다면 석방하겠다고 제안했으나 그는 거절했다. 그러나 결국 이 사색적인 게릴라는 노선을 완화했다. 그는 남아공의 진보에 필요한 것은 더 많은 피가 아니라 용서와 화해임을 이해하게 되었다. 그래서 넬슨 만델라는 마침내 석방되었다. 27년 만에 자유의 몸이 된 만델라는 비폭력을 상징하게 되었고, 이는 마땅한 일이었다. 무력 투쟁을 지도해봤기에 만델라는 그 누구보다 폭력으로는 그와 국민이 누리고자 하는 미래를 성취할 수 없음을 잘 알고 있었다. 이 이야

폭력이라는 악마

기를 하는 이유는 내가 진심으로 존경하는 이의 명성에 누를 끼치려는 게 아니라, 끔찍한 압제에 직면하면 만델라처럼 올바른 사람조차 좌절하고 폭력적인 방식에 경도된다는 것을 보여주기 위해서다.

나처럼 비폭력주의를 지향하는 사람으로서는 인정하기 힘든 얘기긴 하나 총은 쿨하다. 당신은 세상에서 가장 평화를 사랑하는 사람일 수 있다. 하루에 여덟 번 명상을 하고 재활용한 삼베옷만 입는 채식주의자일 수 있다. 또한 모든 형태의 폭력에 반대할 수도 있다. 그런데도 총을 손에 들면 운명처럼, 영혼 저 깊고 어두운 곳에서부터 맞서지 못할 도전이 없고, 해결 못할 문제가 없는 것만 같아진다. 무장을 했다는 사실이 사람을 바꾼다. 사람들은 자신이 아주 강력한 힘을 갖게 됐다고 느낀다. 앞서 나는 1998년 오트포르! 집회에 가던 도중에 체포되었을 때, 경찰이 입에 총을 쑤셔넣었던 일을 이야기했다. 이 깡패 같은 경찰과 그의 동료들은 경찰서에서 수갑을 차고 앉아 있던 나를 한 시간 동안 두들겨 팼지만, 그가 〈더티 해리〉의 클린트 이스트우드라도 된 양 눈을 가늘게 뜨고 말투가 거칠어진 것은 총을 꺼내고서였다. 내가 그 앞에 웅크리고 있는 동안, 그는 마치 꿈을 실현한 것처럼 굴었다. 오토바이나 술 몇 잔처럼, 총도 사람에게 즉각적인 권능을 부여하는 것 같다. 그래서 그렇게 많은 할리우드 영화, 비디오 게임, 여러 인기 있는 오락물에 총이 만연한 게 아닐까. 위인들의 동상이 손에 무기를 쥐거나 허리에 무기를 찬 모습을 한 데는 이유가 있다. 무기를 든 사람이 일을 해결해내는 사람이라고 여기기 때문이다.

그럼에도 사회변혁에 관한 한 가장 처절하게 실패하는 사람은 총을 든 자다.

왜 비폭력 저항이   효과적인가

매우 중요한 경험적 연구를 공유하기에 앞서, 한 가지를 확실히 해 두고자 한다. 내가 비폭력 운동에 헌신하기로 한 이유는 결코 폭력을 받아들일 수 없다는 강경한 입장이라서가 아니다. 현실 세계는 분명 폭력이 불가피한 상황도 있다. 분명한 예를 하나 들자면, 나치 무리도 미국, 영국, 러시아의 군사 행동이 아니었다면 결코 막을 수 없었을 것이고, 나라를 지키기 위해 독일군과 맞서 싸웠던 용감한 유고슬라비아 게릴라들의 노고에도 진심으로 감사하다. 솔직히 말하자면, 오트포르!의 로고에 영감을 준 불끈 쥔 주먹도 그들 게릴라들이 사용하던 것이다.

열성적인 평화주의자 중에는 2차대전에 반대했던 사람도 있지만, 인류 대부분은 파시즘에 맞선 그 싸움이 불가피한 폭력임을 이해했다. 심지어 우리가 비폭력 저항의 화신으로 존경하는 간디조차도 정치에 입문했을 때는 공개적으로 젊은 인도인들에게 총을 들고 영국군에 입대해 1차대전에 나가 싸우라고 말했다. 간디는 그런 충성의 표현이 인도 독립을 앞당기는 데 도움이 되리라 생각했던 것이다. "우리는 자신을 방어할 능력을 가져야 하고,[3] 그 능력은 무기를 들고 사용할 줄 아는 것이다. 우리가 아주 능숙하게 무기를 활용하는 법을 배우고자 한다면, 군에 입대해야만 한다."
간디는 1918년 여름, 그렇게 썼다.

　그러므로 폭력에 대한 나의 이의 제기는 순수한 도덕적 판단에
근거한 것이 아니다. 물론 상식적인 사람이라면 누구나 일반적으
로 갈등은 평화롭게 해결하는 게 좋다는 데 동의할 것이다. 내가
이의를 제기하는 가장 큰 이유는 대체로 폭력이 효과가 없을뿐더
러 비폭력 저항만큼 결과를 내지 못한다는 아주 단순한 사실에 근
거한다.

　『왜 시민행동인가—비폭력 투쟁의 전략적 논리』라는 훌륭한
책[4]에서, 미국 출신의 탁월한 젊은 학자 에리카 체노웨스와 마리
아 J. 스테펀은 이전의 어떤 학자도 하지 않았던 일을 했다. 그들은
1900~2006년 사이 일어난 분쟁 중 자료를 찾을 수 있는 총 323건
을 살펴, 성공한 경우와 실패한 경우를 나누고 각각의 이유를 면밀
히 분석했다. 분석 결과는 놀라웠다. "비폭력 시위가 온전히, 혹은
부분적으로 성공을 거둔 경우가 폭력 시위보다 두 배 가까이 많았
다." 당신이 정확한 숫자를 더 선호한다면, 여기 그 지수가 있다.
무기를 들 경우 성공 확률은 26퍼센트다. 이 책에서 읽은 대로 평
화적 원칙을 실행하면 확률은 53퍼센트로 올라간다. 지난 20년,
냉전이 끝나고 전 세계적으로 군비 경쟁의 동력이 사라진 이후를
살피면 그 성공 비율은 비폭력 쪽이 훨씬 우세하며, 이는 놀라운
일이 아니다.

　그런데 그게 전부가 아니다. 두 학자에 따르면, 무력을 사용한
저항 운동은 보통 5만 명 정도로 참여자가 국한되었다. 전적으로

이해가 되는 얘기다. 기꺼이 무장하고, 정글의 천막에서 잠을 자고, 대의를 위해 죽거나 죽이거나 할 사람의 수는 그 정도다. 그 대의가 매우 고결할지라도 그렇다. 그러나 저항 운동이 재미있고, 창의적이고, 두려움을 박살낼 희망을 심어준다면 참여자의 수는 매우 빠르게 불어날 수 있다.

아직도 확신이 들지 않는가. 그렇다면 장기적으로 보자. 두 학자에 따르면, 싸움이 끝난 후 비폭력 저항 운동을 경험한 국가들이 5년 동안 민주국가로 유지될 확률이 40퍼센트 이상이다. 한편, 무력을 통한 정권 교체가 있었던 나라에서 민주주의가 제대로 작동할 확률은 5퍼센트 미만이었다. 비폭력을 선택할 경우 10년 안에 다시 내란을 겪을 확률이 28퍼센트지만, 무력을 선택할 경우 43퍼센트로 증가한다. 숫자는 한결같고 이것의 의미하는 바도 반박의 여지가 없다. 안정적이고 지속적이며 통합적인 민주적 변화를 원한다면 무력이 아닌 비폭력이 답이다.

처음 시리아 활동가들을 만난 것은 바샤르 알아사드에 맞선 싸움이 시작된 바로 그 무렵이었는데, 나는 그들에게 시리아 국민에게도 체노웨스와 스테펀의 연구 결과를 꼭 전해달라고 부탁했다. 당시만 해도 비폭력 활동가들이 이제 막 알아사드 반대 투쟁을 장악하기 시작한 무장 세력에게서, 다소 어렵긴 해도 시리아의 통제권을 빼앗아올 수 있을 것처럼 보였다. 온전한 정신이 승리할 기회가 있는 것처럼 보였다. 그러나 안타깝게도 평화주의 활동가들의 목소리는, 비폭력적 접근이 잔혹한 알아사드 정권과 싸우기엔 그릇된 방법이라는 주장에 묻히고 말았다. 곧 무기와 전사들이 계속

폭력이라는 악마

해서 시리아로 유입되었다. 2년이 지난 지금, 무력 투쟁이 반란군들을 어떤 상황으로 밀어넣었는지 보기 바란다. 피투성이가 된 채 신뢰마저 잃은 자유시리아군은 외국의 개입에 모든 희망을 건 상태며, 최근의 사태로만 미루어 짐작하면 자유시리아군의 싸움은 모든 면에서 재난으로 끝날 것이다.

시리아 반군의 무력 투쟁은 그들이 희망했던 변화를 만드는 데 실패했을 뿐 아니라, 실질적으로 알아사드의 입지를 더 강화하는 역할을 했다. 그것은 우리 선조들이 청바지 대신 표범 가죽을 걸치고, 주민등록번호 대신 동굴을 지키기 위해 애쓰던 선사시대부터 내려온 특성, 공동체로 살아가는 '인간 본성'이기 때문이다. 상상컨대 그 시절 조상들은, 때로 의견충돌이 있긴 했겠지만, 곰이나 매머드나 다른 거대한 짐승이 동굴 앞에서 포효하며 발을 구르면 늘 힘을 합해 싸웠을 것이다. 그런 상황에서 초기 인류는 단결하고 협동하여 외부의 위험을 무력화시켰을 것이고, 그런 후에야 누가 사냥 갈 차례인지, 혹은 누가 부족 최고의 미인과 결혼할지에 대해 논쟁하고 다퉜을 것이다. 후대로 오면서 세부적인 내용은 달라졌을지 모르지만 선사시대 원리는 늘 그대로였다.

1999년 봄, 나토가 세르비아에 폭격을 시작하자 몇몇 오트포르! 멤버를 비롯 밀로셰비치 정권에 가장 맹렬하게 반대하는 사람들 중에도, 대량학살을 초래한 독재자가 서방에 맞서는 일에 동참한 이들이 있었다. 부족주의라는 태곳적 원천이 부글부글 끓어오르는 것 같았다. 폭탄이 떨어지기 시작하자 밀로셰비치가 연설을 하는 동안, 심지어 오트포르! 지도자 중 한 사람은 독재자에게 환

독재자를 무너뜨리는 법

호를 보내기도 했다, "적을 쳐부숴라, 슬로보단!"(물론 바로 얼마 후 부끄러워했지만). 하지만 이는 정상적인 반응이었다. 내 동굴이 위험에 처하면 족장의 승리를 응원하기 마련이다. 그 족장이 멍청이일지라도 말이다.

어느 쪽이 미녀이고   어느 쪽이 야수인가

시리아에서 보는 킬링필드의 변형이든, 미국 환경주의자들이 맥맨션(미국 어디서나 볼 수 있는, 작은 부지에 크고 화려하게 지은 저택—옮긴이)을 불태우는 행위든, 이것은 왜 모든 형태의 폭력이 지속적인 사회변혁을 가져오는 데 평화적 수단보다 훨씬 덜 효과적인지를 설명한다. 폭력은 사람들을 두려움에 떨게 하며, 두려움을 느끼면 사람은 자신을 보호할 강력한 지도자를 찾게 된다. 그리고 이러한 현상은, 이 책 속 다른 모든 요소처럼 권력의 기둥과 연관된다. 슬로보단 디노비치의 말마따나 폭력 투쟁을 하는 이들은 권력의 기둥을 **밀어서** 쓰러뜨리려고 하지만, 비폭력 저항 운동을 하는 이들은 권력의 기둥을 **잡아당겨** 우리 편으로 만들려고 애쓴다. 비폭력 운동에서는, 교통경찰처럼 평범한 사람이든 칼럼니스트 같은 영향력 있는 사람이든, 사람들을 우리 대의에 동조하게끔 변화시키려 노력하며 그들이 우리와 함께 싸우도록 설득한다. 그룹 정체성을 구축하고 새로운 공동체를 형성해 희망컨대 그 안에 충분히 많은 사람을 끌어들여, 보다 많은 시민들이 우리의 대의에 이끌리도록 해야 하는 것이다. 그리고 폭력적으로 누군가를 겁주어 쫓아내지 않기 때문에, 친구와 이웃들은 독재자의 보호를 받고 싶어 하는 본능적 욕구를 느끼지 못할 것이다. 결국 이것이 사람들로 하여금, 동굴 앞을 지키고 선 크고 못난 괴물을 등지도록 만드는 유일한 길이다.

하지만 비폭력 운동을 성공시키려면 호감을 주는 사람이 되어야 한다. 목표가 무엇이든 모든 운동은, 최우선적으로 대중의 공감을 불러일으키고자 존재한다. 수염을 기르고 총을 든 사람에게는 공감하기 힘들다. 희생과 폭력으로 유혈이 낭자한 사진을 보지 않았더라도, 사람들은 AK47을 들고 터미네이터처럼 걷는 사람을 보면 그를 피해 길을 건너갈 것이다. 하지만 웃음을 띤 젊은 여성이 재치 있고 멋진 구호가 적힌 팻말을 들고 있다면 이야기는 달라진다. 그녀의 에너지와 헌신과 열정에 공감하지 않기란 어려운 일이며, 그 행동에 동참하고 싶어진다. 여성 운전금지 법률에 항의하기 위해 핸들을 잡은 자신을 촬영한 용감한 사우디 여성 마날 알샤리프의 교육적인 유튜브 동영상을 찾아보기 바란다. 그 동영상을 보면 갑자기 그녀 옆좌석에 타고 싶어질 것이다. 또한 이는 아무리 애를 써도 지도상에서 카이로가 어디 있는지 찾지 못하는 사람도, TV에서 2011년 타흐리르 광장을 가득 메운 이집트 젊은이들의 모습을 보면서 신바람이 나는 이유다. 무바라크가 소수의 무장 민병대나 군부 장교들에 의해 축출되었다면 우리는 그들을 무시했거나, 경계했거나 아니면 둘 다였을 것이다.

이제 이와 밀접한 관련이 있는, 왜 비폭력 운동의 성공률이 높

독재자를 무너뜨리는 법

은가에 대한 두번째 이유를 설명하겠다. 한쪽에 기관총과 탱크가 있고, 다른 쪽에 피켓과 꽃을 든 수천 명의 사람이 있을 때, 어느 쪽이 미녀고 어느 쪽이 야수인지 혼동할 가능성은 거의 없다. 마틴 루서 킹 목사는 이 원칙을 매우 잘 이해했다. "몇몇 절박한 사람들이 손에 든 총보다 사회적으로 잘 조직된 대중에게 더 큰 힘이 있다."[5] 그는 또 이렇게 썼다. "우리의 적은, 단호한 군중보다는 차라리 무장한 소수의 단체와 맞붙기를 원할 것이다." 미얀마에서처럼 독재자가 무장하지 않은 단결된 군중에 발포를 한다면, 즉시 탄압에 대한 역풍을 맞게 될 것이다.

게다가 무장 저항은 양날의 검으로 작용한다는 사실을 주의해야 한다. 한편에서 총을 쏘고 폭격을 하고 살상을 하면, 다른 편에서도 그에 맞서 총을 쏘고 폭격을 하고 살상을 하기 때문에 어느 편을 비난해야 할지, 어느 쪽이 정당방위인지 구분하기 힘들어진다. 운동이 폭력적으로 변할 때 이런 실질적인 위험이 생기며, 바로 그 폭력 때문에 좋은 사람과 나쁜 놈의 구분이 어려워진다. 그리고 조심하지 않으면, 가장 세심하게 계획된 비폭력 운동도 급격한 속도로 험악해질 수 있다.

가상의 사례를 하나 들어보자. 당신이 평화적 시위의 지도자라고 상상해보자. 시위는 잘 조직되었고 축제 같은 행사가 될 것이다. 당신과 동료 활동가들은 몇 시간, 며칠, 몇 달에 걸쳐 시민들에게 거리로 나와 행진하자고 설득했고, 운동의 로고와 메시지로 뚜렷하게 브랜딩된 대규모 집회가 늘 질서 있게 열리곤 했다. 오늘도 열정적인 군중들이 노래를 부르고, 경찰에 꽃을 나누어주고,

어린이부터 노인까지 모든 사람이 집회에 참가하고 있다. 그때 갑자기 어디선가 술 취한 머저리들이 나타나 특유의 방식으로 오후를 즐기는 모습이 눈에 들어온다. 일단 그들은 경찰에 돌을 던졌고, 그러고 나서 근처 이발소 유리창을 부쉈다. 자, 당신과 나는 노래하며 구호를 외친 집회 참가자가 5,000여 명이며, 소란을 피우는 머저리들은 5명 남짓이라는 걸 안다. 하지만 내일 신문 1면에 누가 나올지 예측해보라. 답은 불행하게도 그 머저리들이다.

곧 당신의 명성에 금이 가고 어린아이를 키우는 부모나 노인들에게서 신뢰를 잃을 확률이 높다. 안된 일이다. 그 사람들이야말로 당신이 자신의 편으로 끌어들이기 위해 그렇게나 애쓰는 이들이기 때문이다. 그들은 짱돌이 날아다니고 차가 불타는 곳을 분명 좋아하지 않을 것이다. 그러고 나면, 당신의 영리한 운동 방식을 즐겨 다루던 미디어가 재빨리 태도를 바꿔 당신이 폭력적이라 비난할 것이고, 당신의 대의를 수상쩍어하는 논설도 나올 것이다. 일주일 안에 당신의 모멘텀은 힘을 잃고, 당신이 그렇게 열심히 당기던 기둥들은 움직이길 꺼리고, 당신과 함께하던 이들은 당신을 말썽꾼으로 볼 것이다. 이 모든 것은 당신이 비폭력주의 원칙을 확실히 하지 못했기 때문이다.

그렇다면 어떻게 했어야 할까? 지난 10년 동안 캔바스의 친구와 동료들은 거의 50개국 사람들을 만났고 그들과 함께 일했다. 그중에는 지상에서 가장 폭력이 난무하는 곳을 꼽을 때 앞자리를 다투는 나라도 많았다. 하지만 우리는 사력을 다하는 단체들은 문화나 사회적 환경이 아무리 피비린내날지라도, 각오만 한다면 비폭력주의 원칙을 구축하고 실천하고 유지할 수 있다는 것을 배웠다. 기술과 연습이 필요하지만, 실제로는 운전하는 것보다 더 복잡하지는 않다. 그리고 운전 연습할 때 듣는 말처럼, 천천히 출발하는 것이 요령이다.

비폭력주의 원칙을　　　　　　유지하는 요령

첫번째 단계는 간디가 하는 말처럼 들릴지도 모르지만 분명 효과적이다. 운동 내에서 비폭력주의를 설파해야 한다. 종교가 없는 이들을 위한 표현으로 말하자면 비폭력을 운동의 이데올로기로 삼아야 한다. 이 일은 우리 세르비아인들에게는 수월했다. 1990년대 독재 통치 시절, 군과 경찰은 결코 '쿨'하지 못한 존재였고, 그들이 휘두르던 폭력도 젊은이들 사이에서는 부정적인 낙인으로 작용했다. 마찬가지로 미얀마 불교 사회에서도 사람들은 비폭력의 개념과 중요성을 어렵지 않게 이해했다. 피에 목마른 미얀마 불교 자경단 갱들이 야기한 공포를 가벼이 여기는 것은 아니지만, 전반적인 미얀마 문화를 이집트나 예멘 같은 분쟁지대의 문화와 비교하긴 힘들 것이다. 그런데 이집트나 예멘 같은 나라들에서 활동가들은 비폭력 운동의 성공 사례를 공유하고, 교육을 통해 방법론을 실제에 적용하고, 타흐리르 광장의 경찰 안아주기든 사나 거리의 경찰에게 꽃 나눠주기든 그 기법을 활용해 도덕적 우위를 점함으로써 비폭력주의의 장점을 사람들에게 확신시켰다. 당신과 나는 모든 사람들이 모두 마틴 루서 킹 목사와 넬슨 만델라에 대해 안다고 생각할지도 모르지만, 사실 많은 지역의 많은 사람이 다루기 힘든 문제를 해결할 유일한 방법은 폭력이라고 알고 있다. 따라서 비폭력 원칙을 설파하는 데 중요한 첫걸음은 교육이다.

두번째로 동료 활동가들에게 잠재적 갈등의 원천을 미리 숙지시켜야 한다. 캔바스 동료 시니사와 미스코는 함께 일하는 그룹에게, 폭력은 '당신'이 '그들'을 만날 때면 언제나 빈번히 일어날 수 있다고 상기시킨다. 여기서 '그들'은 보안부대일 수도 대립하는 정당의 당원들일 수도 있다. 수천 명이 참석한 집회와 초조하게 그 광경을 살피는 진압 경찰의 모습을 상상해보라. 팽팽한 긴장이 흐르고, 양측의 누군가들은 충돌을 촉발시킬 작은 사건이 일어나길 기다리고 있다. 이때 요령은 당연히 집회 대오가 침착함을 유지하도록 다독이는 일이다. 사람들이 그럴 수 있도록 돕기 위해 흑인 공민권 운동 지도자 제임스 로슨은 1960년대 내슈빌 교회에서 워크숍을 열어 흑백분리 식당 점령 시위를 하기 전, 그곳에 갈 활동가들을 교육시켰다. 로슨의 교육 담당자들은 시위 참가자들이 내슈빌 거리에서 당할 수 있는 조롱과 모욕적 행동을 시범 보였다. 그들에게 욕설을 퍼붓고, 침을 뱉고, 머리에 껌을 붙이면서, 실제 시위에서 똑같은 도발을 당했을 때 어떻게 대응해야 하는지 일깨웠다. 식당에서 어떻게 앉아야 하는지, 체포된 후 경찰차에서 어떻게 노래를 불러야 하는지, 가장 모욕적인 상황에서도 어떻게 폭력을 행사하지 않을 수 있는지 보여주었다.

오트포르! 운동 기간에 세르비아인들은 아름다운 여성들을 행

독재자를 무너뜨리는 법

진의 맨 앞줄에 세워, 경찰이 우리를 구타할 확률을 처음부터 최소화했다. 아무리 가학 성향을 가진 경찰이라 해도 여자를 때리는 걸로 하루를 시작하기는 싫을 테니 말이다. 그리고 여성들이 시위대 앞쪽에서 걷게 함으로써, 우리 쪽의 경찰과 몸싸움 벌일 가능성이 있는 거친 젊은이들과 경찰 사이에 완충지대도 만들 수 있었다. 또한 오트포르! 멤버들은 끊임없이 악기를 연주하고 스피커에서 흘러나오는 음악에 맞춰 춤을 추었고, 우리가 경찰을 위협하려고 그 자리에 있는 게 아님을 보여주기 위해 함께 춤을 추자고 청하곤 했다. 그리고 지원자 중에 '시위 순찰대'로 임명돼 팔에 붉은 리본을 두른 학생들이, 우리 중 말썽을 부릴 만한 사람들이 경찰이나 다른 시위 참가자들과 폭력적인 문제를 일으키기 전에 미리 떼어놓는 활동을 했다.

이를 통해 우리는 은근슬쩍 다가오는 폭력이라는 악마로부터 저항 운동을 지키는 데 필요한 세번째 단계로 가게 된다. 불가피하게 당신의 축제를 망치려는 선동가들을 막아내는 일이다. 슬픈 일이지만 모든 사회에는 비주류 집단이 존재하고, 그들 중 많은 이가 폭력적인 결전을 아주 좋아한다. 그들은 인종 전쟁을, 정부와의 극적인 충돌을, 혹은 더 무시무시한 것을 갈망할지도 모른다. 축구 팬에서 급진적 무정부주의자까지 모든 나라에는 '유력 용의자 usual suspects'가 있기 마련인데, 그들은 차를 불태우고, 얼굴에 검은 복면을 뒤집어쓰며, 설득력 없는 이유로 경찰에 화염병을 던진다. 이들은 대혼란을 야기할 수 있는 대규모 집회를 좋아하기 때문에, 어떤 시위나 집회에도 기꺼이 참석한다. 여기서 당신은 당신의 비폭력 운동과 이들 유해한 그룹 사이에 분명하게 선을 그어야 한다. 그들이 옹호하는 주장이 무엇이든 그 주장에 당신이 동의하든 안 하든 그것은 중요하지 않다. 무슨 일이 있어도 그들을 피하라. 어떤 경우에도, 무슨 수를 써서라도 그들이 당신과 전혀 무관함을 알려야 한다.

다행히도 새로운 기술 덕분에 예전보다 이 일이 수월해졌다. 2011년 오큐파이 운동을 지지하기 위해 시위를 벌였던 이탈리아 활동가들은,[6] 시위를 악용하려던 무정부주의자, 블랙 블록Black Block 일원의 사진을 찍어 선동자들이 누군지 확인하고 그 모습을 SNS에 올렸다. 덕분에 오큐파이 활동가들은 폭력적 축제를 찾아 로마로 온 블랙 블록과 명백한 선긋기를 할 수 있었다. 그들의 이런 노력은 수만 명의 평화로운 시위대와 관심을 끌려는 몇몇 블랙 블록 같은 유형의 사람들을 아무도 혼동하지 않도록 하겠다는 의지였다.

이 모든 비폭력 원칙은, 안으로는 당신의 운동을 평화롭게 유지하고, 밖으로는 당신이 지도자의 자질을 지녔음을 다른 이들에게 알리기 위한 것이다. 앞서 말한 모든 이유 덕분에, 억압적인 정권의 고위관리들에게서도 지지를 끌어낼 가능성이 매우 높다. 다음 장에서 보겠지만 그 유명한 톈안먼 광장 사태로 이어졌던 학생 운동도 군 장교들의 지지를 이끌어내어, 장교들이 국가의 명령에 불복하고 진영을 바꾸기도 했다. 국제사회로 확대해도 같은 논리가 적용된다. 외국 정부에서 NGO까지 수많은 기관 역시 무장 반란보다는 평화적 저항 운동을 지지하려 할 것이다.

필리핀에서 일어났던 일도 그런 경우이며, 캔바스의 가장 젊은 교육가이자 유일한 필리핀인인 세실리아가 나누고자 하는 이야기도 바로 그것이다. 1969년, 마르코스가 대통령에 재선출되었다. 마르코스는 2차대전 중 항일 게릴라였다는 점을 내세워 자신을 차별화했다. 공산주의자들이 주도하던 학생 시위 물결에 대응해 그는 계엄을 선포했다. "익숙하고 보잘것없는 과거를 돌아보며 위안을 얻는 일이 어쩌면 더 쉽고 편할지도 모른다."[7] 마르코스는 늘 그렇듯이 어느 소름 끼치는 연설에서 이렇게 말했다. "그러나 우리 시대에는 너무나 심각하고 위험한 요소가 많기 때문에, 전통적 민주화 과정에 관습적으로 수긍할 수 없다."

반대 세력들이 총을 들고 정글로 들어간 것도 놀랍지 않다. 자신을 신인민군이라 명명한 이 공산주의자들은, 처음에는 정부를 상대로 성공적으로 유격전을 수행했다. 하지만 평범한 필리핀인들의 공감을 거의 얻지 못했고, 미국 정부에는 테러리스트로 낙인찍혔다.

반대 세력의 지도자로 나선 이가 상원의원 베니그노 아키노였다. 1983년, 그는 오랜 망명생활에서 돌아와 마르코스에 맞서 출마하기로 했다. 그가 비행기에서 내렸을 때 상원의원을 맞으러 나간 군부 수행단은 지체 없이 공항에서 그를 암살했다. 급박하게 시위의 불길이 번졌고, 선택의 여지가 없어진 마르코스는 선거를 치르는 데 동의했으나, 부정선거로 다시 권력을 잡았다.

암살당한 아키노 상원의원의 아내 코라손 아키노에겐 엄중한 순간이었다. 남편의 죽음으로 촉발된 모멘텀을 알아본 아키노는

폭력이라는 악마

마닐라에서 시위를 조직했다. 200만 명이 모여들었다. 마르코스의 대통령 취임식 다음날, 그녀는 '국민의 승리'라는 이름의 저항운동을 선언했다. 아키노의 촉구에 응해 필리핀인 대다수가 총파업을 벌였다. 그들은 국영은행에 자신의 예금 지급을 청구하는 운동을 조직해 마르코스 패거리가 경영하는 부패한 기관들을 불안정하게 뒤흔들었다. 그들은 국영방송을 거부하고, 마르코스에 반대하는 권력 기둥인 가톨릭교회의 신문과 라디오 방송에 의존했다. 필리핀 전역에서 수백만 시민이 희망을 감지했다. 전 세계에서 이들을 지켜보던 수백만 명도 누가 옳은지 의심할 필요가 없었다. 1986년 2월 25일, 아키노는 대통령 선서를 하고 대리 정부parallel government를 세웠다. 그날 저녁 미군 헬리콥터는 마르코스와 가족 30명, 수행원들을 근처 군 기지로 데려가 하와이로 이송했다. 독재자는 여생을 그곳에서 보내게 될 것이었다.

비폭력 저항은 폭력 투쟁이 실패했던 필리핀에서 성공을 거두었으며, 그런 예는 세계 곳곳에서 얼마든지 찾을 수 있다. 비폭력은 통합, 계획과 함께 성공적 투쟁의 삼위일체를 이루는 필수원칙이지만, 성공이 보장되려면 다른 것들도 필요하다. 이 세 가지 원칙만큼 중요한 것은 시작한 일을 언제 어떻게 마무리지을지 아는 것이다. 이를 위해 1989년 중국 베이징에서 탱크를 노려보던 유명하고 용감한 사람들의 이야기를 살펴보려 한다.

10장

시작한 일은

끝내라

여기까지 읽었다면 거의 결승선이 가까워진 셈이다. 결론이 눈앞에 다가왔으니, 당신은 이미 다음에 읽을 더 흥미로운 책에 대해 생각하고 있을지도 모르겠다. 그렇기 때문에 바로 이 시점에서 비폭력 투쟁에 있어서 매우 중요함에도 불구하고 과소평가된 요소에 대해 이야기해야 할 것 같다. 어떤 운동에서든 '거위 알'을 공격한 다음에는, 원하던 목적을 이룬 그 순간이 언제인지, 그것을 어떻게 확인할 것인지 파악해야 한다. 바로 그 순간이 활동가로서 당신이 승리를 선언하고 사라져야 할 시간이기 때문이다. 아니, 적어도 이길 수 있는 다음 전투로 옮겨가야 할 시간이기 때문이다.

상당히 간단한 문제로 보일 수도 있지만, 승리를 선언할 때는 섬세해야 한다. 빵을 굽는 것과 같아서, 주방에서처럼 여기에서도 타이밍이 전부다. 타버린 쿠키나 곤죽이 된 설익은 반죽을 받아들고 싶지는 않을 것이다. 아직 힘든 일이 많이 남은 상태에서 승리를 너무 일찍 선언하고 활동가들이 흩어진다면, 오늘날 이집트와 같은 상황에 처할 수도 있다. 이집트에서는 무바라크의 실각 이후 혁명이 승리로 끝났다고 생각했지만, 강력한 군부가 권력을 장악해 나라를 자신들 수중에 넣고 말았다. 심지어 지금도 무슬림형제단은 도피중이고, 군이 권력을 잡고 있는 이집트는 내 친구 모하메드 아델이 그리고 갈망했던 민주국가라고 보기 힘들다.

지나고 보니 이집트인들이 저지른 바보 같은 실수는, 독재자가 수감된 직후 곧장 혁명의 성공을 선언했다는 것이다. 혼란한 정치 상황에서 가장 잘 조직화된 집단이 권력의 고삐를 거머쥐기가 가장 유리하다는 것은 잘 알려져 있다. 그리고 이집트에서는 무슬림형제단과 군부가 가장 잘 조직돼 있었다. 무바라크 축출 뒤 혼돈 상태일 때 두 집단 중 하나가 국가 권력을 장악할 수 있음을 예측하지 못했던 젊은 비폭력 운동가들은, 카이로 거리로 시민을 불러내 성공적으로 통합을 이끌었음에도 결과에 크게 실망할 수밖에 없었다. 그래서 캔바스의 우리는 사람들에게, 미국 케네디 대통령은 단순히 우주비행사를 달에 보내겠다는 약속만 한 게 아니라, 그들을 지구로 다시 데려오겠다는 약속도 했음을 상기시켰다. 비행사들을 집으로 데려오라, 단지 우주로 쏘아올리는 것에 그치지 말고. 그것이 나사의 거위 알이었다. 이집트인들에게 거위 알은 민주주의였지 단지 무바라크의 퇴진이 아니었다.

그러므로 시작한 일을 끝내는 것은 비폭력 운동가들에게 매우 중요한 과제다. 독재정권을 무너뜨리는 화려한 성과는 제대로 민

독재자를 무너뜨리는 법

주주의를 정착시키는 그리 화려하지 않은 과제를 마친 후에야 비로소 승리로 간주될 수 있다. 앞서 말한 체노웨스와 스테펀의 연구에서는, 비폭력 운동이 지속적인 사회변혁을 이룰 가능성이 가장 높다고 결론지었다. 지난 5년간의 확률이 42퍼센트였는데, 그렇다면 당신의 노고가 불행한 결과로 귀결될 확률은 58퍼센트라는 뜻이다. 때문에 당신이 빈손으로 남지 않으려면, 엄청나게 성공적인 운동도 이따금씩 빠지게 되는 흔한 함정을 살펴봐야 한다.

성공적인 운동이   빠지기 쉬운 함정

이집트에서 보았듯이, 너무 일찍 샴페인을 터뜨리면 더 고약한 배우가 당신이 힘들게 이룬 일을 대신 차지해버리게 된다. 그러나 승리 선언에 너무 시간을 끄는 일도 마찬가지로 위험하다. 앞서 말했듯이 모멘텀은 아주 까다로운 것이어서, 결코 허비해서는 안 된다. 1989년 톈안먼 광장을 점령했던 젊고 용감한 중국 활동가들에게 벌어진 상황을 보면 안다. 현대사에서 가장 매혹적인 순간 중 하나인 이때, 학생들은 평화로운 대규모 시위를 열어 중국 공산당 정부가 가시적인 양보와 개혁을 제안하도록 밀어붙였다. 그러나 학생들은 정부에서 타협안으로 내놓은 작은 제안들을 모두 거절했고, 그 결과 모든 것이 눈앞에서 산산조각나는 파국에 이르렀다. 학생들은 정부의 제안을 받아들이기보다 비현실적이게도 중국 시스템을 갈아엎을 만한 완전하고도 진정한 민주주의를 요구했던 것이다. 톈안먼 광장의 시위대가 작지만 의미 있는, 이미 손 안에 들어온 승리를 거절함으로써 정부는 추가적인 소요를 예측하며 극심한 공황 상태에 빠졌고, 결국 봉기를 짓밟고 만다. 그 결과 중국의 사회 운동은 거의 20년을 퇴보하게 된다.

중국 역사와 관련된 다른 것들과 마찬가지로, 톈안먼 광장에서 일어났던 일은 수십 가지 역사적 상황과 어떤 것은 몇십 년을 거슬러올라가는 역사적 과정과 연결되어 있다. 나는 정치학자가 아니지만, 단순하게 말하자면 이렇다. 1989년 4월 15일, 중국 공산당 총서기이자 개혁가였던 후야오방이 심장마비로 갑작스레 사망했다. 중국 민주주의를 염원하던 중국의 진보적인 대학생들은 자신들의 대변자라고 여겼던 후야오방의 죽음을, 마치 건스 앤드 로지스의 수많은 팬들처럼 한자리에 모여들어 애도했다. 학생들은 빠르게 톈안먼 광장으로 집결했고, 후야오방의 성지를 세우고 정부가 충분히 개혁적이지 않다는 것을 아주 우회적으로 비판하는 시를 썼다.

젊고 혈기왕성한 학생들의 관심은 시 쓰기에만 머물지 않았다. 산발적이던 시위가 곧 하나의 운동으로 집결되었고, 지도자들과 음악과 구호와 일곱 가지 요구사항이 등장했다. 오늘날, 약 25년의 세월이 지난 지금, 우리는 톈안먼 사태를 억압에 맞서 일어난 민주화 운동으로 기억한다. 참가자들의 결단은, 이름 없는 한 사내가 줄지어 오는 탱크를 가로막고 선 유명한 사진으로 시각화되었다. 그러나 사실을 말하자면 학생 운동은 적어도 처음에는 그렇게까지 급진적이지 않았다. 그들은 정부에 교육예산 증액, 베이징

독재자를 무너뜨리는 법

내 시위 제한 철폐, 언론에 대한 특히 학생 운동 기사에 대한 검열 완화 등 직설적이고 합리적인 요구사항을 제시했다. 확신컨대, 이 모든 요구사항은 충분히 얻어낼 수 있었다.

처음에는 정부도 순순히 따를 생각이 거의 혹은 전혀 없어 보였다. 4월 26일, 공산당 기관지 인민일보가 1면에 시위에 대한 사설을 실었다. '소요에 반대하는 단호한 태도가 필요'[1]라는 제목의 이 사설은, 공산당 간부들의 접근방식에 의심의 여지가 없음을 보여주었다. 거의 즉시, 수십만 명 이상의 학생이 경찰 저지선을 뚫고 광장으로 더 몰려들었고, 공장 노동자와 그 외 베이징 시민들도 그들을 지지했다. 공산당 거물급 인사라면 두려워해야 할 순간이었다. 권력의 기둥들이 흔들리더니 공산당 반대편에서 재편되기 시작했다. 혁명이 다가오는 것 같았다.

공산 체제가 실제로 위험에 처했음을 깨달은 정부는 신속하게 협상할 준비가 되어 있음을 발표했다. 신임 총서기 자오쯔양은 거듭된 연설을 통해, 학생들이 부패를 큰 문제로 지적한 것은 합당하다며, 이에 대해 신속한 조치들을 취하겠다고 말했다. 자오쯔양은 또한 학생 운동은 본질적으로 애국적이라고 언급했는데, 이러한 선언은 학생 운동 지도자들에게 더이상 박해를 가하지 않겠다는 뜻으로 널리 이해되었다. 말투로 보나 내용으로 보나, 자오쯔양의 연설은 이전에 정부가 취했던 강경노선을 무효화하는 것이었고, 공산당이 기꺼이 귀기울여 듣고 합리적으로 행동하겠다는 신호처럼 보였다. 5월이 다가왔을 때 학생들 대부분은 커다란 승리를 거두었다고 느꼈다.

시작한 일은 끝내라

이것이 만약 비디오 게임 '마이크 타이슨의 펀치 아웃'이었다면, 학생들은 이제 막 최약체 게임 캐릭터 글래스 조를 쳐부순 셈이었다. '앵그리 버드' 게임이었다면, 간단한 초보 단계를 넘어선 것이었다. 학생들은 잠시 숨을 돌리고 자신들의 위치를 평가한 후, 아직 강철주먹 마이크 타이슨을 쓰러뜨릴 준비가 안 돼 있다는 것을 깨달았어야 했다. 그들이 정말 놀라운 일을 해낸 것은 사실이다. 어쨌든 중국 정부가 누구와, 그것도 학생들과 타협할 그런 이들은 아니지 않은가. 공산당에게 자신들의 요구사항을 고려하게 했다는 것만으로도 학생들은 이미 크게 한 방 먹인 것이었다. 따라서 다음 단계에서 취할 최선의 움직임은 중국 정부를 굴복시키는 데 성공한 그들의 성과를 멀리 그리고 널리 전하는 것이었다. 그러고 나면 게임은 2단계로 즉시 넘어갔을 것이고, 학생들은 첫 판에서 습득한 기술을 이용해 자신들의 지위를 더 높이고, 강펀치로 한계를 좀더 밀어붙일 수 있었을 것이다. 그들의 극적인 미니시리즈의 두번째 시즌은 첫 시즌보다 분명 더 흥미진진할 것임을 알릴 수도 있었다. 어쨌든 그들에겐 잠재력이 있었고, 실적도 있었다.

그러나 학생 지도자들은 대부분 그렇게 생각하지 않았다. 일반화의 위험이 있긴 하지만, 그들은 대화에는 별 흥미를 보이지 않았다. 그들은 젊고 이상적이었으며 모 아니면 도를 원했다. 협상보다는 모멘텀을 얻어 대중을 다시 자신들의 대의 아래로 모으고, 오히려 더 급진적인 전술로써 한 판 붙겠다고 선언했다. 그들은 단식투쟁을 발표했다.

단식투쟁은 5월 13일 시작되었다. 타이밍은 우연한 게 아니었

독재자를 무너뜨리는 법

다. 소련의 지도자 고르바초프가 이틀 후 베이징을 방문할 예정이었고, 당연히 도시의 중심인 톈안먼 광장도 방문 장소에 포함될 것이었다. 다시 한번 정부는 타협할 용의를 분명히 밝혔다. 국영방송은 어쩔 수 없이 단식투쟁을 긍정적으로 보도했고, 언론 검열도 느슨해졌으며, 소수이긴 하나 지식인들이 주요 일간지에 비판적인 표현을 하는 것도 허락되었다. 서구의 가치 기준에서 보면 언론의 자유와 거리가 멀었지만, 전 세계 공산국가의 기준에서 보면 커다란 양보였다. 유화 정책을 한 걸음 더 진전시켜 중국 정부 대표 옌밍푸가 직접 광장에 나타나 자발적 인질이 되겠노라 제안했다. 그는 정부가 협상에 관심이 있다고 말했다.

그러나 학생 지도자들은 여전히 입장 변화를 거부했다. 민주주의가 아니면 죽음을 달라고 했다. 그들은 '게임 오버'를 요구하고 있었다. 그러나 정부도, 비디오 게임도 그런 식으로는 흘러가지 않는다. 다음날 고르바초프가 도착했다. 30여 년 만에 처음으로 개최되는 중소 정상회담이었지만, 광장이 아닌 공항에서 환영행사가 열렸다. 이 톈안먼 운동의 운명은 상당 부분 결정돼 있었다. 학생들의 목표는 순수했지만, 그들은 자신들의 도전을 하나의 대변동이 아닌 일련의 작은 활동들로 이해하는 데 실패했고, 따라서 가망성은 거의 없었다. 심지어 계엄이 선포되고 여러 고위 군 관계자들이 자신의 공적인 경력과 안전이 위험해지는 것을 감수하면서까지 학생들을 보호하기 위해 필사적으로 학생들에게 손을 내밀었을 때도, 학생들은 고집을 꺾지 않았다. 그들은 게임을 어떻게 하는지 몰랐다. 언제 승리를 선언해야 하는지 몰랐고, 결국 너

시작한 일은 끝내라

무 오래 기다리다 짓밟히고 말았다.

드디어   때가 왔다

활동가들이 모든 것을 똑똑하게 처리하고 완벽하게 타이밍을 맞춰도, 운동은 붕괴될 위험을 갖고 있다. 많은 사람이 작게 시작해 큰 승리를 거두고 적절한 순간에 승리를 선포했지만, 그럼에도 모든 것이 눈앞에서 산산조각나는 장면을 두려움 속에서 지켜봐야 했다. 이런 일은 대개 승리를 너무나 자신만만하게 여기기 시작했을 때 일어난다. 달리기 선수가 선두를 지키며 거의 결승선에 도달해 승리를 맛보려는 순간, 경쟁자가 전력질주하며 그를 제치고 푸른 리본에 안기는 경우와도 같다. 이런 일이 2004년 우크라이나 오렌지 혁명 직후 일어났다.

　오렌지 혁명이 있기 몇 달 전, 우리 세르비아인들은 우크라이나에서 온 젊고 용감한 활동가들과 함께 일할 기회가 있었다. 그들은 자신을 포라^{Pora}라고 불렀는데, '때가 왔다'는 뜻이었다. 이름에서부터 오트포르!의 '그는 끝장났다'와 '올해가 바로 그해다' 캠페인과 같은 간절함이 전해져왔다. 포라의 지도자들은 멋진 사람들이었는데, 오렌지색이라는 하나의 상징을 만들었을 뿐 아니라, 유권자들을 만날 때면 오렌지색 스웨터를 입은 야권 단일 대통령 후보인, 잘생긴 빅토르 유셴코를 내세워 사람들을 통합하는 일에도 뛰어났다. 포라는 권력의 기둥들을 그들 편으로 끌어들였고, 파티처럼 즐거운 대규모 집회를 조직하는 등 훌륭한 활동을 해냈다. 그들은 시위를 할 때도 음악을 연주하면서 여성들이 당황하는 진압 경찰에게 오렌지색 꽃을 건네도록 했다. 모든 이들에게 희망적인 미래의 비전을 선사했고, 민주주의와 투명성, 기본권을 옹호하는 자유로운 우크라이나를 만들어가겠다고 집중적으로 선전했다.

당연히 공산당 후기 집권 정부는 이 모든 사안에 대처하느라 힘든 시간을 보내고 있었다. 우크라이나의 정치 엘리트 집단은 푸틴의 러시아와 밀접한 동맹관계였고, 위기를 모면하기 위해 뭔가를, 그게 무엇이든 해야 했다. 유셴코와 러시아의 승인을 받은 빅토르 야누코비치의 대결일이 다가오면서 포라가 성과를 거두고 있었기 때문이다. 유셴코는 햇빛 찬란한 미래를 상징하며 우크라이나가 소련 해체 이후 냉전에서 벗어나기를 고대하는 유권자들에게 매력적인 모습으로 다가갔다. 한편 야누코비치는 강도와 폭행으로 감옥에서 4년을 보낸 범죄자였다.

그런데 광장으로 가던 중 이상한 일이 생겼다. 처음에 유셴코는 배탈이 났다고 생각했다. 속이 안 좋았지만 큰 문제는 아니었다. 물론 유세 중에도 불편함을 느꼈는데, 식중독을 앓아본 사람은 알겠지만 좀 당황스럽긴 해도 국가 중대사로 처리할 일은 아니었다. 가장 강인한 지도자일지라도 때로 감기에 걸리는 법이니까. 그러나 상황이 심각해졌다. 유셴코의 얼굴이 부어올랐고 물집이 잡히기 시작했다. 그리고 나서 피부가 파충류 같은 초록색으로 변했다. 곧 전 세계가 공포 어린 시선으로 바라보는 가운데, 사진 잘 받는 멋진 야당 정치가이자 민주화 운동가들의 우상이던 유셴코가

고질라처럼 변해버렸다.

마침내 진단 결과가 나왔다. 유셴코는 다이옥신 중독이었다. 미국 드라마 〈브레이킹 배드〉에서 월터 화이트가 만드는 파란 메스암페타민처럼, 유셴코에게 사용된 다이옥신도 순도가 매우 높아서 화학물질에 어지간한 전문지식이 없다면 만들 수 없는 것이었다. 알고 보니 사건은, 유셴코가 우크라이나의 비밀경찰 수뇌부 인사와 식사를 하던 자리에서 빵을 먹은 후 일어났다. 평범한 우크라이나 시민들은 그들이 형편없는 스파이 영화 속을 사는 게 아닌지, 소련 시절 KGB 악당들과 함께 살고 있는 것은 아닌지 의문을 품었다. 포라의 활동가들은 격노했고, 선거가 시작되면서 후보가 살아 있기를, 축복받은 순교자 같은 건 되지 않기를 바라게 되었다.

포라의 적들은 걱정할 것 없다고 말했다. 유셴코가 최신 유행인 자본주의적 음식 초밥과 코냑을 먹었던 것이 화근이며, 그가 애국자답게 돼지 비계와 보드카를 먹었더라면 괜찮았을 거라고 주장했다. 실제로 암살을 시도했던 야누코비치 지지자들도 모든 것이 유셴코 잘못이라 비난했다. 그때 포라는 절호의 기회를 알아보았고 이를 낚아챘다. 미리 준비된 탄압에 대응해 그들은 화려하게 역풍을 만들어냈다. 유셴코의 흉한 얼굴은 포라의 새로운 상징이 되었고, 포라의 에너지와 열정은 그들이 앞서 우크라이나 민주주의에 대한 관심을 촉발시키는 데 활용했던 모든 비폭력적 방법과 결합되었다. 곧 유셴코를 지지하는 집회, 시위, 행진이 끊임없이 이어졌다. 야누코비치는 선거를 조작하려고 안간힘을 썼지만, 얼굴에 흉터는 영원히 남겠지만 회복중이었던 유셴코는 우크라이나의 새 대통령으로 선출될 수 있었다.

지켜보던 모든 이에겐 포라가 우크라이나 민주화에 공을 세운 것으로 보였다. 그들의 운동이 권력의 기둥들을 가능성 있는 야권 단일 후보 아래 통합시켜 커다란 승리를 이끌어낸 것도 분명했다. 이 모든 것이 훌륭한 이야기로 남아 오늘날 우크라이나가 그 지역의 자유와 인권이 꽃필 수 있도록 묵묵히 제 갈 길을 잘 가고 있다고 말할 수 있으면 좋겠다. 하지만 슬프게도 이는 사실과 다르다. 포라의 활동가들은 격동의 대선 기간에 사람들을 통합하는 데엔 탁월한 능력을 보였지만, 유셴코가 선출된 후에는 그러한 능력을 발휘하지 못했다. 유셴코가 대통령에 취임하고 파티도 모두 끝나자, 사람들은 그냥 집으로 돌아가버렸다. 포라 활동가들은 혁명의 열기가 모두 가라앉자 정치적 통합을 유지하기 위한 일은 계속하지 않았고, 몇 달 지나지 않아 유셴코의 연립여당은 균열을 드러내기 시작했다. 거의 즉시, 유셴코는 총리 율리야 티모셴코와 다툼을 시작했다. 티모셴코는 유셴코만큼 카리스마를 지닌 인물이었다. 두 사람은 거의 모든 일에서 합의를 이루지 못했고, 그들의 정치적 협력자들도 모두 각기 다른 편에 서면서 곧 민주 세력의 기반이 무너져내렸다.

추락은 계속되었다. 금이 간 유셴코의 연합 세력이 결국 완전히 와해되면서 빅토르 야누코비치가 다시 한번 권력을 잡을 토대가 마련되었다. 대담해진 야누코비치는 자신을 작은 푸틴처럼 포장했고, 티모셴코는 부정부패 죄목으로 수감되었다. 2011년 혹은 2012년 무렵의 우크라이나를 들여다보았다면 당연히 포라는 완전히 실패했으며 민주화는 불가능하다는 생각이 들었을 것이다.

시민의 힘은 램프의 요정 같아서, 일단 램프 밖으로 꺼내면 다시는 안으로 넣을 수가 없다. 우크라이나가 그 좋은 예다. 야누코비치가 재부상한 후 우크라이나는 정치적 공황에 빠졌지만, 뭐라도 시도해볼 에너지나 수단을 가진 사람은 극히 드물었다. 우크라이나인들은 야누코비치가 정실 인사와 부패라는 거대한 체제 위에 군림해도 그저 냉소할 뿐이었다. 그들은 독재자가 시민의 자유를 억압하자 한숨 쉬었고, 월급 2,000달러를 받는 공무원이 7,500만 달러짜리 저택을 사서, 하나에 10만 달러짜리 샹들리에를 달고, 동물로 가득찬 개인 동물원을 지었을 때도 그저 욕만 했다. 모든 것이 분명 최악이었다. 그런데 야누코비치가 EU에서 빠져나와 모스크바의 손짓을 따르겠다는 신호를 내비치자, 램프의 요정은 또다시 포효했다. 우크라이나인들은 부패를 참고 살 용의가 있었다. 공무원들의 초호화판 생활도 내키지는 않지만 용서해줄 수 있었다. 그러나 서구와의 결합이라는, 자유세계와 연결된 정상적인 국가이고픈 꿈, 혹은 성공에 대한 꿈, 잘살고픈 꿈, 희망을 가질 수 있다는 그들의 꿈, 포라가 10년 전 '미래의 비전'으로 그렸던 그 모든 꿈을 독재자가 앗아가는 것은 너무 멀리 나간 행동이었다. 그래서 다시 한번 사람들은 거리로 나섰다.

예우로마이단Euromaidan으로 알려진 이 운동은 참으로 인상적이다. 운동의 일원들은 미래의 비전을 위해 투쟁했고, 키예프 거리에서 학살되었다. 역사상 EU 깃발을 자랑스럽게 흔들며 죽음을 맞이한 첫번째 시민이 EU 회원국이 아닌 국가의 시민일 거라고,

독재자를 무너뜨리는 법

우크라이나인들일 거라고 누가 상상이나 했겠는가. 그것이 비전의 힘이며, 예우로마이단 운동이 전하는 영감이다. 정부가 아무리 무력을 사용해도, 모스크바가 러시아 공영 프로파간다 채널과 전 세계 TV에 아무리 많은 말을 쏟아내도, 온갖 사악한 이유를 대며 시위대를 비난해도, 사람들은 끈질기게 투쟁을 이어갔다. 이유는 간단하다. 이는 이른바 '포라의 실패'와도 많은 관련이 있다. 평범한 시민이라도 자신들의 힘을 맛보고 나면, 그들은 대개 오랫동안 현실에 안주하며 순응하던 지난날로 돌아가려 하지 않는다. 그들은 앞으로 나아가고 싶어한다. 자유로워지고 싶어한다. 그러나 키예프 활동가들이 과거의 실수에서 교훈을 얻었는지는, 장기적으로 사람들을 통합시킬 수 있을지는 두고볼 문제다. 희망컨대 그들이 역사에서 커다란 승리로 보이는 것을 얻은 후에도 운동에서 통합을 유지하는 게 중요하다는 사실을 배웠기를 바랄 뿐이다.

우리는 당신을   지켜보고 있다

밀로셰비치의 몰락 후 오트포르!가 커다란 성취를 이룬 듯 보였지만, 우리는 멈추지 않고 계속해서 체제를 압박했다. 물론 밀로셰비치가 권좌에서 축출되긴 했어도 여전히 남아 있는 그의 일당들이 반격의 기회를 노리고 있었다. 또한 세르비아의 새 지도층이 밀로셰비치의 오래된 권좌가 아주 편안한 자리임을 깨닫고, 다시금 독재 통치를 시도할 가능성이 있다는 것도 알고 있었다. 그래서 오

밀로셰비치 이후 새로 선출된 정부에 세르비아의 비전을 이행하라는 오트포르!의 포스터.
'우리는 당신을 지켜보고 있다'고 쓰여 있다.

독
재
자
를
무
너
뜨
리
는
법

트포르!는 그에 대한 대비도 했다. 우리는 우리의 거위 알이 민주
주의이며, 민주주의에 도달하려면 아직도 먼길을 가야 한다는 것
을 알고 있었다. 그래서 밀로셰비치 정권을 끌어내린 바로 그 사
람들이 이제는 새로 선출된 민주정부 지도자들을 감시하고 있으
며, 옛 체제로 되돌리려는 그 어떤 시도도 저항에 부딪힐 것임을
알리는 신호를 나라 곳곳에 붙여놓았다. 오트포르!의 옛 플래카드
와 그라피티가 있던 자리에, 세르비아 혁명의 상징이 된 불도저를
그린 포스터들이 나붙었다. 포스터에는 이런 문구가 있었다. '세
르비아에는 2만 대의 불도저가 있고, 200만 명의 불도저 운전자들
이 있다.' 이런 문구도 있었다. '우리는 당신을 지켜보고 있다!' 이
모든 것은 새로운 정부에게, 오트포르! 운동은 결코 끝나지 않았

음을 보여주기 위해서였다. 달리 말하면, 우리의 일은 밀로셰비치의 몰락으로 끝난 게 아니었다. 우리는 민주주의를 위해 싸우고 있고, 시작한 싸움을 마무리하는 계획을 갖고 있었다.

비폭력 운동을 계획하는 일이든 골프채를 휘두르는 일이든, 마무리 동작이 가장 중요하다. 반혁명 군사 쿠데타를 방지하고, 민주정부를 구축하고, 자유 공정선거를 실시하고, 지속가능한 기관을 만드는 일은, 광적인 독재자에 맞서거나 대도시 거리에서 흥겨운 시위로 손쉽게 시장을 풍자하는 일보다 훨씬 덜 섹시하다. 그럼에도 운동을 성공적으로 마무리하기 위해서는 조명과 카메라가 또다른 큰 사건을 취재하기 위해 떠난 후에도 인내심을 가지고 하던 일을 계속해야 한다.

밀로셰비치가 실권한 지 10여 년이 지났지만, 나의 조국 세르비아는 아직 꿈의 세상은 아니다. 하지만 여전히 민주주의가 꽤 괜찮게 작동하고, 오트포르! 시절 우리가 이루고자 했던 국가상에 많이 가까워졌다. 그것은 운동을 시작할 때부터 우리가 원하는 바를 정확하게 알았기 때문이며, 거위 알을 선명하게 정의하는 미래에 대한 비전을 가지고 있었기 때문이다. 우리는 민주주의를 요구했고, 이웃국가와 평화롭게 공존하는 국가를 원했고, EU의 일원이 되길 바랐다. 오늘날 세르비아는 그 비전에 상당히 가까워졌다. 언론 검열도 없고, 베오그라드 거리에서 시위대를 구타하는 일도 없으며, 한때 적이었던 나라들과 우호적인 관계를 유지하고 있기도 하다. 그리고 정치인들은, 어쨌든 표면상으로는 EU에 가입하려고 애쓰고 있다.

이는 밀로셰비치 몰락 후에도 세르비아 활동가들이 이길 수 있는 작은 전투들을 멈추지 않고 계속해왔기 때문이다. 우리의 가까운 친구이자 멘토인 조란 진지치는 총리직에 올라 밀로셰비치 시절 만들어진 억압적인 법률들을 점진적으로 없애기 위해 노력했으며, 작은 개혁을 하나씩 차례로 이뤄갔다. 진지치는 혁명 후 갓 태어난 정부는 본질적으로 연약한 꽃과 같다는 것을 알았고, 따라서 개화하는 동안 누구에게도 그 꽃을 뽑을 구실을 주지 않으려고 했다. 그는 단호하면서도 서서히 움직였다. 이집트에서처럼, 옛 정권에 충성하는 자들이 아직 많았고 그들은 진지치가 뭔가 도를 넘은 엉뚱한 일을 벌이기만 바랐다. 또한 세르비아에는 힘겨루기를 해야 할 무슬림형제단 같은 세력은 없었던 반면 밀로셰비치를 몰아낸 우리의 승리가 만들어놓은 힘의 공백을 이용해 이득을 취하려는 조직폭력 집단이 엄청나게 많았다. 결국 진지치는 자신의 수고에 대한 최고의 대가를 치르게 되었다. 그는 마피아 소행으로 의심되는 공격에 의해 암살당했다. 2003년 3월 12일은 내 생의 가장 암울한 날이었다. 그러나 비록 세르비아가 위대한 인물을 잃었지만, 민주주의 그리고 진지치가 강력하게 구축한 체계는 여전히 지속되고 있다. 우리 세르비아인들은 재난이 닥친 후에도 살아남을 수 있는 강력한 무언가를 창조해냈고, 이것은 나에게 혁명의 진정한 성취와도 같다.

간디의 소금 행진을 기억한다면, 그가 점진적으로 단계를 밟아 나가며 그 과정에서 작은 승리들을 선언한 것도 기억할 것이다. 그는 비폭력 게임을 본능적으로 이해했다. 영국 왕가에 대한 인도의

독재자를 무너뜨리는 법

충성을 강조하여 영국의 인도 통치에 비위를 맞춰주려던 시도가 틀어지자, 그에게 다른 진입점이 필요해졌다. 그는 혁명 선언은 대규모 탄압을 불러올 것이며, 더 가혹한 압제로 이어져 결국 애국적 열정 외에는 아무것도 얻지 못할 것임을 알고 있었다. 그것이 바로 톈안먼 광장 활동가들이 맞닥뜨린 운명이었다. 간디가 필요로 했던 것은 그의 지지자들이 서서히, 편안하게 시민 불복종 운동의 규칙을 학습할 수 있는 기회였다. 그런 기회만 있다면, 사람들은 싸움의 기술을 연마하며 자신감을 얻을 수 있으리라 생각했다. 그는 이 모든 것을 소금에서 발견했다.

물론 소금 행진의 성공은 간디가 갈구했던 인도 독립이라는 결과로 곧장 이어지지는 않았다. 시민 불복종 운동이 17년 동안 계속된 후에야 대영제국의 종복들은 가장 수익성 높은 식민통치권을 인도 주민에 넘기게 된다. 그러나 시간이 흐를수록 간디는 수월하게 활동할 수 있었다. 소금 행진을 통해 그는 시작한 일을 마무리하고 그 결실을 맺게 할 수 있는 지도자의 위상을 얻었기 때문이다. 그러한 이유로 간디는 인도인들 사이에서 전례없던 명망을 얻었다. 그는 단순한 도덕적 권위자가 아니었다. 그저 좋은 생각을 옹호하고 훌륭한 연설을 하는 사람도 아니었다. 간디는 정말, 속된 말로 일 마무리 하나는 끝내주게 하는 사람으로 인식됐다.

언제 승리를 선언하고   언제 나아가는가

운동의 대의를 세우고, 상징을 만들고, 권력의 기둥이 무엇인지 파악하고, 탄압에 대한 역풍을 일으키고, 비폭력 운동이 고조되었을 때 활동을 마무리짓는, 운동의 기초적 방법론을 익혔다는 것은 언제 승리를 선언하고 언제 이후의 행동으로 옮겨갈 것인가를 이해했다는 걸 뜻한다. 이것은 하나의 예술 형식으로 아나 하자레가 이 분야에서 독보적이다.[2] 하자레는 간디의 정신적 제자로, 매우 이례적인 경력을 가진 사회운동가다. 가난하게 태어난 그는 친척을 따라 뭄바이로 가서 몇 년간 교육을 받지만, 친척이 궁핍해지자 7학년에 중퇴를 했다. 고향으로 돌아온 그는 약사로 일하는 한편 지주들이 가혹하게 그리고 종종 폭력적으로 대하는 지역 농부들을 보호하기 위해 자경단을 만들었으며 그러다 결국 군에 입대했다. 하지만 이 모든 과정이 전개되는 동안 그는 줄곧 비폭력주의를 신봉했고, 마을로 돌아온 후에도 다시 한번 자신과 이웃의 삶을 개선하기 위해 지칠 줄 모르고 계속 활동을 해나갔다.

하자레는 술을 금지하기 위해 싸웠는데, 그의 고향에서는 늘 술이 큰 문제를 일으켰기 때문이다(그렇다. 나도 이런 활동은 좋아하지 않는다. 하지만 지역사회에서 가장 시급한 일이 무엇인지 혹은 그렇지 않은지 아는 사람은 바로 그 지역 주민뿐이라는 걸 명심해야 한다). 또한 어려운 농부들이 굶주리지 않도록 곡물은행을 세우고, 사람들에게 보탬이 되고자 공익신탁 설립도 도왔다. 이러한 노력이 지역의 교육 제도 개선과 새로운 학교 설립의 원동력이 되었다. 더욱 놀라

독재자를 무너뜨리는 법

운 일은, 카스트 폐지 운동을 성공적으로 이끌어 '불가촉천민'으로 간주되던 사람들의 운명을 극적으로 바꿔놓았다는 것이다. 이러한 승리를 통해 하자레는 중요한 교훈을 얻었다. 마이크 타이슨의 펀치 아웃과 앵그리 버드, 그리고 다른 비디오 게임들처럼, 초기 단계에서는 분명한 목표물을 세우고 이길 수 있는 작은 싸움을 벌이는 것이 더 크고, 더 도전적인 다음 단계를 위한 유용한 준비가 된다는 사실이었다.

2011년, 이제 노인이 된 하자레는 인생에서 가장 큰 싸움을 벌일 채비를 마친 상태였다. 그는 인도 경제와 사회를 끝도 없이 마비시키는 문제, 즉 사방에 만연한 부패와의 전쟁을 치르기로 한다. 2005년 국제투명성기구 연구[3]에 따르면, 인도인 중 62퍼센트가 기본적인 공공 서비스를 받기 위해 뇌물을 준 적이 있다고 답했다. 하자레는 이 모든 것을 중단시키고자 했다. 비리로 유죄 선고를 받은 공무원에 대해 처벌을 강화하고 시민의 편에서 재빠르게 행동할 강력한 힘을 가진 지방 및 전국 행정감찰관 제도를 구축할 것을 촉구했다.

정부는 하자레의 구상을 거절했다. 아마 실행에 옮기기엔 정치적으로 너무 복잡했을 것이다. 2011년 5월, 하자레는 단식투쟁을 시작했다. 그는 기자회견을 통해 "(반부패) 법안이 통과될 때까지 단식할 것"을 천명했다.

수백 명이 그의 단식에 동참했고, 수십만 명이 그를 지지하는 글을 트위터와 페이스북에 올렸다. 곧 발리우드 스타부터 크리켓 선수까지, 인도의 유명인들이 투쟁에 참여했다. 하자레의 메시지는 아주 간단했다. 그는 즉각적인 부패 종식을 요구한 게 아니라, 입법부에 법안을 통과시켜달라는 주장만 했을 뿐이었다. 그는 자제력이 있었고 구체적이었다. 하자레도 간디처럼 대의에 지극히 헌신적인 존경받는 노신사였고, 사람들은 그가 전에 그랬듯이 이번에도 승리를 거둘 수 있다고 믿었다. 곧 수만 명의 지지자가 인도 대도시 곳곳에서 시위에 나섰다. 닷새 후 정부는 항복했고 법안을 통과시키겠다고 약속했다.

하자레는 현명하게도 신속하게 승리를 선언했다. 그리고 한 가지 더 결정적인 조치를 취했다. 전투에서 이겼다고 전쟁에서 이긴 게 아니라는 사실을 잘 알았던 그는 시간이 좀 지나면 타락한 정치 시스템은 쉽게 혼란스러워진다는 것도 이해하고 있었다. 이러한 위험을 인식했기에 하자레는 큰 승리 후에도 정부에 대한 압박을 멈추지 않았다. "진정한 싸움은 지금부터 시작이다."**4** 그는 지지자들에게 말했다. "새로운 입법 과정에서 수많은 어려움이 기다리고 있다. 우리는 닷새 만에 전 세계에, 우리가 국가 대의를 위해 단결했음을 보여주었다. 이 운동에서 드러난 젊은이들의 힘이 바로 희망의 신호다."

그는 자신이 한 말에 충실했고, 정부는 그 본성에 충실했다. 몇 달이 지나자 정부는 원안보다 상당히 약화된 법안을 도입했고, 하자레는 이를 '잔인한 농담'으로 규정했다. 그는 다시 한번 단식투쟁을 하겠다고 선언하며, 이번에는 필요하다면 죽음도 불사하겠다고 했다. 몇 시간 만에 수만 명의 시민들이 하자레를 지지하는 내용의 팩스를 정부로 보냈다. 뭄바이에서는 하자레에 대한 연대

독재자를 무너뜨리는 법

를 표명한 택시기사들이 하루 파업에 돌입했다. 하자레는 단식을 시작하기도 전에 불법집회 주도라는 죄목으로 체포, 투옥되었다.

감옥에서 단식투쟁을 시작한 하자레는, 엄청난 지지를 불러모았고, 몇 시간 만에 정부는 그를 석방하기로 했다. 탄압이 역풍을 맞은 것이다. 하지만 전술의 대가 하자레는, 그가 사전에 선택한 공개된 장소에서 단식투쟁을 계속할 수 있다는 허가를 하지 않는다면 감옥을 떠나지 않겠다고 말했다. 며칠이 지나 동참과 지지가 쏟아졌고 하자레는 또다시 승리했다. 그리고 그가 원하던 장소로 이동해 단식을 이어갈 수 있었다. 그가 야위어가는 동안 그를 지지하러 찾아온 수천 명의 사람들은, 하자레의 허약해지는 몸에 대비되는 그의 단호한 정신을 재확인할 수 있었다. 하자레는 필요하다면 죽음을 선택할지언정, 자신과 지지자들은 결단코 투쟁을 포기하지 않을 거라고 거듭 공언했다.

인도 전역에서 젊은이들이 흰 토피를 쓰기 시작했다. 토피는 인도의 전통적인 모자로, 하자레를 상징하기도 했다. 또한 하자레의 지지자들은 '내가 아니다'[5]라는 짧은 구호를 만들어, 경찰이나 관리들이 뻔뻔하게 뇌물을 요구할 경우 언제든 큰 소리로 대중 앞에서 구호를 외치겠노라 선언했다.

단식을 시작한 지 12일 만에, 체중이 거의 8킬로그램 빠지고 탈수 증상을 겪던 노쇠한 하자레에게 정부가 다시 한번 굴복해 그의 요구대로 법안을 수정하기로 했다는 소식이 들려왔다. 간디의 얼굴이 그려진 거대한 플래카드를 배경으로 의자에 앉은 하자레는 최종 승리를 선언했다. "나는 이것이 우리나라의 승리라고 느낀다."[6] 실제로 이는 인도의 승리였고, 오로지 하자레가 적절한 순간에 승리를 선언할 줄 알았기 때문에, 싸움을 완전히 마칠 때까지 긴장을 놓지 않고 밀어붙였기 때문에 가능한 일이었다.

하자레가 인도에서 성취한 사회변혁과 우리가 세르비아에서 이룬 성과는 쉽게 해낼 수 있는 게 아니다. 민주주의와 인권, 투명한 행정 같은 가치는 서서히 자라는 곡물과도 같아서, 힘겨운 노력과 뚜렷한 전략, 강력한 시민단체가 있어야만 꽃피우고 살아남을 수 있다. 시작한 일을 제대로 끝마치는 것은 활동가의 책임이다. 전 세계를 둘러볼 때, 적절한 결단력이 결여된 혁명은 그들 앞에 제기된 문제와 별다를 바 없이 나쁜 것일 수 있다. 당신이 가져오고자 하는 변화가 무엇이든, 지속가능하고 안정적인 것이 되도록 애써야 한다. 뻔한 얘기지만 조심해야 할 것들이 있다. 너무 일찍 '게임 오버'를 선언하지 말 것, 손에 쥘 때까지는 승리를 인정하지 말 것, 힘겹게 얻은 통합을 '집안' 싸움과 정치적 갈등에 낭비하지 말 것. 그리고 유혹적일지라도, 당신의 운동이 만들어낸 새로운 엘리트 집단 및 영웅들과 너무 쉽게 사랑에 빠지지 않도록 조심할 것. 새로운 권력의 부패와 남용은 가장 훌륭했던 비폭력 혁명의 긍정적인 성과조차 망칠 수 있다. 독재자의 궁궐에 새로 들어온 사람이 독재자의 옛 신발을 아주 편안해하는 경우도 많다. 조지아 크마라 운동 활동가들이 오트포르!의 주먹 로고를 채택하며 2003년 장미혁명을 주도한 지 10년이 지난 지금, 미하일 사카슈빌리는 이전 독재자들과 마찬가지로 권위주의적 전술을 사용했다는 비난을 받으며 대선에서 참패했다. 당시 전도양양한 젊은 지도자였던 사카

독재자를 무너뜨리는 법

슈빌리는, 소비에트 연방에서 독립한 조지아에 인권과 민주주의를 되돌려주겠다는 의지로 대통령이 되었다.

조국에 진정한 변혁을 가져온 성공적 운동에 참여했던 사람으로서, 나는 지속적으로 세상을 변화시키는 일이 가능하다고 믿는다. 오늘날 세르비아가 세상에서 가장 살기 좋은 곳이냐고? 분명 아니다. 경제도 어렵고, 교육 체계는 구식이어서 제대로 돌아가지 않으며, 환경 문제에 대한 인식은 완전히 중세적이다. 게다가 밀로셰비치가 저지른 반인류적 범죄 때문에 앞으로도 오랫동안 국제사회에서 형편없는 명성을 감내해야 할 것이다. 베오그라드를 비롯한 많은 곳에서 실업률은 높고 부패도 만연하다. 그러나 우리는 미래에 대해 희망을 갖고 있으며, 상대적으로 자유로운 언론과, 선거를 통해 지도자들을 선출하고 그들이 하는 일과 하지 못한 일에 대해 책임을 물을 수 있는 민주적인 제도가 있다. 그리고 무엇보다, 우리는 비폭력 운동을 성공적으로 해냈다는 자신감을 가지고 있다. 우리 사회 모든 시민의 삶을 개선할 수 있다는 확신에서 우러나는 자신감. 이는 모든 활동가들이 공유하는 감정이다. 또한 뜻밖의 단순한 생각에서 비롯된 것이 많은 이에게 자신들이 믿는 바를 위해 일어서도록 영감을 주었다는 뿌듯함이 있다. 즉, 변화를 만드는 것은 바로 나 자신이라는 깨달음이다. 사람들은 변화를 이끌어내는 것이 자기 자신임을 알았다. 내가 당신에게 바라는 것도 바로 이것이다.

11장

당신이어야

했다

근사한 스릴러를 좋아하는 사람이라면, 혹은 어린 시절 눅눅한 브로콜리와 질긴 닭고기를 그저 디저트를 먹기 위해 빨리 먹어치운 적이 있는 사람이라면, 가장 좋은 것은 마지막을 위해 남겨두는 편이 좋다는 사실을 알 것이다. 간디와 마틴 루서 킹 목사에 대해 이야기했고, 이집트와 미얀마, 몰디브에서 전개된 시민 운동에 대해 들려주었고, 살인마 밀로셰비치를 무너뜨리는 일에 참여했던 경험을 공유했지만, 이제 다른 종류의, 대단한 영감을 주지는 않지만 평범한 영웅이라 부를 만한 이들에 대한 이야기를 하려 한다. 이 가상의 주인공을 캐시라고 부르자. 솔직히 말해 캐시는 그리 특별하지 않다. 미국 어느 동네에서나 볼 수 있는 여성이며, 그녀의 이야기는 미국 교외에 사는 많은 비상근 활동가들의 일화와 사례들을 하나로 합쳐 구성한 것이다.

자, 캐시는 흠잡을 데 없이 착하고, 더할 나위 없이 평범한 사람이며, 좋은 직장도 다닌다. 세 아이와 함께 이층집에 사는, 선량하지만 특별히 눈에 띄는 점은 없는 사람이다. 그녀는 평범하고 행복하고 양식 있는 삶을 살려 노력하며, 최근까지 어떤 종류의 시민 운동이든 참가해본 적은커녕 참가를 고려한 적도 없다. 1960년대 세대의 일원이 되기엔 너무 어렸고, 정치는 더럽고, 제도는 부패했으며, 사람들은 거대 정부와 기업의 지배 아래 다소 무기력하게 살아간다고 믿으며 자랐다. 따라서 최선의 방책은 제 할 일 열심히 하며 자신이 통제할 수 있는 일에 집중하는 것이었다. 우리 가운데 상당수가 그렇듯이, 캐시는 늘 슈퍼마켓 밖에서 어떤 대의를 위해서 혹은 어떤 후보를 위해 운동하며 전단지를 건네는 성가신 사람들을 피했다. 그들의 열정에는 박수를 보냈지만, 그들과 얽히고 싶지는 않았다. 그냥 혼자 알아서 살고 싶을 뿐이었다.

그러다 토지 용도 변경안이 발표되었다. 지방 정부와 관련된 문제에 사람들 대개가 그렇듯, 캐시의 이웃들은 시의회가 승인한 결의안에 별 관심이 없었다. 캐시도 마찬가지였다. 그러나 몇 주가 지나자 어딜 가나 이 얘기뿐이었다. 주유소에서도 이 이야기를 하고, 남편 동료들도 이 문제에 대해 토론했으며, 이를 반대하는 내용의 플래카드가 곳곳에 걸렸다. 캐시의 아이들이 다니는 중학교 옆 도로 아래에 있는 공터가, 창의적인 토지 용도 변경 허가로 인해, 거대 쇼핑몰에 인수되었다. 미국 전역에서, 동네마다 일어나는 일이었다. 학교 옆에 쇼핑몰이 들어선다는 것은, 교통량이 늘고 사고 위험도 높아지고 학교 인근에서는 금지되었던 온갖 유해한 오락물이 들어온다는 뜻임을 도시계획 전문가가 아니어도 알 수 있었다. 하지만 시의회는 몇몇 열정적 개발업자의 부추김에 이 모든 사안을 무시하고 건설에 방해되는 장애요소들을 다 제거해주었다.

걱정이 된 캐시는 해야 할 일들을 모두 생각해보았다. 그녀는 시의원 몇에게 전화를 걸어 비서에게 메시지를 남겼다. 물론 답은 없었다. 지역 언론에 편지를 썼다. 기사화되었지만 아무 변화가 없었다. 캐시는 지역 학교 이사회에 있는 친구들과 이 일을 공유했고, 다 함께 시장에게 단호한 말로 편지를 썼다. 문제를 살펴보겠다는 정중한 답장이 오긴 했지만, 시장은 아무런 조치도 취하지 않았다. 어떤 종류든 지역사회 시민 운동에 참여해본 적이 있다면 이런 이야기가 아주 익숙할 것이다.

곧 캐시와 친구들의 대화는 온통 쇼핑몰에 관한 것으로 채워졌다. 단순히 안전만이 문제가 아니었다. 인근 교통량이 늘면 문제의 여지가 많아지는 건 사실이지만, 적절한 자리에 과속방지턱과 신호등을 여럿 설치하면 해결불가능한 일은 아니었다. 돈과 인맥을 가진 사람들이 거리낌없이 당당하게 상황을 통제하면서, 매일 아침 아이를 차로 학교에 데려다주고, 학교가 잘 운영되도록 바자회를 열고, 학교 공동체를 생활의 필수적인 부분으로 생각하는 학부모들, 그러니까 캐시 같은 평범한 시민들을 완전히 배제했다는 사실이 더 끔찍했다. 처음에는 조용히, 그리고 몇 주가 지나면서 더욱 분노한 캐시와 친구들은 더 진지한 행동에 나설 때라는 것에 동의했다. 싸울 가치가 있는 모든 전투와 마찬가지로, 이 싸움 역시 시간과 다양한 전술을 필요로 했다. 캐시와 친구들은 시 행정

공무원들이 아이를 학교에 보내는 학부모의 의견에 귀기울일 생각이 전혀 없다는 것을 깨달았다. 그들은 그다지 중요한 사람이 아니고, 그래서 시장이 이들의 행동을 전형적인 님비^{NIMBY}, 즉 지역 이기주의라고 무시할 수 있음을 알아챘다. 교외 지역의 님비는 도시의 비둘기만큼이나 아주 흔했다. 그러나 캐시는 현명했다. 그녀는 권력의 기둥이 어떤 것인지 파악해낼 줄 알았다.

캐시와 친구들은 그 도시가 경건한 마을임을, 지역 사회에 지대한 관심을 가진 신실한 교인이 많은 곳임을 인식했다. 실제로 교회는 시민 생활의 중심 역할을 하고 있었다. 캐시와 친구들은 시장이 소시민들의 말에는 관심을 보이지 않는다는 것을 기정사실로 받아들였다. 개발업자들도 돈을 벌 수 있는 한 꿈쩍도 하지 않을 게 분명했다. 그러나 가장 단호한 시 정부라 해도 무시할 수 없는 세력이 있었다. 캐시는 지역 목사들이 하느님의 진노를 그녀의 편에 세우도록 만들었다. 강경한 내용의 편지를 시장에게 쓰게 지역 사제들을 설득했다. 시장은 어리석지 않아서, 일단 반대편에서 신성 연합이 구축되는 것을 감지하자 시위에 반응을 보였고, 토지 용도 변경 계획을 재검토하겠다고 약속했다. 성직자들의 편지는 시장의 권력을 떠받치는 중요한 기둥들 중 하나가 흔들린다는 신호였고, 이는 삼삼오오 모여 하는 험담이나 앞마당에 꽂은 항의표지판, 학부모들의 격분한 이메일보다 훨씬 효과적이었다.

시장이 처음 캐시의 항의를 무시한 때로부터 석 달이 지나 벌어진 일이었다. 마침내 시장은 입장을 바꿔 계획 재검토를 위한 공청회를 열겠다고 약속했다. 캐시의 성과가 가시화되자, 곧 모든 사람이 그녀와 함께 교외 시민 운동의 일원이 되고 싶어했고, 지역에서 가장 냉담한 주민조차 자신들이 옳은 싸움을 벌이는 멋있는 약자임을 느끼게 되었다. 공청회 저녁, 강당은 사람들로 가득했다. 참석한 주민 대다수는 그 중요한 순간을 놓치고 싶지 않아서 온 경우였다. 하지만 캐시와 친구들은 실망하지 않았다. 그들의 연설은 대단한 웅변은 아니었지만 진심이 담겨 있었고, 솔직했으며, 매우 감동적이었다. 공청회가 끝날 무렵, 계획이 철회되어야 한다는 데 의견이 모아졌다. 몇 주 지나지 않아 계획은 철회되었다. 승리의 선언이 중요하다는 사실을 알았던 캐시와 동료들은, 시장에게 아주 우아하게 공개편지를 써서 옳은 일을 행한 것에 감사를 표했고, 학교에 와달라고 초청했다. 물론 시장은 학교를 방문했다. 그녀는 작은 고장에서 실질적 영향력을 가진 이들의 마음을 얻어냈고, 이를 활용해 공동체를 위한 큰 승리를 이루어냈다.

미국을 여행하며 나는 캐시와 같은 사람을 많이 만났고, 그들의 이야기에 늘 함박웃음을 짓지 않을 수 없었다. 무바라크나 밀로셰비치를 쓰러뜨리는 일이 엄청난 성취임엔 틀림없지만, 독재자 아래서 신음하는 사람만이 '시민의 힘'을 사용할 수 있는 것은 아니다. 당신이 누구든, 문제가 무엇이든 이 힘을 사용할 수 있다.

평범한 호빗들이   만들어낸 변화

우리의 좋은 친구인 캐시 같은 평범한 호빗들의 힘이 아직도 의심스럽다면, 키베라 주민들의 이야기를 들어보기 바란다. 케냐 나이로비의 가장 큰 빈민가, 더러운 환경 속에서 500만 명이 비좁게 사는 이곳, 키베라 주민들에게는 세계 최악의 지옥에서나 일어날 법한 모든 위협이 존재한다. 비참한 광경이 펼쳐지는 곳이다. 키베라의 잠후리 공원은 빽빽하게 관목이 우거져 있고 나무 그늘이 짙어서, 지역 강간범들이 가장 선호하는 장소다. 나이로비 댐은 노상강도들의 숙소와 같아서, 월급날 중심가에 위치한 카란야 거리를 지나가면 강도 당하기 십상이다. 날아다니는 화장실도 있다. 키베라에는 구석구석까지 하수도 시설이 효율적으로 갖춰지지 않아서,[1] 많은 주민들이 거리를 따라 흐르는 개천가에서 볼일을 본다. 그러나 밤이 되면 용변을 보는 짧은 순간이라도 집밖으로 나오면 위험해지기 때문에, 그냥 비닐봉지에 볼일을 보고 이를 묶어서는 창밖으로 던져버린다. 이것이 날아다니는 화장실이다. 말할 필요도 없겠지만 사방에 비닐봉지 천지다. 예상대로 키베라는 살기 쉽지 않은 곳이다. 그곳에서 살아남으려면 정말 요령이 필요하다.

슬프게도 이곳 빈민가 주민을 도우려 했던 NGO들은 그런 요령을 몰랐다. 그들은 매우 훌륭한 의도로 접근했지만, NGO는 주로 외국인이나 좀더 운이 좋은 케냐인들로 구성돼 있었다. 이들 국외자들이 제공한 도움은 어느 정도 수용됐지만 실질적 문제들을 해결하진 못했다. 물론 그들은 땅을 파고 화장실을 설치함으로써 날아다니는 비닐봉지를 줄일 수 있었다. 그러나 빈민가의 근본적인 문제들에는 효과적으로 접근하지 못했다. 변화란 공동체가 함께 일하기로 마음먹었을 때만 이루어진다. 키베라 주민들은 힘을 모아 간단한 일부터 시작했다. 그들이 맨 처음 한 일은 동네 지도 만들기였다. 빈민가의 지도는 결과적으로 유용한 도구로 활용돼 주민들은 지도를 토대로 지식을 나누고, 그들을 둘러싼 위험과 기회를 서로에게 알릴 수 있었다. 지도는 주민들이 파악한 세상물정을 하나로 모았다. 그리고 지도 만들기는 그리 어렵지도 않았다. 요즘은 기술이 발달해 지도 제작이 쉬워졌다. 그런 기술에 훨씬 익숙한 10대 그룹이 GPS 장비를 갖추고 동네를 걸으며 자료를 모은 다음, 그들이 본 모든 것을 안전/취약성, 보건 서비스, (대안학교 같은) 비공식 교육, 물/위생시설 등의 네 가지 카테고리로 분류했다. 제작을 마친 아이들은 지도를 값싼 종이에 인쇄해 연필, 투명종이와 함께 이웃들에게 나눠주었다. 기쁘게도 많은 주민이 자신들의 위치를 지도에 표시했고, 곧 그들의 정보는 점점 늘어나 데이터 포인트가 500개가 되더니, 곧 수백 개씩 증가했다. 이 프로젝트에 관심을 보인 유니세프가 자금을 지원했다. 곧 키베라 주민들은 지도와 관련된 알람 문자를 휴대전화로 받을 수 있게 되었고, 이로써 동네에서 일어나는 일상적 범죄와 폭력을 피할 수 있었다. 한 블록 한 블록, 한 구역 한 구역, 키베라는 점차 공동체를 되찾아갔다.

키베라의 젊은이들이 진행한 지도 만들기는 시민의 힘이 훌륭하게 사용된 좋은 사례다. 이 책에서 소개한 다른 많은 예와는 달리, 이들은 부패한 적을 찾아내 쓰러뜨리지도, 자유를 성취하지도 않았다. 그들은 그저 친구와 가족이 안심하고 살 수 있도록 힘을 합쳤을 뿐이다. 그리고 안전한 생활이야말로 미래에 대한 강력한 비전이다.

당신이어야했다

키베라 빈민가 주민들은 정부에 실망하고 제도에 환멸을 느꼈지만 그럼에도 여전히 스스로 긍정적인 변화를 이뤄낼 수 있다고 믿었다. 그들은 비전을 널리 알리며 이길 수 있는 전투를 선택했다. 열정을 모으고 창의성을 발휘해 데이터를 구축했다. 지도 제작은 독재 타도처럼 중대한 일은 아니지만, 그래서 저녁 뉴스거리도 안 되겠지만, 이웃과 함께 일하며 키베라 주민들은 지역 거주민 모두의 삶을 개선했다. 아프리카 빈민가의 활동가들이 변화를 이끌어낼 수 있다면 당신도 할 수 있다.

저항적인 가슴에 귀를 기울이고　　　자신을 믿는 것

당신이 추구하는 일을 시작할 때, 백마 탄 기사가 구하러 올 일은 없다는 사실을 받아들여야 한다. 당신보다 더 크고, 더 용감하고, 더 잘생긴 누군가가 올림포스 산에서 내려와 문제를 해결해줄 가능성은 없다. 이것은 내가 톨킨에게서 얻은 또다른 교훈이다. 즉 다른 누구도 아닌 당신이어야 한다. 당신의 운동이 막 시작됐을 때, 이 세상의 마법사나 능력자, 고집 센 드워프, 아름다운 엘프는 대개 당신을 도우려 하지 않는다. 국민의 학습 속도가 느린 걸로 유명한 세르비아에서 우리는 거의 10년이 지나서야 그 교훈을 배웠고, 오트포르!가 자력으로 밀로셰비치를 쓰러뜨려야 한다는 것을 깨달았다. 정치인들은 우리를 실망시켰고, 국제사회는 전혀 실마리를 찾지 못했으며, 야당 세력은 엉망진창이었다. 간달프도 ET

도 우리를 위해 독재를 종식시켜줄 수 없었고, 문제가 저절로 풀릴 것도 아니었다. 독재자와 맞서기 위한 통합과 계획, 비폭력 원칙이라는 3대 원칙을 우리 나름대로 어떻게 구축해야 할지, 스스로 알아가야만 했다.

하지만 그보다 오트포르!는 열정과 창의성이 풍부했기에 성공할 수 있었다. 이 두 가지 특성은 당신과 동료들의 머리와 가슴에 반드시 있어야 한다. 캔바스에서 우리는 명확한 조언이나 밟아야 할 구체적인 단계를 묻는 활동가들에게, 우리로서는 해줄 수 있는 게 없다고 대답한다. 그들에게 기본적 원리를 알려주고, 과거 효과적이었던 비폭력 전술을 공유할 수는 있지만, 어떤 사회든 그곳 시민들이 겪는 문제에 대한 창의적 해결책은 그 사회에서 도출되어야 한다. 우리는 활동가들에게 '저항적인 가슴'에 귀를 기울이고, 자신을 믿는 법을 배우라고 말한다. 때때로 나를 비롯해 외국인 자문위원들은, 밥 대령의 명언을 빌리자면 '해외에서 근사한 여행가방을 들고 온 개자식'처럼 행동한다. 앞서 가상인물인 캐시 같은 평범한 시민과, 생생한 모범 사례를 지닌 키베라 주민들이 사실상 어떤 자문위원이나 외국에서 온 조언자보다 세상의 변혁에 훨씬 훌륭히 대응할 수 있다.

이제 책이 거의 끝나가니 결론을 조금 정리해보려 한다. 이 책을 읽는 올바른 방법과 잘못된 방법이 있다. 모험담 읽듯 대강 읽으며 먼 나라에 사는 용감한 사람들의 감동적인 이야기로 치부하거나, 혹은 이 책을 읽는다고 해서 자신이 특별히 추구할 만한 대

당신이어야 했다

의가 없는 평범한 사람이 아닌 영웅적 지도자라도 된 것처럼 구는 것은 이 책을 오독하는 것이다. 내가 쓴 원칙들을 평생 반복될 지침으로 여기고 삶의 모든 상황에 적용하려 노력해야 제대로 읽은 셈이다. 이 책을 읽는 동안 세상의 어떤 문제에 관심이 가는지 생각해보기 바란다. 그 문제가 사회정의처럼 정말 크고 모두에게 중요한 것이든, 거리의 개똥처럼 몇몇 이웃에게만 영향력 있는 것이든, 당신이 비폭력 행동주의에 헌신함으로써 공동체를 어떻게 개선할 수 있을지 이미 고민하고 있기를 바란다.

책을 덮었을 때 아무 생각도 들지 않는다면, 그래도 이것만은 기억해주기 바란다. 당신이 책임의식을 갖고 행동할 때 삶은 훨씬 의미 있으며, 훨씬 재미있다. 오늘날 생활의 많은 부분이 무감하면 편안해진다는 식으로 구조적으로 우리를 구슬리고 있음을 깨닫는 건 슬픈 일이다. 우리는 주어진 일들만 하면 된다고 한다. 그것은 쉬운 일이다. 그러나 당신이 두다, 애나, 모하메드 아델, 샌드라, 세실리아, 슬로보단, 시니사, 미스코, 브레자, 라스코, 임란 자히르, 하비 밀크, 이트지크 알로브, 앤디 비츨바움, 레이철 호프, 크리스 나훔, 마날 알샤리프, 키베라의 젊은 친구들, 조지아의 니니와 게오르기 동지들과 같다면, 가만히 침묵하고 앉아 있는 게 힘들다는 걸 알게 될 것이다. 오늘날 운좋게도 놀라운 기술력을 마음껏 사용할 수 있어 활동가들의 일이 한결 쉬워졌지만, 휴대전화며 소셜네트워크며 어디나 달려 있는 카메라 같은 도구는 꿈도 못 꾸던 시절에도 수많은 운동이 있었다는 사실도, 지나치게 그런 기술에 의존한 대의들이 참담한 실패로 끝났다는 사실도 기억해야

독재자를 무너뜨리는 법

한다.

구글에서 '페이스북과 트위터 혁명'을 검색해보면, 지난 몇 년 간 미디어가 아랍의 봄에서 오큐파이 운동에 이르기까지 온갖 시위를, 현대의 시민 운동이 마치 스마트폰에 업로드된 신작 영화나 다운로드받을 만한 쿨한 앱처럼 보도했음을 알 수 있다. 그래서 터키 총리가 TV에 나와서는 국민들에게 이스탄불 거리에서 일어난 시위를 트위터로 조직한 플래시몹인 양 얘기하는 것이다. 거짓된 이야기지만 흔하게 되풀이된다. 기술에 이렇게 비정상적으로 집착하면서, 페이스북 그룹 그리고 지도자도 필요 없는 자유분방한 시위만 있으면 충분히 세상을 바꿀 수 있다는 착각에 빠진다. 불행히도 앞서 보았듯이, 변혁이란 그렇게 해서 이길 수 있는 게임이 아니다. 수백만 명이 유튜브에서 〈코니 2012〉(어린아이들을 납치해 군대를 만들고 성상납을 시키는 등 극악무도한 범죄를 저지른 우간다의 조지프 코니를 고발한 다큐멘터리—옮긴이) 영상을 보았지만, 조지프 코니는 아직도 아프리카 정글을 뛰어다니고, 바뀐 것은 아무것도 없다.

활동가들은 결국 모든 것이 공동체로 귀결된다는 점을 깨달아야 한다. 늘 사람이 우선이다. 이 책의 모든 아이디어는 사실상 뼈대에 불과하다. 변화를 만들겠다는 의지와 변화를 만드는 일이 가능하다는 믿음이 없다면 쓸모없는 것이다. 사적인 경험에서 얘기하자면, 또한 멋진 결과를 향해 합리적인 길을 따르는 이름 없는 시민들을 대변하자면, 옳다고 믿는 것을 위해 일어서는 일보다 더 보람 있고 행복한 삶은 없다. 가장 낮은 곳에 있는 이들도 세상을 바꿀 힘을 가지고 있다.

당신이어야 했다

스티븐 비코 그리고   우리들

이제 몇 쪽 안 남았으니, 조금만 더 참을성을 갖고 마지막 이야기를 들어주기 바란다. 1980년대, 내가 얼빠진 10대일 때, 정치니 권력의 기둥이니 진 샤프의 비폭력 행동주의 이론이니 하는 것들을 생각조차 못하던 시절에, 나는 기타를 튕기며 우리 형 이고르를 우러러보며 지냈다. 내가 그냥 키 작은 꼬마였다면, 이고르는 쿨한 사람이었다. 그는 밴드 활동을 했고, 그의 음악 취향은 그쪽 세계에서 존중받았다. 나보다 열한 살 위인 그는 멋진 외모와 태도로 스코틀랜드 록 밴드 심플 마인스의 짐 커 같은 역할을 하고 있었다. 말할 필요도 없이 베오그라드의 모든 멋진 여자들이 그를 좋아했고, 나는 정말로 형 같은 사람이 되고 싶었다. 내가 그의 음악과 스타일을 흉내낸 이유가 단지 그처럼 사랑받는 사람이 되고 싶어서였다는 것을 잘 알았기에 이고르는 어느 날 나를 앉혀놓고 왜 세상에 음악이 그렇게 중요한지 그 진짜 이유를 가르쳐주었다. 사실 대단한 가르침도 아니었다. 그는 그저 영국 록 뮤지션 피터 개브리엘의 음반 한 장을 건네며 〈비코〉를 들어보라고 권했다. 〈비코〉는 아파르트헤이트 저항 운동에 일생을 바치다 살해된 남아공의 흑인 활동가를 기린 곡이었다. 이고르는 이게 내가 음악을 해야 하는 이유라고 말했다. 여자들 때문이 아니라, 인기를 위해서가 아니라, 세상에 긍정적인 영향을 끼치기 위해서라고. 음반을 틀고 피터 개브리엘이 '비코'라는 이름을 한 자 한 자, 고통스런 비명처럼 부르는 것을 들었을 때, 나는 형이 옳다는 것을 깨달았다. 이것이

독재자를 무너뜨리는 법

다른 무엇보다 중요했다. 내가 속하고 싶은 것이었다. 사람들에게
좋은 변화를 가져다주고 싶었다.

〈비코〉가 발표된 지 30년 이상 흐른 후, 밀로셰비치를 쓰러뜨
린 세르비아 혁명 기념일인 2013년 10월 5일, 피터 개브리엘이 유
럽 투어의 일환으로 베오그라드를 찾았다. 이고르는 해외에 살고
있어서 참석하지 못했지만, 나는 그 공연을 놓치고 싶지 않았다.
아내 마샤도, 두다도, 캔바스 팀 모두 마찬가지였다. 정말 환상적
인 콘서트였다. 5,000명이 넋을 잃고 한 음 한 음, 가사 한 소절 한
소절에 귀기울였다. 일을 하고 여행을 하는 과정에서 나는 운좋게
도 내 영웅들을 만날 수 있었는데, 세계적인 거물들 옆에서도 늘
침착했던 나 자신이 자랑스럽기도 했다. 함께 일했던 이들 중에는
자유국가가 된 조국에서 민주선거를 통해 지도자가 된 사람도 있
었다. 나는 오랫동안 존경해온 그들과 함께 찍은 사진을 벽에 걸어
놓기도 했다. 그러나 그날 밤 베오그라드에서 열린 피터 개브리엘
콘서트의 말미에 일어난 일은, 내가 일찍이 경험한 적 없는 것이
었다.

모든 연주를 마치고 인사까지 하고 난 후, 하늘에서 내려오는
듯한 붉은 조명이 공연장을 물들이는 가운데 개브리엘이 무대로
되돌아왔다. 드러머 마누 카체 말고 다른 동료 뮤지션들은 모두 자
리를 뜬 상태였다. 홀로 자리를 지키던 드러머가 천천히 드럼을 치
기 시작했다. 아무도 무슨 일인지 파악하지 못했던 그때 내 인생
의 목표를 정해준 사람, 피터 개브리엘이 마이크 앞에서 말문을 열
었다.

당신이어야 했다

"13년 전 오늘, 이 나라에는 국민의 권리를 위해 용기를 내어 일어선 젊은이들이 있었습니다. 그날 이후 그 젊은이들은 그들이 배운 것을, 그들의 지식을 캔버스와 함께 세계 각국 사람들에게 전달해주고 있습니다. 지금 세계 곳곳의 많은 나라에서는 여전히 젊은이들의 용기가 필요합니다. 그들이 믿는 것을 위해 일어날 수 있는, 잘못됐다고 믿는 것과 싸울 수 있는, 국민의 권리를 지킬 수 있는 그러한 용기 말입니다. 한 젊은이가 남아공에서 바로 그렇게 용기를 내어 행동했고, 그 대가로 목숨을 잃었습니다. 그의 이름은 스티븐 비코입니다."

그 말이 끝나자마자 밴드 멤버들이 무대로 되돌아왔고, 〈비코〉를 연주했다. 나는 너무 놀란 나머지 아무 말도 할 수 없었다. 무릎이 후들거렸다. 마샤가 나를 꼭 안아주었는데, 내가 바닥에 쓰러

지기 직전임을 알았기 때문이었을 것이다. 그녀는 누구보다도 피터 개브리엘의 말과 노래가 내게 얼마나 큰 의미인지 알았다. 마침내 "그리고 세상의 눈이 지금 지켜보고 있다"라는 가사에 이르렀을 때, 개브리엘은 불끈 쥔 주먹을 높이 들어올리며 관중들을 향해 그 옛날 오트포르!식 인사를 했다. 사람들은 열광했고, 마찬가지로 주먹을 들어올리며 함께 노래를 따라 불렀다. 모든 것이 다 끝나고 마지막으로 무대를 떠나기 직전, 개브리엘이 마지막 메시지를 던졌다.

"이곳에서 일어나는 일이 무엇이든, 그것은 여러분에게 달렸습니다."

그리고 그는 마이크를 관객을 향해 돌리고는 무대 뒤로 사라졌다.

여기까지 다 읽은 독자라면 둘 중 하나일 것이다. 우선 내 아내일 것이다. 그렇다면 이 말을 전하고 싶다. 마샤, 당신을 사랑해. 내 모든 터무니없는 행동을 다 참아주며 든든한 의지가 돼준 것에 진심으로 감사하고 있어. 만일 내 아내가 아니라면, 자신의 공동체에 긍정적인 변화를 가져오는 일에 관심을 가진 사람일 것이다. 그렇다면 마지막으로 몇 마디 더 들려줘야지 싶다.

대개 이런 책의 끝에서는 낙관주의를 펼치며 용기를 북돋우는 격려의 말들을 쏟아내게 마련이다. 거기에 힘을 얻은 당신이 당신의 운동과, 당신의 대의와, 당신의 도전을 향해 나아갈 수 있도록. 그러나 나는 세르비아인이다. 우리는 낙관적이지 않다. 우리는 기나긴 전쟁과, 전쟁을 숨죽여 기다리는 짧은 기간으로 나뉜 역사를 가진 민족이고, 그렇기에 격려의 말을 쉽게 하지 못한다. 대신 힘들게 얻은 지혜를 조금 남기고 싶다.

첫번째는 운이 작용한다는 것이다. 커다란 전략에서 세세한 전술까지, 이 책에서 기술한 원칙들은 이미 시도된 것이고, 제대로 적용될 수 있는 것이다. 하지만 우리는 모두 인간이다. 인간이기에 뭔가 전적으로 우연한 것, 황당한 것, 예상치 못한 것이 나타남으로 인해 문득 빛나는 영광을 얻게 될 수도, 철저하게 세웠던 계획이 물거품이 될 수도 있다. 그간 이런 경우들을 숱하게 보아왔다. 완벽하게 조직된 시위가 중요한 축구경기와 시간이 겹쳐서 다섯 명밖에 집회에 참석하지 않은 적도 있고, 모두 오래 못 갈 거라고 예측했던 운동의 메시지나 그 성격이, 어떤 이유에선지 대중의 상상력을 사로잡아 성공한 적도 있다. 여기서 언급한 구체적 원칙들을 실행에 옮기고 싶어 조급해진다면 머피라는 이름을 떠올리길 바란다. 위대한 사상가 머피에 따르면, 잘못될 수 있는 모든 일은 잘못되기 마련이다. 머피의 법칙의 희생자가 되지 않으려면, 다음과 같은 간단한 두 가지 태도를 취하면 된다. 첫째, 미리 철저히 조사하고 최대한 자세히 계획을 세운다. 가능할 때마다 머릿속에서 목록, 도표 등을 만들어 운에 좌우될 일이 없도록 한다. 둘째, 평정을 유지하며 차질이 생겨도 이를 변혁을 일궈가는 과정에서 생기기 마련인 전진과 후퇴의 일부로 받아들인다.

그런데 운은 제어할 수 없지만, 확실히 공동체는 제어가능하거나 최소한 변화시키려 노력해볼 수 있는 대상이다. 그리고 이 게임의 진짜 중심은 사람이다. 당신이 낯선 사람들로 가득한 강의실 앞에 서서 당신의 주장에 대해 열변을 토하며 허접한 전단을 나누어

독재자를 무너뜨리는 법

주든, 경찰이 위협적으로 주시중인 거리에서 시위를 하든, 당신이 위험을 무릅쓰고 억압에 맞서 구경꾼이 아닌 참가자로 싸움에 참여할 때면 언제나, 겁에 질려 두려움을 느끼는 순간이 반드시 찾아온다. 당신이 세상에서 가장 강인하대도, 공포에 사로잡히거나 감당하기 힘든 시간을 맞게 될 것이다. 그것이 짐승의 본성이다. 즉, 크고 중대한 위험을 감수하고 전면적인 변화를 이루고자 할 때, 커다란 그리고 아주 단호한 반대와 맞닥뜨리게 된다. 홀로 맞서려 한다면, 좌절과 기쁨을 친구들과 나누려 하지 않는다면, 당신은 결코 많은 것을 성취하지 못할 것이다. 10년 넘게 나는 싸움꾼과 혁명 운동가들을 만나왔고, 내가 봤을 때 그들은 지상에서 가장 강인한 사람들이었다. 그럼에도 그들이 모든 것을 혼자 해결하려다가 무너지는 모습도 보았다.

시민의 힘은 팀 스포츠다. 그리고 어떤 팀이든 하나의 팀에는 모든 부류의 선수가 필요하다. 내가 좋아하는 『반지의 제왕』에 대해 다시 언급하지 않고 책을 끝낸다면 섭섭할 듯하다. 그 이야기는 헌신하기로 결의한 한 무리의 인물들이 가능성 없어 보이는 위험한 모험을 떠난다는 내용이 핵심이다. 그들은 모두 제각기 성향이 다르기 때문에 흥미롭다. 내가 그 소설을 썼더라면 아마도 키 크고 말도 안 되게 잘생긴 검객들, 일종의 판타지 세계의 '지 아이 조'로 이루어진 팀이 중간계로 들어가 오크를 무찌르게 했을 것이다. 그러나 톨킨은 나보다 똑똑한 사람이어서, 그가 만든 팀에는 강자와 약자가 있고, 심지어 요정과 드워프처럼 인간이 아닌 종족도 포함돼 있다. 왜소한 이와 건장한 이도, 고집 센 이와 충성스런 이도 함께 모여 있다. 톨킨은 강력한 힘을 가진 악의 마법사나 세르비아 독재자와 싸우는 것처럼 매우 복잡한 과제를 위해서는 많은 기술과 재능이 요구되며, 한 사람이 그 모든 다양한 특질을 갖추기란 매우 어렵다는 사실을 알았다. 그렇다면 시민의 힘도 주식 포트폴리오처럼 다각화·다양화해야만 한다. 당신 같은 사람, 당신이 멋지다고 생각하는 사람, 제한사항에 부합하는 사람만을 구하지 말고, 필요사항을 예측하고 그에 맞춰 운동의 인적 자원을 구성해야 한다. 예를 들어 시민들의 인식을 높이기 위한 방안으로 거리 행사를 염두에 둔다면, 저글러와 마임 예술가, 인형극 예술가 등과 친구가 되어야 할 것이다. 인터넷을 통한 운동을 생각하고 있다면, 마운틴 듀 코드레드를 몇 병 사들고 가서 프로그래머들과 친해져야 할 것이다. 미디어 유명인사가 되고 싶다면, 글쓰기와 저널리즘 경험이 있는 친구들을 섭외해야 할 것이다. 두다처럼 재능 있는 그래픽 디자이너를 찾아내, 그들의 아이디어에 귀를 기울이라. 당신의 연합체가 더 크고 더 다채로울수록 당신의 성공 확률은 높아진다.

나는 이 책이 비폭력 운동가들을 위한 단순한 안내서에 그치지 않고 가장 작은 생명체도, 작은 호빗도 강력한 권력과 맞설 수 있음을, 자신의 창의성과 헌신과 용기에 의지해 세상을 더 나은 곳으로 변화시킬 수 있음을 보여주는 증거가 되길 바란다. 중간계와는 달리 실제 세상에서 그 여행은 결코 끝나지 않는다. 전 세계를 돌아다니며 활동가들과 함께 일하는 동안 내가 배운 게 있다면, 변화는 단계적으로 온다는 사실이다. 이벤트를 열어서 사람들의 관심

독재자를 무너뜨리는 법

을 모았는가? 그렇다면 이제 운동으로 조직화해야 한다. 거대한 시민 운동을 조직했는가? 그렇다면 이제 독재자와 맞부딪쳐야 한다. 독재자를 쓰러뜨렸는가? 그렇다면 이제 소매를 걷어붙이고 안정된 민주주의를 정착시키기 위해 일해야 한다.

이 책의 아이디어가 제한된, 일회성 운동을 위한 청사진이 아닌, 평생 계속돼야 할 시민사회 연대의 이정표로 이해되길 바란다. 이 아이디어에서 우리가 얻어야 할 것은 단순한 도구가 아니다. 그보다 삶에 다른 방식으로 다가갈 수 있다는 자신감을 가지고, 광범위하게 오랫동안 영향력을 끼치는 위대한 변화는 결코 군대와 탱크와 크루즈 미사일에 의해서 혹은 빳빳한 정장을 입고 가죽 서류가방을 든 잘나가는 자문위원에 의해서 오지 않는다는 사실을 아는 것이 중요하다.

지속가능한 변화는, 버스에서 백인에게 자리 양보를 거부한 과로에 지친 여성에게서, 시의회로 진출할 길을 찾은 현명한 카메라 가게 주인에게서, 대의를 위해 단식을 하고 자기다운 소박한 옷을 걸친 말라깽이 대머리 인도인에게서 온다. 로자 파크스, 하비 밀크, 간디 같은 영웅들이 존경받는 것은, 그들이 특별하기 때문이 아니라 지극히 평범하기 때문이다. 그들이 한 행동은 우리 중 누구라도 할 수 있다. 그들이 역사에 남은 이유는, 우리와 달리 그들은 용기를 갖고 행동에 옮겼으며, 옳은 일을 현명하게 행했기 때문이다.

우리 사회에서 엘리트만 중요하며, 모든 변화와 진보, 좌절 등도 그들의 어둡거나 탐욕스러운 영혼에서 마법처럼 뿜어져나온다는 관념은 잘못됐다. 힘을 가진 자에 대한 이런 식의 경외감과 존경은 신문가판대만 봐도 느낄 수 있다. 누가 표지를 장식하고 있는가? 늘 가장 부유한 사업가, 유명한 배우, 세상에서 가장 빠른 자동차, 가슴이 엄청나게 큰 여자들이 자리한다. 근육질 인간들을 내세운 잡지는 말하고 싶지도 않다! 우리가 사는 이 세상은 강한 자, 힘있는 자를 숭배하고 존경한다. 아무도 약하고 겸손한 사람을 관대하게 평가하지 않는다는 사실은 어쩔 수 없는 삶의 현실이자 불행이다. 하지만 우리가 봤던 대로 가장 작은 생명체도 세상을 바꿀 수 있다.

이 길을 가다보면 한 사람이 변화를 가져올 수 있다는 사실에 회의적인 사람을 많이 만나게 될 것이다. 차라리 강한 군대, 카리스마 있는 지도자, 대기업을 믿는 편이 낫겠다는 사람도 있을 것이다. 대부분의 독재자나 극좌 성향의 많은 이들은 고비마다 음모론으로 몰아갈 것이다. 이런 사람들은 지구상에서 일어나는 모든 일의 배후에 CIA, NSA, WTO, 혹은 일루미나티 등이 있다고 생각한다. 이런 유형의 사람들은 캔바스와 나를 미국의 꼭두각시라고, 조지 소로스와 빌데르베르크 그룹(서구의 정재계, 왕실 관계자 100여 명이 모여 다양한 국제 현안을 토의하고 비밀리에 정책을 결정하는 모임—옮긴이)의 도구라고, 세르비아의 첩자라고 몰아붙이거나, 또는 훨씬 더 극악한 이름으로 부르곤 했다. 당신이 트위터상에서, 혹은 크렘린의 러시아투데이나 사우디아라비아, 이란, 베네수엘라의 뉴스 에이전시 등 독재정권의 국영 미디어에게 비난받고 있다면, 인내심을 갖기를, 그리고 모두 게임의 일부임을 깨닫기 바란다.

독재자를 무너뜨리는 법

그보다 정치적 성향과는 상관없이 광범위하게 많은 사람들이 이 세상에서 오로지 큰 정부, 큰 기관만이 중요하다는 인식장애를 겪고 있다는 사실이 문제다. 당신이 활동가로 일하는 동안 사람들은 당신이 과연 무언가를 성취할 능력을 갖춘 사람일지 의심할 것이다. 당신이 성공할 경우에는 분명히 더 크고 더 사악한 권력의 꼭두각시가 될 것이라고 주장할 것이다. 어느 쪽이든 그들은 변화를 이끌어낼 수 있는 자신들의 능력을 믿지 않는다고 이야기하는 셈이다. 그들이 틀렸다는 것을 보여달라.

비폭력 운동에 참여했던 우리가 오랜 세월 공유해왔던 최선의 원칙과 사례들이 이 작은 책을 통해, 일부나마 전달되었기 바란다. 하지만 '용기' 부분은 전적으로 당신에게 달렸다. 당신에게 어떻게 용감해질지 가르쳐줄 수는 없지만, 당신이 결코 혼자가 아니라는 이야기는 해줄 수 있다. 나에게 하고 싶은 말이 있거나, 질문이 있거나, 캔버스의 지혜가 필요하다면, 또는 그냥 안부를 전하고 싶다면 망설이지 말고 내 개인 메일인 psrdja@gmail.com으로 메일을 보내달라.

자, 그럼 이제 책임의식을 갖고 일을 시작해보자. 그리고 비록 실패하더라도, 적어도 당신은 톨킨의 소설 속 용감한 호빗들처럼 샤이어에서 나와 옳은 일을 하려 애쓴 소수의 운 좋은 사람이었음을 기억하기 바란다. 어쨌든 누군가는 반지를 모르도르까지 가져가야 한다. 당신이 그 일을 했으면 좋겠다.

안전하길, 그리고 크게 꿈꾸길.

계속 연락합시다.

감사 인사

독재자를 무너뜨리는 법

어떤 큰 프로젝트든 도움을 주거나 사려 깊게 귀기울여준 이들에게 시간을 내어 그에 걸맞은 인사를 표하기가 힘들고, 한다 해도 변변치 않기 마련이다. 그렇긴 하지만 이 자리를 빌려 나는 세계 곳곳의 친구와 동료에게, 도전도 위험도, 좋은 시간도 함께 나눈 이들에게 크나큰 감사를 전하고 싶다. 베오그라드의 우리 캔바스 팀 보카, 브레자, 마르셀라, 나타샤, 슬로보단, 젤레나, 샌드라, 미스코, 라스코, 시니사에게, 그리고 내 친구 아나, 두다, 임란, K2, 게오르기, 니니, 세실리아, 사라, 맥심, 후삼, 그리고 이름을 밝힐 수는 없지만 하루하루 자신과 이웃을 위해 더 나은 세상을 만들려 애쓰는 이들에게 사랑과 감사를 표한다.

비폭력 투쟁의 메시지 나눔에 도움을 주고, 내게 영감을 불러일으킨 수많은 사람과 기관을 언급한다면 아마도 책 한 권 분량은 될 것이다. 그러므로 비교적 짧게 언급함을 용서해주기 바란다. 무한한 감사를 전하고 싶은 이들의 이름이다. 나의 사부 진 샤프 교수, 밥 대령, 조란 진지치, 자밀라, 리큰, 티나 로젠버그, 재닌 디 지오바니, 윌 돕슨, 루이자 오트리즈, 도우와 찰리, 로래인과 자레드, 토르와 알렉스, 앤드류와 에마, 리아히 형제, 존 잭슨, 리엘, 존 굴드, 뮈니어 등등. 내 인생에 찾아온 당신들은 진정 축복이었다. 그리고 이 과정 동안 매트를 참아준 파즈에게 정말 고맙다고 전하고 싶다.

이 책을 엮으며 보낸 긴긴 나날 동안 성격 좋게, 참을성 있게 의지가 되어준 마샤에게 영원히 사랑한다는 말을 하고 싶다. 나를 집에서 쫓아내지 않아서 고맙다는 말도.

이 글을 쓰는 여정을 시작할 때부터 지치지 않고 나를 지지해주며 안내해준 에이전트 앤 에델스타인, 책 한 쪽 한 쪽을 이처럼 말이 되게 만들어주고, 세심한 눈과 보기 드문 양식으로 틀을 잡아준 편집자 신디 스피겔에게도 감사한다. 두 사람의 관대함 그리고 이 프로젝트에 보여준 믿음에 진심으로 감사한다.

나는 세계 곳곳에서 크든 작든 비폭력 투쟁에 참여한 용감한 이들이 드리운 긴 그림자 안에 자랑스럽게 서 있다. 2013년 겨울 민주화 운동을 조직한 이후 옥고를 치르고 있는 이집트 4·6청년운동의 지도자 모하메드 아델, 나는 그와 뜻을 함께한다.

마틴 루서 킹 목사는 미국 초기의 사상가 시어도어 파커의 말을 재인용해 이런 말을 했다. 우주의 호弧는 길지만 결국 정의를 향하고 있다. 부디 이 말이 진리이길 바란다.

이미지 목록

출처가 명기되지 않은 이미지는 모두 저자 소유다.

- **16쪽** 꽉 쥔 주먹—오트포르!의 상징, 세르비아 베오그라드 벽에서, 1998년 가을.
- **36쪽** 베네수엘라 전 대통령 차베스의 TV쇼 〈안녕, 대통령〉.
- **43쪽** 4·6청년운동의 로고를 펼쳐들고 있는 이집트 여성. ⓒ모하메드 아브드 엘가니, 로이터통신
- **44쪽** '리비아 국민이 단결했다'.
- **71쪽** 텔아비브 프라이드—이스라엘의 가족의 날, 2011년. ⓒ니나 진 그랜트
- **72쪽** 라이스 푸딩을 이용해서 혁명에 시동을 걸다. 로누지야라이 콜루, 몰디브. ⓒ문시드 모하메드
- **93쪽** 모스크바의 어린이, 2012년 5월. ⓒ줄리아 아이오프
- **95쪽** 예멘 권력의 기둥, 2011년. ⓒ칼레드 압둘라 알리 알 마흐디, 로이터통신
- **115쪽** 마틴 루서 킹 목사, '나에게는 꿈이 있습니다' 연설 후, 워싱턴 D.C., 1963년 8월 28일.
- **116쪽** '변화를 위한 동전 한 닢', 오트포르!가 조직했던 딜레마 운동, 2000년. ⓒ밀로스 스베트코비치

독재자를 무너뜨리는 법

튼 남쪽 주코티 공원 인근에서 경찰과 대치하고 있다. ⓒ리아히형제

• 280~281쪽   피터 가브리엘이 〈비코〉를 부르며 불끈 쥔 주먹을 들어올려 관객들
            에게 경의를 표하고 있다. 10월 5일 혁명 기념일에 베오그라드 콤
            뱅크아레나에서 열린 콘서트. 2013년 10월 5일. ⓒ토니 레빈

이
미
지
목
록

1장. 우리나라에서는 절대 일어날 수 없는 일이다

- 1 애덤 르보르, 『밀로셰비치 전기』, 런던, 블룸스버리, 2002년, 211쪽.
- 2 스티브 요크 감독, 〈더 강력한 힘〉, 산타모니카 픽쳐스/WETA, 1999년.
- 3 키스 쿠닝스·커크 크루트 편집, 『공포의 사회—라틴아메리카의 시민 전쟁, 폭력, 공포가 남긴 유산』, 뉴욕, 세인트마틴스 프레스, 1999년, 184쪽.
- 4 『마더 존스』 2010년 3·4월호.

2장. 크게 꿈꾸고 작게 시작하라

- 1 엘리 피셔, '중산층 증가?', 주이시위크, 2013년 5월 29일. 라하브 하르코브, '후보들—돼지 같은 자본주의 대안으로서의 노동당', 예루살렘 포스트, 2011년 8월 11일.
- 2 디나 크래프트, '코티지치즈가 식료품 가격 상승에 대한 이스라엘인의 좌절의 상징이 되다', 주이시 텔레그래픽 에이전시, 2011년 6월 20일.

- 3   '이렇게 코티지 볼이 굴러갔다', 메이라브 크리스털, 와이네트 뉴스, 2011년. 10월 7일.

- 4   크리스 테일러, '어떻게 소셜미디어가 소비자 분노를 증폭시키는가', CNN. com, 2011년 7월 22일.

- 5   찰스 레빈슨, '이스라엘의 페이스북 캠페인 치즈 가격 상승을 막다', 『월스트리트 저널』, 2011년 7월 1일.

- 6   스티브 시어, '트누바 CEO 아팩스 이스라엘 사임', 로이터통신, 2011년 10월 2일.

- 7   테드 톤힐, '중산층의 저항―코티지치즈 가격 불만이 이스라엘 최대 규모 시위 촉발', 데일리메일, 2011년 8월 8일.

- 8   윌리엄 사피어, 『지혜의 말』, 뉴욕, 사이먼 & 슈스터, 1990년, 200쪽.

- 9   이사벨 커스너, '저항의 여름 40만 명 모인 도시 거리에서 절정을 맞다', 뉴욕 타임스, 2011년 9월 3일.

- 10   멜라니 리드먼, '45만여 이스라엘인들이 전국 곳곳에서 대규모 100만 시위에 참여하다', 예루살렘 포스트, 2011년 9월 3일.

- 11   션 스칼머, 『서방 세계의 간디』, 뉴욕, 캠브리지 유니버시티 프레스, 2011년, 44쪽.

- 12   '인도 문제에 대한 미국의 시각', 웨스턴 아규스, 1930년 9월 9일.

- 13   스테파니 스트롬, '음료수 성분 주시하기', 뉴욕 타임스, 2012년 12월 12일.

- 14   수산 도날드슨 제임스, '크래프트푸즈 사, 맥앤치즈에서 황색 색소 제거 동의', ABCnews.com, 2013년 10월 3일.

- 15   랜디 쉴츠, 『카스트로 스트리트의 시장―하비 밀크의 삶과 시대』, 뉴욕, 세인트마틴스 프레스, 1982년, 190쪽.

- 16   스티브 요크 감독, 앞의 영화.

- 17   스티브 요크 감독, 앞의 영화.

3장. 미래에 대한 비전

- 1   크리스 홀, '몰디브 섬 낙원 티라푸시 쓰레기 섬으로 전락', 데일리메일, 2012년 6월 25일.

- 2 　존 셴크 감독, 〈섬나라 대통령〉, ITVS/액뉴얼 필름스/애프터이미지 퍼블릭미디어, 2011년.
- 3 　'유엔 인권 고등판무관실 제출 몰디브 보고서', 유엔 인권 고등판무관실, 2008년 9월 25일.
- 4 　'세르비아, 이라크 전쟁 시기에 뮤지컬 〈헤어〉를 되살리다', 로이터통신, 2010년 2월 1일.
- 5 　스타이프 델리크 감독, 〈수체스카―제5공세〉, 보스나 필름/필름스카 라드나 자예드니카/수체스카, 1973년.

5장. 유쾌하게 승리의 길로 나아가라

- 1 　알렉스 아이레스, 『마크 트웨인의 위트와 지혜』, 메리디언, 1987년.
- 2 　더 많은 웃음행동주의 사례를 찾아보고 싶다면 스티븐 크렌쇼와 존 잭슨이 쓴 『용기, 끈기, 독창성이 세상을 바꾸는 방법』(뉴욕, 유니언 스퀘어 프레스, 2010년) 을 읽어보기 바란다. 깨닫는 바도 많지만 아주 재미있는 책이기도 하다.
- 3 　케빈 오플린, '장난감은 시위할 수 없다. 러시아 시민이 아니기 때문이다. 공식 법규', 가디언, 2012년 2월 15일.

6장. 탄압에 역풍 불러일으키기

- 1 　티나 로젠버그, '혁명 U', 『포린 폴리시』, 2011년 2월 16일.
- 2 　션 가디너, '시, 고발당한 경관 변호 거부', 『월스트리트 저널』, 2012년 8월 2일.
- 3 　조너선 얼, '푸시 라이엇 피의자 단식 투쟁 돌입', 모스크바 타임스, 2012년 7월 5일.
- 4 　캐런 스미스, '캔자스 주지사, 10대의 험담 트윗에 대한 과잉반응 사과', CNN. com, 2011년 11월 28일.
- 5 　던컨 캠벨, '결코 낙원이 아닌 곳', 가디언, 2006년 10월 30일.
- 6 　카림 파힘, '경찰 구타 사망이 이집트 변혁을 부르다', 뉴욕 타임스, 2010년

299

주

7월 18일.

7장. 바보야, 문제는 단결이야!

- 1   '벨라루스 선거 시위 체포 옹호', CNN.com, 2010년 11월 20일.
- 2   제프리 테일러, '페멘, 우크라이나 반라의 전사들', 애틀랜틱, 2012년 11월 28일.
- 3   커크패트릭 세일, 『SDS─민주사회학생연합의 성장과 발전』, 뉴욕 빈티지, 1973년
- 4   헬렌 케네디, '이슬람교도들, 카이로 타흐리르 광장에서 기독교인들의 손을 잡다', 뉴욕 데일리뉴스, 2011년 2월 7일.
- 5   '알렉스 아탈라, 상파울루의 아이들을 주방으로 들이다', Phaidon.com, 2004년 10월 15일.
- 6   '브라질의 루세프, 석유 수익을 교육예산에 사용해야 한다', 로이터통신, 2013년 5월 1일.

독
재
자
를
무
너
뜨
리
는
법

8장. 승리로 나아가는 길을 계획하라

- 1   리처드 올더스, 『레이건과 대처─어려운 관계』, 뉴욕, W.W. 노튼, 2012년, 53쪽.
- 2   진 샤프, 『현실적인 대안이 있다』, 보스턴, 알버트 아인슈타인 연구소, 2003년, 21쪽.
- 3   진 샤프, 위의 책, 21쪽.

9장. 폭력이라는 악마

- 1   '나는 죽을 준비가 돼 있다', 리보니아 재판에서 넬슨 만델라의 모두 진술, 유엔 넬슨 만델라의 날 웹사이트.
- 2   재닛 체리, 『국민의 창』, 아테네, 오하이오 유니버시티 프레스, 2012년, 23쪽.

- 3 마하트마 간디, 『간디―그의 삶과 일, 이상에 대한 간디 글 선집』, 뉴욕 빈티지, 2002년, 109쪽.

- 4 에리카 체노웨스, 마리아 J. 스테펀, 『왜 시민행동인가―비폭력 투쟁의 전략적 논리』, 뉴욕, 콜롬비아 유니버시티 프레스, 2011년.

- 5 마틴 루서 킹 목사, 『마틴 루서 킹의 서류들』 5권, 『새로운 10년을 바라보며, 1959년 1월~1960년 12월』, 테니샤 암스트롱 등 편집, 버클리 유니버시티 오브 캘리포니아 프레스, 2005년, 303쪽.

- 6 제이슨 모틀래그, '오클랜드를 점령하라는 비폭력주의를 수용하나 블랙 블록에 대한 논란이 있다', 『타임』, 2011년 11월 8일.

- 7 '필리핀―민주주의와의 작별', 『타임』, 1973년 1월 29일.

10장. 시작한 일은 끝내라

- 1 데니스 정, 『마오 얼굴에 달걀을―사랑, 희망, 저항의 이야기』, 토론토, 빈티지 캐나다, 2011년, 198쪽.

- 2 카일래시 찬드, '깨어나는 인도? 부패에 맞서는 한 남자의 캠페인', 가디언, 2011년 4월 8일.

- 3 〈인도 부패 연구 2005〉, 인도국제투명성기구.

- 4 라마 라크슈미, '인도, 반부패 법안 요구에 동의', 워싱턴 포스트, 2011년 4월 9일.

- 5 '아나가 티하르에서 단식을 하는 동안 전국적으로 시위가 계속되다', 타임스 오브 인디아, 2011년 8월 17일.

- 6 마크 매그니어, '인도 반부패 활동가 승리 선언', 로스앤젤레스 타임스, 2011년 8월 28일.

11장. 당신이어야 했다

- 1 앤드루 하딩, '나이로비 빈민의 삶―키베라', BBC 웹사이트, 2004년 10월 4일.

박찬원

연세대학교와 동 대학원에서 불문학을 전공하고 이화여자대학교 통번역대학원에서 한영번역을 전공했다. 옮긴 책으로 『작은 것들의 신』 『나는 말랄라』 『프래니와 주이』 『지킬 박사와 하이드』 『벤자민 버튼의 시간은 거꾸로 간다』 『거대한 지구를 돌려라』 『네 번의 식사』 『불완전한 사람들』 『커버』 『카르트 블랑슈』 등이 있다.

독재자를 무너뜨리는 법
ⓒ 스르자 포포비치·매슈 밀러 2016

초판 인쇄 2016년 2월 22일
초판 발행 2016년 3월 2일

지은이 스르자 포포비치·매슈 밀러 | 옮긴이 박찬원
펴낸이 염현숙
기획 책임편집 김소영 | 편집 조영주 임혜지 박영신
디자인 이효진 | 마케팅 정민호 이연실 정현민 김도윤 양서연
저작권 한문숙 박혜연 김지영 | 홍보 김희숙 김상만 이천희
제작 강신은 김동욱 임현식 | 제작처 영신사

펴낸곳 (주)문학동네
출판등록 1993년 10월 22일 제406-2003-000045호
주소 10881 경기도 파주시 회동길 210
전자우편 editor@munhak.com | 대표전화 031) 955-8888 | 팩스 031) 955-8855
문의전화 031) 955-1933(마케팅) 031) 955-8870(편집)
문학동네카페 http://cafe.naver.com/mhdn | 트위터 @munhakdongne

ISBN 978-89-546-3954-5 03330
* 이 책의 판권은 지은이와 문학동네에 있습니다.
  이 책 내용의 전부 또는 일부를 재사용하려면 반드시 양측의 서면 동의를 받아야 합니다.
* 이 도서의 국립중앙도서관 출판예정도서목록(CIP)은 서지정보유통지원시스템 홈페이지
  (http://seoji.nl.go.kr)와 국가자료공동목록시스템(http://www.nl.go.kr/kolisnet)에서 이용하실 수 있습니다.
  (CIP제어번호: CIP2016002102)

www.munhak.com